技术如何
驱动企业的
未来

[美] 杰夫·劳森
（Jeff Lawson）著
杨静娴 译

Ask Your Developer

How to Harness the Power of Software Developers
and Win in the 21st Century

中信出版集团 | 北京

图书在版编目（CIP）数据

开发者思维：技术如何驱动企业的未来／（美）杰夫·劳森著；杨静娴译 . -- 北京：中信出版社，2022.4

书名原文：Ask Your Developer: How to Harness the Power of Software Developers and Win in the 21 st Century

ISBN 978-7-5217-4137-7

I . ①开… II . ①杰… ②杨… III . ①企业管理－技术革新－研究 IV . ① F273.1

中国版本图书馆 CIP 数据核字（2022）第 054578 号

开发者思维——技术如何驱动企业的未来
著者： 〔美〕杰夫·劳森
译者： 杨静娴
出版发行：中信出版集团股份有限公司
（北京市朝阳区惠新东街甲 4 号富盛大厦 2 座　邮编　100029）
承印者： 中国电影出版社印刷厂

开本：880mm×1230mm　1/32　印张：11　　字数：280 千字
版次：2022 年 4 月第 1 版　　印次：2022 年 4 月第 1 次印刷
京权图字：01-2018-5524　　书号：ISBN 978-7-5217-4137-7
定价：68.00 元

在数字化转型的每个阶段，商业领袖、技术领袖和技术人才都可以从更紧密的合作和一整套共同遵守的运营原则中获益。

本书可以被看作一个思想工具箱，它可以帮助商业领袖、产品经理、技术领袖、软件开发人员和管理人员实现他们的共同目标，即在数字经济中大放异彩。

——杰夫·劳森

一名写了将近 25 年代码的上市公司 CEO

目　录

重新理解软件及软件开发人员的价值

埃里克·莱斯（Eric Ries）

在 21 世纪，所有企业都需要成为数字企业。客户会基于市场上最好的数字化产品来设定他们对服务和用户体验的期望。最终，他们会对任何一家公司都抱有同样的期望，而不管其所处的是什么行业。这意味着，任何一个组织，只要其目标不局限于勉强活下去，而是期待着能够获得成功，那么它就需要了解如何通过构建软件进行创新，以及如何雇用和管理软件开发人员。

过去十年里，我一直在帮助各种各样的公司（从硅谷的初创公司到《财富》50 强的工业巨头）通过采用我在《精益创业》（*The Lean Startup*）① 一书中概述的原则，增加他们实现突破性创新的机会。因此，我经常发现自己竭力向对软件一窍不通的领导人解释到底什么是半导体革命，但他们中许多人仍然相信，他们的企业能够以某种方式避开这场颠覆性海啸的冲击。

---

① 中译名参考中信出版社 2012 年中译本。——译者注（如无特殊说明，本书所有脚注均为译者注）

我曾经与一群大型医院行业协会的高层领导人一起工作，他们迫切希望改善患者体验，但在我们共事的那段时间里，他们一直都在找各种借口来解释为什么患者体验会如此糟糕。我苦口婆心地劝说他们使用数字化工具来实现他们所期待的那种转变，可他们一句都没有听进去。最后，我问他们中有多少人使用过优步（Uber）或是来福车（Lyft）的网约车服务，所有人都说用过。于是，我让他们把手机从口袋里拿出来，观察那两个应用程序如何显示已经有车接单，以及车辆的具体位置。我让他们想象一下，如果某个患者知道在什么时间护士或是医生会出现在他们的房间提供帮助，那对患者体验意味着什么。得益于软件的支持，对医务人员来说，做到这一点并不比网约车公司更困难，只不过那种认为软件和患者护理之间毫无关系的错觉会阻碍其成为医疗行业的常态。

　　数字革命正在从根本上改写大管理的规则。软件既降低了交易成本，又消除了进入壁垒，同时加快了变革的步伐。不能适应这种速度和强度的公司和组织将逐渐出局。放眼当今世界，很少有人既有作为软件开发人员，又有作为企业高管的经验，而这正是杰夫如此独特的原因：他对这两个领域均有涉猎。我曾经见证过一些大公司的高管无意中破坏了他们自己在数字化转型中的成功，他们做出（或是没能做到）的某些行为剥夺了对人才的赋能，并扼杀了创新。

　　我曾经为一家生产家庭用品的公司提供过咨询。他们试图找出一种方法，以便通过小规模的试点计划来测试一种新产品。

我建议他们首先创造出一个最小化可行产品（Minimum Viable Product，MVP），用《精益创业》中的术语来说，即一个 MVP，指一个性能恰好过线的产品版本，既能够让公司从少数消费者那里收集关于产品价值的有用反馈，又能够快速和廉价地创造出来。这个想法的目的是借助 MVP 来尽快收集信息，以便确定下一步开发过程。通常情况下，这家公司必须生产大量新产品，并在几家商店进行试销。但那一次，公司已经建成了一个实验室，并生产出了足够数量的产品，团队成员每天都会把造出来的产品带回家，因为他们非常喜欢它。这立刻让我看到了一个机会，能够将其作为 MVP。团队成员完全可以把这些产品分发给 50 位客户进行试用，然后收集他们的反馈，而不是把产品拿回家。

为了解决客户招募的问题，并确保其能够持续得到供应，我建议他们在网上进行招募，让客户注册和订阅服务，并使客户可以在需要更多产品时向试点团队发送短信。我强调，这是一个完美的例子，说明了软件可以怎样提升速度和降低成本，从而使公司在市场上占据优势。团队可以快速建立这种系统，并利用它来获取关键信息，以便能够更好地将产品推向市场。这个想法对他们来说无异于一个魔法。但这并不是魔法。这正是现在特维利奥（Twilio）公司每天为成千上万家公司提供的服务。

我还想再讲一个故事。我合作过的一家大公司的首席执行官热切希望实现数字化转型和为客户提供在线浏览与订购服务，开其所在行业之先河。他们启动了一家内部初创公司来创建一个实验性的网站，这个内部初创公司由一个积极性高涨的年轻团队掌舵，他们没有威望，也没有资源可供支配，但全心投入，致力于打造这个 MVP。问题是他们不知道如何创建网站或编写软件。他们完全没有技术背景。一开始，他们找到公司的 IT 部门寻求帮助，但 IT 部门拒绝了他们，因为这个疯狂的项目不属于 IT 部门的职权范围。接下来，他们考虑聘请一家外部代理商来创建网站，但那样做的成本太高。最终，他们招聘了一位对编写代码跃跃欲试的设计师，并开始着手启动项目——但这又带来了新的问题。在这家公司中，设计师是不允许编写代码的。

这个例子告诉我，即便有首席执行官的支持和一个热情高涨的团队，确保这个团队获得成功仍然需要大量的工作。首先要选择合适的参与者，然后还要充分授权他们以取得进展。《开发者思维》(*Ask Your Developer*) 一书可以帮助公司把首席执行官的热情和一线的人才有机结合，转化为公司真正想要的结果：通过数字化转型实现的卓越客户体验。那些充分发挥员工潜能的公司将在未来几年和几十年获得丰厚的回报。

我有幸目睹了杰夫·劳森和他在特维利奥的非凡团队所创造的一切，它们已经以无数种方式紧密地融入了我们的世界，尽管我们可能并未意识到。正是由于杰夫对公司的长期愿景，以及他将极具才华的人才聚集在一起的能力，我们现在生活中运行的许多隐形基础设施才能够无缝和优雅地运行。特维利奥使你能够给优步司机发短信或在网上订比萨。它嵌入葫芦①、推特（Twitter）

---

① 葫芦（Hulu）是美国的一个视频网站，由美国国家广播环球公司（NBC Universal）和福克斯在 2007 年 3 月共同注册成立。它和全美许多著名电视台及电影公司达成协议，通过授权点播模式向用户提供视频资源。

和 Salesforce[①] 中，帮助沟通和信息共享。它在房地产和医疗保健行业，以及众多非营利组织和救济组织中也发挥着作用。它还正在帮助那些从未想象过自己是一家数字公司的企业进行着非凡的转型，并在面临生死存亡的巨大压力下实现成长。

《开发者思维》开宗明义，首先阐述了真正理解好软件能做到什么的重要意义。正是这种想象力的最初飞跃，使领导者能够理解软件开发人员的价值。从这一点出发，这本书解释了为什么即使一家公司雇用了才华横溢的程序员，但如果没有良好的管理来帮助他们充分发挥潜能，也不可能做到人尽其才。每一家公司都需要雇用掌握开发和创造技能的人来帮助公司成长和转型，但公司还需要愿意倾听这些人的意见，明白必须做到什么才能从他们交付的东西中收获最大利益。

正如杰夫所言，如果一个组织中的领导者高高在上，远离那些负责界面和用户体验的员工，这将带来破坏性的后果。建立适当的架构和体系，使想法不仅能自上而下地流动，而且可以自下而上流动，以及可以在组织中跨越不同领域流动，是组织得以繁荣发展而非仅仅挣扎求生的关键。在与大量正在进行数字化转型的公司合作之后，我一次又一次地看到，那些在尝试数字化转型之前、而不是之后进行这种管理转型的公司获得了更大的成功。如若希望推动经理人和公司领导者与他们所雇用的软件开发人员相互理解，从而使他们能够通力协作，成功地驾驭当前极端不确

---

① Salesforce 是一家以提供个人化需求进行客户关系管理（CRM）规划和服务的互联网企业，总部位于美国加利福尼亚州旧金山。

定性的形势，那么这本书当属一本必读之书。

《开发者思维》一书为我们呈现了令人信服的论述，阐明了软件及其应用的核心作用。这本书同时也为那些希望在组织的各个层面之上构建下一代公司的人士提供了实用的建议。杰夫一方面对软件可以实现的功用拥有天才的理解，另一方面，他也对组织在尝试数字化转型时经常会遇到的麻烦具备深刻的洞见，这无疑是一个有力的组合。对于那些知道数字技术对其未来至关重要，但却不知道如何实现这一目标的人来说，这本书极为关键。同时，任何认为自己没有经营数字业务，因而与此无关的人也应该读一读这本书，以便帮助他们直面现实，了解为什么这种想法并不正确，并开始理解需要做什么才能实现转型。

现在可说是一个最合适的关键时机，让更广泛的受众了解杰夫的智慧、经验和洞察。无论是初创公司还是处在重塑边缘的公司，无论是管理者还是对公司繁荣发展必不可少的开发人员，《开发者思维》必将成为一个重要的资源，它将帮助人们理解下列三个方面的紧密联系，即：软件、开发软件的人，以及在构建和改变数字时代所需的组织中他们能够提供怎样的价值。

（埃里克·莱斯，IMUV 联合创始人及 CTO，哈佛商学院驻校企业家，著有《精益创业》《精益创业 2.0》）

一块广告牌引发的开端

2015 年初，特维利奥租下了旧金山 101 号公路旁的一块广告牌。就像洛杉矶著名的电影广告牌一样，科技公司的广告牌已经成为湾区的一道风景。我们之所以做这件事，目的之一是建立品牌知名度，同时这也是一种招聘策略，目的是让成千上万名工程师在上下班的路上看到它。当然，这么做还有一点超级极客抢风头的小心思，我们所有人都竭尽全力地希望想出一句睿智的广告语，比如一个只有硅谷人才懂的圈内笑话或说法。

于是，我们预订了那块广告牌，但问题是，我们不知道该在广告牌上放什么。我们就此展开了激烈的争论。有人说我们应该放上客户的推荐语。我们可以放上使用我们云通信平台的知名公司的标识。这至少可以解决我们面临的最大挑战，即我们虽然是一家成功的企业，但是没有人听说过我们。当时，我们的年收入已经达到大约 1 亿美元，正在首次公开募股（IPO）的路上大步前进，但我们的品牌并非家喻户晓。这是因为特维利奥不面向消费者销售产品。我们向软件开发人员出售服务，以使他们开发的应用程序可以通过语音、短信和电子邮件等进行通信。我们拥有众多优质客户，包括优步、来福车、WhatsApp[1]、Zendesk[2]、OpenTable[3]、诺德斯特龙[4]和耐克等。但我们的软件隐藏在众多网站和移动应用程序的内部。事实上，如果你是上述任何一家公司，或是成千上万类似公司的客户，你无疑已经在不知不觉中使用过特维利奥的产品。

现在，鉴于我们已经投入 50 万美元预订了这块广告牌一年的使用权（没错，湾区房地产价格虚高之风甚至已经扩散到广告牌市场！），我们需要确定在上面放置什么信息。同时我们还面临最后期限的压力——到了那一天，工人需要爬上梯子并把广告张贴上去。我们雇用了一家广告公司。他们为这个项目投入了自己最好的创意团队，并提出了一系列创意。他们采访了数十位客户，即那些使用我们平台为其应用程序添加通信功能的软件开发人员。他们还采访了我们的多位员工（我们称之为特维利奥人），询问他们认为是什么让特维利奥如此与众不同。经过几个月的努

---

[1] WhatsApp 是脸书公司（Facebook）旗下一款用于智能手机的跨平台加密即时通信应用程序，是目前最流行的即时通信软件之一。

[2] Zendesk 是一个客户服务平台，用户可以通过其强大的客服工单系统将来自所有渠道的客户问题整合在一起，并在后台统一处理。

[3] OpenTable 是一家软件供应商，可为餐饮行业提供订餐、餐桌管理和客户管理，同时还运营着一个全球流行的在线订餐网站。

[4] 诺德斯特龙（Nordstrom）是美国一家高档连锁百货零售公司，现在已发展成为遍布美国的时尚百货店。

力工作和重重审议，我们举行了一次大型"揭秘"会议。如果看过电视剧《广告狂人》（Mad Men），你就会见过类似的场景：广告公司向客户（即我们）大力推销他们想出的全套绝妙创意。有精美的广告模板，还有创意大牛从文案角度进行延伸阐释。声势巨大。但是他们的每个创意都略显平淡无奇。我们一个都没有看中。争论各方相持不下。

最终，我们距离应该竖起广告牌的日子只剩下不到一周的时间（广告公司说他们必须要准备好广告设计稿了），但我们仍然没能找到一种简洁明了的方法来阐述特维利奥到底是干什么的。直到星期五的下午，我们依然毫无进展，但我们也不能丢下未完成的设计稿就去度周末。我和我们的首席营销官、创意总监及首席运营官围坐在一起，试图从一堆平庸的文案中"矮子里面拔将军"，这时，我脱口而出一个疯狂的主意。我说："为什么我们不直截了当地说'快问开发人员'（Ask your developer）呢，你们知道，就像电视广告里经常说的，'快问您的医生，这种药是否适合您使用，'我们可以直截了当地说：'快问开发人员，特维利奥是否适合您。'"

我当时其实是半开玩笑。但越琢磨这个口号，我们就越觉得它很合适。开发人员是传播我们及产品信息的人。我们没有做太多营销工作，只雇用了几位销售代表。当时我们的大多数员工都是工程师。如果有人想知道特维利奥是做什么的，最好的方法就是询问开发人员。

所以，我们最后竖起了一块亮红色的广告牌，上面以巨将这群人视作客户。这就是为什么众多开发人员知道特维利奥，但公司其他部门的人并不知道我们是干什么的。因此，快去问开发人员吧。

此外，我们的"快问开发人员"广告语还传递了另一重含义。它是针对商业人员提出的一个建议，那就是，开发人员可以在建设伟大公司的过程中成为伙伴。在许多公司，开发人员与他们正在解决的商业问题及他们服务的客户脱节。这也许是出于他们自己的选择，也许是因为在公司既有工程和管理过程中，开发人员的工作职责只是按照要求编写代码。在某些公司中，普遍存在软件开发过程冰冷和缺乏热情的现象，无论是对企业还是对开发人员来说，这都是一场悲剧。我认为这是一种失败，因为人们未能充分发挥这些天赋惊人的人才的潜力。

但是在一些表现出色的科技公司，开发人员不仅全面负责他们编写的代码，而且往往还在产品和业务策略中扮演着重要的角色。他们以匠心看待自己的产品，而不仅仅把这当成一份工作，在这样做的过程中，他们为客户提供了愉悦的数字体验，苹果（Apple）、谷歌（Google）、声田（Spotify）和优步正是这样的公司。以这种方式运作的公司能够吸引并留住顶尖人才，不断以创新赢得客户，并为股东创造巨大回报。我在本书中提出的"快问开发人员"的思维模式提供了一份路线图，让你可以像上面那些科技巨头一样释放科技人才的潜能。

这种思维模式在今天比在以往任何时候都更为重要。

当我与众多公司的高管们交谈时，我总是听到同样的声音：

每家公司都在努力营造一个积极的环境，以便也能生产出像上面那样成功的数字产品和体验。对于几乎所有行业的公司来说，构建软件已经成为一种生存必需。几乎每一家公司都面临数字化转型，因为数字化颠覆的威胁已经彻底挑战了公司的运营方式。通过学习诸多数字原生型初创公司的经验，一家又一家公司意识到，他们必须建立而不是购买自己的数字未来。因此，释放技术人才的潜力实际上已经成为各种形式和规模的企业在数字时代竞争的关键。从这一点上看，"快问开发人员"的思维方式不只是让开发人员感到自己的努力得到认可的一种方式，它更是在数字经济中取得成功的一种全新运营方式。

2011 年，网景公司（Netscape）创始人马克·安德烈森曾写过一篇文章，题为《为什么软件正在吞噬这个世界》（*Why Software Is Eating the World*），并由此创造出一句流行语，描绘了今天每一家企业都在向软件迁移的现状。但他并没有详细阐明这一切将如何实现。事实上，你可能会认为，购买软件就是这种转型发生的方式，或者软件会在某种终结者式的地狱般景象中独自吞噬世界。没有人为这种转型编写过说明书。

事实上，企业成功实现数字化转型不仅仅是通过使用软件，而是通过构建软件。像优步、来福车、爱彼迎（Airbnb）和声田这样的初创公司已经家喻户晓，因为他们非常擅长构建软件。他们知道如何编写改变我们生活方式的软件。

现在，其他所有行业的既有企业也都在学习采用同样的方式。几乎每个行业都因为软件而正在发生转型。数字化转型计划对于所有类型的公司而言都是重中之重，而真正擅长构建软件的公司最终将在数字化转型方面取得成功，并抵御来自数字化颠覆者的威胁。构建软件绝非易事，而构建数字创新文化则更为困难。

因为我们与遍布几乎所有行业的形形色色的客户存在合作，我们的客户也会寻求我们的建议，了解如何像数字化颠覆者已经成功做到的那样，打造和运营一个现代软件开发型组织。许多这样的公司深陷适者生存的达尔文式生存斗争，正面迎击颠覆性的全新竞争对手。不管他们从事什么行业，无论是零售业、航空业，还是银行业，学习开发优秀的软件已经成为他们生死存亡的关键。但这样做并不容易。

这是为什么呢？

我认为商业人员和软件开发人员常常是割裂的两部分，而这极其错误。在许多公司，无论是在思维方式上，还是在想要达成的目标及应该做的事情上，商业人员和软件开发人员的认知都是脱节的。但有一点让我印象深刻，那就是商业人员和软件开发人员想要的结果往往是一致的，即开发出令客户满意、被大量采用并赚大钱的优秀产品。然而，商业人员和开发人员通常说着不同的语言，有着不同的工作风格，这些差异会阻碍商业人员和开发人员有效协作，并实现他们共同的目标。

《开发者思维》一书不只是提供了一套技能，它是一种思维方式。在过去的十年里，我遇到了很多人，他们虽然身处不同职能部门（从财务到客户支持部门，从营销到运营部门，从销售到产品部门），但都表现出这种思维方式，他们正在努力为各自的公司打造数字化的未来。所有这些人都可以被称为开发人员。有时人们存在一种误解，认为数字化颠覆只和软件开发人员有关。事实并非如此。诚然，公司需要软件开发人员来构建软件。但实际上，实现数字化颠覆需要所有职能部门之间通力协作，再加上实际编写代码的软件开发人员的贡献。这需要全村人的努力①。

我自己是一名软件开发人员，已经写了将近 25 年的代码，但现在我也是一家拥有数千名员工的上市公司的首席执行官。截至 2020 年夏天，公司的市值已经达到 250 亿美元，年收入超过 10 亿美元，拥有近 20 万个客户。我仍然会写代码，但我大部分时间都花在当好上市公司的首席执行官上。这使我处于一个独特的位置，可以帮助在这两种观点和工作方式之间建立沟通，并帮助商业人员和软件开发人员建立更加和谐的关系。这就是本书的目的：建立"快问开发人员"的思维方式，帮助商业人员更好地理解技术人才并与之更好地合作，以实现共同的目标。

作为一位商业领袖，如果你觉得自己在山顶上大声呼喊数字化转型，但变革的速度还不够快，那么，《开发者思维》可以帮助你招募到急需的人才并充分调动其积极性，从而加速变革。

如果你困扰于软件团队交付产品的速度太慢，那么《开发者思维》倡导的思维方式可以帮助你解开团队的束缚，相信我，他

---

① 出自非洲谚语——养育一个孩子需要全村人的努力，指整体环境和各方协作对实现特定目标具有重要影响。

们也希望更快地开发出产品。

如果你的技术团队工作非常努力，但却忽略了满足客户需要的重要目标，那么《开发者思维》倡导的思维方式可以帮助你找到阻碍理解客户需求这一组织痼疾的根源。

如果竞争对手在提供愉悦的数字体验方面走得更快，或许他们已经想出办法来解放他们的开发人员。但别担心，你也能做到，《开发者思维》倡导的思维方式可以帮助你做到这一点。

如果你很清楚你需要拥抱软件以帮助自己的公司完成数字化转型，但不确定应从哪里开始，那么《开发者思维》将是一个很好的起点，因为每一个大转型的核心都是人。

如果你发现自己难以雇到优秀的技术人才，或者更糟——你虽然雇到他们，但是他们在创造增值之前就纷纷离开，那么《开发者思维》可以帮助你创造条件，吸引和留住优秀的开发人员，并释放他们内在的开发热情。

如果你面对当今快速变化的数字环境，已经彻底不知道该问什么问题（这是非常普遍的现象），那么《开发者思维》可以成为一个很好的起点，帮助你了解所谓数字化颠覆的核心是什么。

如果你是技术部门的一位领导，正在努力帮助你的商业伙伴理解开发优秀软件的复杂过程，那么《开发者思维》将成为你的有力工具，帮助双方加强协作，并用通俗易懂的语言弥合认知的差距。

即使你已经在数字化转型的道路上意气风发地大步向前，《开发者思维》仍然可以帮助你挑战自我，看看你对于软件团队能力的推测是否正确。

我相信你已经明白，在数字化转型的每个阶段，商业领袖、技术领袖和技术人才都可以从更紧密的合作和一整套共同遵守的运营原则中获益。《开发者思维》的目标是提供这样一个框架。本书可以被看作一个思想工具箱，它可以帮助商业领袖、产品经理、技术领袖、软件开发人员和管理人员实现他们的共同目标，即在数字经济中大放异彩。

观察那些打造出改变行业的软件产品的公司领袖，他们似乎在以下三个方面做得很好：首先，他们明白为何软件开发人员比以往任何时候都重要；其次，他们了解开发人员，知道如何激励他们；再次，他们乐于针对其开发人员的成功进行投资。因此，我将本书分为同样的三个部分，第一部分就是为什么开发人员从未如此重要。

准备好了吗？出发！

第一部分

为什么开发人员
从未如此重要

由于软件同时带来了威胁和机遇，你所在的行业和公司很可能正在迅速变化。

当人们将你的行业与亚马逊相提并论时，在座的每个人是否都很紧张？这就是为什么数字化转型在如此多的公司中都是热门的话题。然而，人们并未很好地理解如何驾驭这一变化。

如果你像许多领导人一样负责推动这一变革，那么你会受到软件供应商或是顾问的围堵，他们承诺会为你解决这一问题。你会被各式各样的承诺所淹没，但你肯定也会心存疑虑，不知道单凭签出一张巨额支票，你所有的问题是否就能迎刃而解。

你的怀疑不无道理。一切并没有那么容易，不是简单地从软件公司或顾问那里购买一个数字化颠覆策略就可以了。伟大的公司需要学会构建。让我们看看原因吧。

第一章

构建或是死亡

最终能够生存下来的物种，
既非最强壮的，亦非最聪明的，
而是那些最能适应改变的物种。
——查尔斯·达尔文，《物种起源》

2004 年 9 月，我以产品经理的身份加入亚马逊，在我参加的第一次全体员工大会上，公司创始人兼首席执行官杰夫·贝佐斯说过的一句话后来一直萦绕在我的心头。

当时，大会已经到了问答时间，在场的大约 5000 名员工中有个人站起来问了一个关于零售业的问题——我甚至不记得他的问题到底是什么了，但贝佐斯对此给出了一个出乎我们大多数人意料的回答。

他说："亚马逊不是一家零售商。我们是一家软件公司。"这么说似乎很奇怪，尤其是考虑到当时亚马逊的许多员工要么来自沃尔玛（一家百分之百的零售商），要么来自微软（一家百分之百的软件公司）。这两类员工同样感到颇为惊讶，但贝佐斯坚称这是真的。在那个时候，大多数软件公司销售的软件还都是压制在光盘（CD-ROM）上，并带有包装盒，甚至仍然放在 CompUSA[①] 的货架上供人购买。

贝佐斯的观点是，亚马逊和微软、甲骨文（Oracle）或 Adobe 一样，也是一家软件公司。只不过我们的软件不是我们提

[①] CompUSA 是一家美国大型电脑零售商。

供给消费者的产品，而是在后台运行，使我们能够把装有书籍、唱片或是任何东西的棕色纸盒送到客户的家门口。

他说："我们的业务不是那些装在棕色盒子里的东西。"我们的软件给我们带来收入的方式不是直接销售给客户，而是用来支持我们销售其他东西，比如书籍、DVD 和 CD。更重要的是，我们软件的质量将决定我们是否能够成功。"我们获胜的能力，"贝佐斯说道，"取决于我们是否能够比竞争对手更好地在硬盘上排列磁粒子。"

我到现在仍然认为，这是一个描述我们到底是干什么的超酷方式。如果你曾经好奇，在 2004 年那场全体员工大会之后的几年里，亚马逊是怎样成为一家全球性巨头的，那么答案就包含在这个回答中。亚马逊成功的关键在于，杰夫·贝佐斯比其他人更早地了解到，他所从事的实际上是软件业务。

21 世纪之初，零售业似乎面临着被电子商务颠覆的威胁。但随着时间的推移，显然不仅仅是零售商受到了冲击。为什么每个行业都在迅速成为软件行业？那是因为，一场真正的达尔文式进化在上演，我称之为"构建或是死亡"（Build vs. Die）。

由于软件同时带来了威胁和机遇，你所在的行业和公司很可能正在迅速变化。当人们将你的行业与亚马逊相提并论时，在座的每个人是否都很紧张？这就是为什么数字化转型在如此多的公司中都是热门的话题。然而，人们并未很好地理解如何驾驭这一变化。如果你像许多领导人一样负责推动这一变革，那么你会受到软件供应商或是顾问的围堵，他们承诺会为你解决这一问题。

你会被各式各样的承诺所淹没，但你肯定也会心存疑虑，不知道单凭签出一张巨额支票，你所有的问题是否就能迎刃而解。你的怀疑不无道理。一切并没有那么容易，不是简单地从软件公司或顾问那里购买一个数字化颠覆策略就可以了。伟大的公司需要学会构建。让我们看看原因吧。

从成本中心到战略核心

长期以来，大多数公司都将 IT 部门视为业务支持性部门，主要负责运行后台的软件和服务器，或是维护每个办公桌上的个人电脑。公司会有大型软件来管理财务，还有一个更大的 ERP（企业资源计划）系统来跟踪库存、发货和其他复杂的物流。但从本质上说，这些都属于簿记，即"账房先生"最看重的资金和材料。此外，IT 部门还要确保员工有电脑来完成工作，有打印机来打印东西。在 20 世纪八九十年代，这些都是成本中心，意味着它们花了公司的钱，但其自身并不能赚钱。因此，许多公司尽可能削减此类开支，将这些职能外包给人才成本较低的海外公司，而这么做也有一定的道理。

一家公司的首席信息官寻求实施某个新的解决方案时，他们通常会首先进行众所周知的"构建或是购买"对比，以确定他们是应该购买一套现成的软件，还是自己构建一个。有时公司决定构建，但这既困难又有风险，因此在大多数情况下，公司会选择购买供应商提供的解决方案。毕竟，供应商有一个很有说服力的观点：既然任何一家公司可以直接购买现成的财务软件或 ERP 系统，又何必自己构建软件呢？自己构建的好处是有限的。没有一个客户会关心你们公司使用什么样的 ERP 系统。如果你试图构建自己的系统，但不幸搞砸了，那么后果是可怕的。你将无法追踪库存，或是不能向华尔街报告财务状况。正如坊间广为流传的一句名言所说：从来没有人因为买 IBM 的系统而被炒鱿鱼。因此，几乎所有公司都会选择购买软件，然后按部就班地使用它们。

但后来，网络开始兴起，然后是移动技术，一夜之间，大多数公司与客户之间的界面变成了数字化界面。软件也从企业的后台走到了前台。软件不再只是实现后台业务自动化的工具，而是成为公司面向世界进行展示的窗口。你不再需要走进银行的大堂去办理业务，而是会使用它的应用程序。你不需要走进商店买东西，而是在网上购物。

这给软件世界带来了两个重要的影响：

首先，客户一下子开始在意公司所使用的软件了，因为客户会直接与这些软件交互。如果你拥有比竞争对手体验更好的网站或移动应用程序，这将是一个让客户选择你的绝佳理由。

其次，这意味着新的竞争对手更容易进入市场。要开一家银行或成为零售商，你不需要在每个街道上都开设分行或是店面，而是只需要一个应用程序和一间仓库。

这两种趋势在 21 世纪初开始日益明显。一夕之间，那些擅长构建软件，没有遗留基础设施或店面需要处理的初创公司开始大量涌现。这些数字原生型公司在发展早期将精力集中在创造卓越的客户体验之上，他们充分发挥着自己在软件构建方面的优势。新的竞技场已经变成数字化的战场，而这些公司全力以赴，表现优异。

优步和来福车在不拥有一辆出租车的情况下，仅用了不到五年的时间，就借助软件彻底改变了都市人出行的方式。爱彼迎在不拥有房地产的情况下，对全球酒店业发起了凶猛的挑战。

我最喜欢的一个案例企业是床垫公司卡斯珀（Casper）。这家公司生产床垫，并通过他们的网站面向消费者进行直销。我一直好奇，为什么卡斯珀会被视为一家科技公司，从硅谷的风险投资家那里筹集到大量资金，并在这个过程中获得类似科技公司的估值。它们生产的只是一堆供人们睡觉用的弹簧和织物，难道还有任何一个行业比这听起来更没有科技感吗?! 但实际上，卡斯珀确实是一家科技公司。其科技性不在于他们的产品本身，而是在于他们获得客户和分销产品的方式，以及他们在购买和使用产品的整个过程中为客户带来的体验。得益于技术的使用，他们能够以最小的投资成规模地完成这项任务。他们采用数字参与策略，实现了速度惊人的增长。成立仅 5 年，他们就依靠不到 100 名员工创造了近 5 亿美元的收入。相比之下，世界上最大的床垫公司泰普尔-丝涟（Tempur Sealy）雇用了 7000 名员工，其创造的收入是 27 亿美元。想想科技给卡斯珀带来的优势吧，泰普尔-丝涟的收入只有前者的 5 倍，但员工人数却高达其 70 倍之多。泰普尔-丝涟公司最终能否在自己的地盘中击败卡斯珀还不得而知，不过战争显然已经打响。

这种情况在各个行业都重复出现。以剃须刀行业为例：初创公司 Harry's 已经开始挑战传统行业巨头吉列（Gillette）。在投资领域，初创公司罗宾侠（Robinhood）也对富达（Fidelity）、普信（T. Rowe Price）等有百年历史的券商发起了挑战。Opendoor 改变了房屋买卖的方式，从而撼动了整个房地产行业。在一个又一个行业中，数字原生型公司正不断借助技术，以比既有竞争对手更快、更便宜的方式将新型产品推向市场，并提供了更好的客户体验。

此外，还可以从另一个角度思考这个问题，那就是：软件已经从成本中心转为利润中心。

这就是残酷无情的达尔文式竞争的结果。突然间，软件不再是一个需要外包的负担，而是成为竞争优势的源泉。数字原生型公司（即那些知道如何构建软件的初创公司）开始赢得市场份额。为了应对这种局面，一些既有公司出于抵御这些颠覆者的考虑改变了 IT 外包的做法，开始组建自己的内部软件团队进行竞争。于是，一个接一个的，这个行业的每一个参与者（至少是那些想要生存下去的公司）都成了构建者。这种趋势不可避免。这是大势所趋。这就是为什么我称之为各个行业都正在出现的达尔文式进化。这已不再是一个构建或是购买的问题。更确切地说，这已经变成了构建或是死亡的问题。这是由客户所驱动的自然选择，因为客户会选择在当今数字时代能够更好地为他们提供服务的公司。

再次以床垫行业为例。面对卡斯珀咄咄逼人的挑战，泰普尔-丝涟推出"Cocoon by Sealy"床垫，提供了与卡斯珀类似的端到端（end-to-end）在线体验。接招！帝国开始反击！再想一想你的银行。它提供的服务可能和其他银行别无二致，诸如支票账户、储蓄账户等，毕竟这是一个竞争激烈的行业。那么，一家银行与另一家银行的区别是什么呢？在以前，这种区别主要来自在各个银行分支机构办理业务的体验。大堂看起来怎么样？是不是新近装修过？员工们是否穿着得体、礼貌友好？他们是否给你提供免费糕点？他们是否给你的孩子棒棒糖？但现在，你不再亲自走进某一个分支机构办事，而是会打开一个应用程序。所以现在银行需要不同的技能——软件技能。他们不能从供应商那里购买所有的软件。可以肯定的是，会有大把公司声称他们可以提供银行进行数字化转型所需的软件。但如果所有银行都购买了相同的银行软件，它们将会变得毫无差别。因此，他们最终必须倾听客户的需求，并通过快速学习和迭代，用软件来回应这些需求。

适应全新数字环境的公司将可以更好地为客户提供服务，并生存下去。不这样做的公司则会消亡。这可能不会在一夜之间发生，但最终的结果不可避免。就这么简单。不管你从事什么行业，无论你是一家银行、航空公司、保险公司、汽车制造商、房地产商、零售商，还是医疗保健服务提供商。当然，你同时也必须能够以富有竞争力的价格提供优质产品或服务。但在每个市场中，拥有最好软件的公司最终都将胜出。正如通用电气（GE）

前首席执行官、特维利奥董事会成员杰夫·伊梅尔特曾对通用电气高管团队所说的那样："如果不能成为世界上最好的科技公司，我们将注定失败。我们就死定了。没什么 B 计划①。"

传奇人物，亚马逊首席技术官及全球最大的云计算平台亚马逊云（Amazon Web Services，AWS）的首席架构师之一，沃纳·威格尔曾说过："这是一场求生之旅。"威格尔是个大块头，身高足有 6 英尺 6 英寸②，体型好像是美国橄榄球联盟（NFL）的后卫。他拥有计算机科学博士学位，在加入亚马逊之前曾在学术界工作了十多年。

如今，他大部分时间需要环游世界，帮助传统企业适应今天的形势并生存下去。他还主演了一个名为"现在就开始创建"（Now Go Build）的系列视频，这套视频由亚马逊推出，旨在赞美那些正在转向自己构建软件的公司，帮助客户也有助于亚马逊。威格尔表示："如果人们不知道如何使用云，那么我们的整个云将毫无用武之地。我们必须帮助他们更好地实施组织变革和文化变革，然后向他们展示如何采用这项技术。"大多数公司已经开始拥抱云计算，但是他们正在为如何成为以软件为中心的组织而挣扎。"这是最常被问到的问题，"威格尔说，"客户会问，'我们怎么做到这一点？'他们实际上正在努力向亚马逊这样的公司学习。"

---

① 指原来的计划搁浅后的备选方案。

② 约 1.98 米。

要做到这一点，需要克服的一大障碍是人员配备。在21世纪初，那些将大部分技术职能外包出去的大型跨国公司现在正在取消这些交易，并将软件开发收回公司内部。威格尔指出，"大型企业知道数字化正成为他们的命脉，因此他们需要控制数字化，而不是求助于外包商。但这也是他们最大的挑战"。

另一个挑战是速度。数字原生型公司可以在几周甚至几天内将一个伟大的创意转化为产品代码。他们每天都推出新的迭代。对于传统企业来说，跟上就意味着加速。"在产品发布前花上6个月或12个月的时间慢慢开发已经成为无法负担的奢望。"威格尔指出。不相信我？你可以问问百视达①，问问博德斯②，问问诺基亚，或是问问黄色出租车公司③。它们是数字化革命的受害者，因为它们适应得不够快，因而成为数字化达尔文式竞争中的渡渡鸟④。

---

① 百视达（Blockbuster）是一家大型美国家庭影视娱乐供应商，在发展高峰时期曾拥有超过六万名员工和九千家商店，但随后在数字化竞争中失败，并最终于2010年宣布破产。

② 博德斯（Borders）曾经是美国第二大书商，成立于1971年。但后来在电子书的竞争中失败，并于2011年破产。

③ 黄色出租车公司（Yellow Taxi）曾是美国最大的出租车公司，但受到优步等网约车公司的挤压，于2016年申请破产。

④ 渡渡鸟是一种不会飞的鸟，仅生活在印度洋毛里求斯岛上。这种鸟在被人类发现后仅仅200年的时间里，便由于人类的捕杀和人类活动的影响彻底灭绝。

软件人的思维方式

要想在数字时代真正繁荣发展（无论是颠覆者还是那些抵御颠覆者的既有公司），你都需要像一个"软件人"（software person）那样思考。现在，软件人不一定是一位软件开发人员，而可能是指任何人，只要他们在面对问题时会问："软件能怎么解决这个问题？"这样说是因为，成为一个软件人所需要的是一种思维方式，而不是一种技能。

软件人是那些透过软件视角来看世界的人。他们无限乐观，因为他们相信，任何业务问题一旦进入软件领域，都可以得到解决。把世界上越来越多的问题带入软件领域，正是技术家们在过去 70 年里一直在做的事情。

想一想计算机是什么？它是一台执行数学计算的机器，带有一组传感器（输入）和执行器（输出）。这些传感器和执行器是我们知道机器内部发生了什么的唯一途径，你可以把计算机发展的历史看作向越来越复杂的传感器和执行器不断发展的进程，它使我们能够在世界上越来越多的领域进行"计算"。进入计算时代的前 20 年，即 20 世纪五六十年代，计算机主要用于数学计算，我们用穿孔卡片把数字输入和输出计算机，这样我们就可以在计算机上应用软件，用来计算导弹轨迹和国债，而在其他方面应用得不多。1960 年，全世界一共只有几千台计算机。但后来我们改进了传感器和执行器，使它们能够将文本在计算机上进行输入和输出（这样我们就可以应用软件来解决文本问题），因此在接下来的 20 年中，计算机开始进行文本计算，而不仅仅是数字。随着键盘和打印机的出现，20 世纪七八十年代，计算机进入了文字处理、桌面印刷和电子表格的时代，每个办公桌上都有一台个人电脑。然后，人们再次改进了传感器和执行器，使它们能够实现音频和视频的数字化。个人电脑配置了复杂的显卡和声卡，使我们在 20 世纪 90 年代和 21 世纪初进入了多媒体时代，这为人们带来了 MP3、个人电脑游戏，还有《侏罗纪公园》的特效。到了今天，人们的衣兜里装着能够随时联网的智能手机，随身携带着一系列传感器和执行器，一直与互联网保持着连接，从而将全世界带入了软件领域。因此，从 21 世纪 10 年代到 20 年代，所有一切都已离不开计算。这是我们在过去十年取得的成就，这也将成就下一个十年！多么激动人心。我们可以应用软件思维来解决的问题种类正在呈现爆炸性增长。

其中的关键不仅是软件本身，更是软件与生俱来的敏捷性，而这推动软件人不断探索。构建软件首先是听取客户的意见，并迅速针对他们的问题创建初步解决方案，然后获得反馈，再不断迭代和改进。随着计算技术的发展，软件人可以将这种软件开发过程应用于世界多个领域中越来越广泛的问题。我特别喜欢看到软件在以硬件为中心的传统领域发挥作用，因为看到一个软件人在硬件领域使用这些策略，好比亲眼见证了实实在在地发生在塑料、金属和玻璃中的进化。

想想苹果（Apple）对电视遥控器所做的改变。在苹果发布 Apple TV 之前，机顶盒会配备一个带有一百多个按钮的遥控器。

有些人甚至把按钮的数量作为卖点来宣传！每个按钮旁边都有一个标记：音量增大或减小、频道增加或减少、收藏夹、PiP、源和菜单等。第一个苹果电视遥控器只有 7 个按钮。为什么？因为苹果电视的所有智能都存在于设备上运行的软件中。这意味着苹果可以向客户学习，并不断更新软件，提供新的特性和功能。开发人员不能迭代那些用塑料和金属固定下来的东西——一旦那个小装置离开工厂，它的功能就终身不变了。所以移除按钮不仅仅是为了美观，更是极具战略意义的决定。当我第一次看到极其简洁的苹果电视遥控器时，我想：哦，现在我们进入软件竞争了。

这与史蒂夫·乔布斯在 2007 年设计 iPhone（苹果手机）时的思维过程别无二致。他对所有带有物理键盘的手机都不屑一顾，因为他极具远见地指出，键盘会一直待在那里，哪怕你已经不再需要它。你无法更新它，无法更改语言，也无法在不需要它的时候摆脱它。设备在出厂之时附带的一堆按照某种语言排列好的按键将一直保持不变，而 iPhone 键盘是软件。在你不需要它的时候，它就会消失，而事实上，你在大多数时候确实不需要它。它可以在需要时换成表情符（emoji）键盘，如果你需要使用多种语言，你也可以换成另一种语言键盘，这意味着苹果可以在全球范围内销售同一个库存单位（SKU）。你需要安装的语言只是不同的软件，而不是必须在工厂里预装好的东西。

另一个例子是 Square 信用卡读卡器。传统的信用卡机是一个塑料制成的大块头，带着一块像是从 20 世纪 90 年代的科学计算器上扣下来的屏幕，外加一些按钮。每当有一种新的支付方式出现，或是超过一百个像素分辨率的屏幕出现时，你就不得不把整个机器扔掉。信用卡读卡器的所有功能都已经在工厂里以塑料和硅的形式固化了。相比之下，Square读卡器只是一个连接物理世界（磁条阅读器）和软件世界所需的最小接口。其他一切都可以依靠软件来完成，而Square每周都可以更新软件。随着每一次版本更新，软件都会变得更加智能，实现新的功能并修复错误。Square可以以软件的速度进行迭代和学习，因为它的开发人员完完全全将所有功能都放入软件中，只留下实现这些功能所需的极少量塑料片。随着非接触式支付开始盛行，更多物理物质开始消失，而人们需要操作的硬件越少，软件人就越可以在软件方面发挥作用。

还有一个很好的例子，那就是特斯拉（Tesla）。普通汽车的仪表板上有几十个按钮。相比之下，多数特斯拉汽车只在方向盘上有四个按钮和两个滚轮，其他一切都是在大屏幕上运行的软件。特斯拉的按钮甚至不带标签。这使得一切都可以被视为软件，并随着特斯拉获得客户反馈而不断更新。这可能意味着更多的乐趣，比如信息娱乐系统。随着时间的推移，他们增加了卡拉OK功能（没错，一个嵌入式卡拉OK系统）和YouTube等内容，但同时，这也可能意味着安全性方面的重要进步。

2013年10月，一名特斯拉车主在高速公路上碾过一块小碎片，碎片刺穿了汽车电池并引发火灾。这辆特斯拉Model S及时向司机发出问题警报，于是他安全地靠边停车并离开车子，几分钟后，汽车就被大火吞噬了。但这场事故成为特斯拉的一场公关灾难。为了提高车辆行驶安全性，特斯拉决定让车子在公路速度行驶时车身提高一英寸。对大多数公司而言，这意味着需要召回，从而给汽车制造商造成数千万甚至数亿美元的损失，并给车主带来巨大的不便。但特斯拉只是发布了一项"空中升级"，修改了悬挂系统，并将公路速度下的驾驶高度升高了一英寸，问题就这样被解决了。这就是软件思维方式的功效。

我极其喜欢软件思维方式在这些所谓硬件公司大放异彩的现象。你可以实实在在地看到他们是如何尽可能地减少玻璃和塑料的使用，只留下与世界绝对必要的物理接口。但即使你所在的行业不是硬件行业，你也可以汲取同样的经验。你可以观察自己所在的行业已经有多大部分实现了数字化，而不再是模拟的。如果你能每周迭代自己的主要经验和工作流程，会发生什么？这就是软件思维方式的功效，它首先将物理现实加以数字化，然后再应用软件思维方式来解决问题。

每个类型的公司都可以成为一家软件公司——你所要做的就是将快速迭代的价值内化。你不必是埃隆·马斯克[1]或杰克·多西[2]；你只要相信迭代的力量，达尔文就会站在你这边。当然，要实现迭代，你首先需要构建它。你不能在购买的现成软件上进

---

[1] 埃隆·马斯克是太空探索技术公司（SpaceX）、特斯拉公司和 PayPal 共同创办人。

[2] 杰克·多西是推特的联合创始人兼首席执行官，以及 Square 创始人和首席执行官。

行迭代。

这就是为什么现在的问题已经演变成为"构建或是死亡"。

为什么购买软件不再是合理的选择

问题是，根据定义，一个所谓一刀切的万能软件并不会完全适用于任何人。如果每家公司都购买相同的软件，那么没有一家公司能使自己与众不同。每个人都和竞争对手别无两样，至少从数字化的角度看是这样的，而数字化角度已经越来越成为唯一重要的视角。

我们的一位客户说得非常好：如果使用现成的软件，那么你必须改变自己的业务来匹配它——这太疯狂了！实际上，你应该改变软件，以建立客户需要的业务。

你当然也可以对现成的应用程序加以定制，但它永远不会完美地适合你的业务。更糟糕的是，你将不得不等待软件供应商提供升级。即使新版本发布了，也要花很长时间才能在整个组织中推广。至于特殊功能（菜单上没有的定制项目），你可以向产品团队提交请求，然后耐心等待。

当组织需要管理来自不同软件供应商的一大堆程序时，这个问题会变得更为严重。你可以努力把这些程序拼接在一起，但是它们永远不会无缝地协同工作。而且，如果你更改其中一个，就可能会干扰其他软件。一旦出现问题，各个软件供应商将开始互相指责。

最糟糕的是，这一切花费的时间太长。购买过程本身要花费很长的时间，最初是"征求建议书"（request for proposal, RFP）。你会花上几个月的时间来审查建议并听取希望赢得这个业务的软件供应商的销售建议。而后，你需要进行"比稿"来比较产品。还要举行大量会议，征求各方意见，听取演示介绍。此外，供应商还会提供各种附加优惠条件，比如"如果购买我们的人力资源软件，我们将会用折扣价出售我们的客户关系管理（CRM）软件包"。然后，你还需要再花费几个月的时间来进行合同谈判。最后，获胜的软件公司会派出一批顾问，他们将花费数月（有时甚至是数年）的时间来安装软件。在启动运行后，你将拥有满足您需求的软件……两年前的需求！太棒了！

如果你所有竞争对手都以这种方式购买软件，那么你这么做基本上不会遇到麻烦。但是现在，你的竞争对手每周（甚至每天）都在发布更新，而你要是使用笨拙且不稳定，四处打补丁的现成的应用程序，根本没办法和他们竞争。这就像是让一台拖拉机和一台特斯拉进行一场拉力赛。你不必身在硅谷，也可以看到构建或是死亡的战斗每天都在上演。实际上，你只需要看看荷兰发生的一切即可。

银行业的构建或是死亡之争

谈到达尔文式生存斗争，我最喜欢讲的是有关荷兰两家银行的故事。其中一家是荷兰国际集团（ING），这是一个历史悠久的传统组织，但正以软件思维方式从根本上彻底改革其业务的方方面面。另一家是 Bunq，这是一家总部位于阿姆斯特丹的移动银行，没有实体分行，基本上是一家完全由软件支持，存储在云端，通过手机访问的银行。

Bunq 的创始人兼首席执行官阿里·尼克南从很小起就开始编写软件。因为 Bunq 编写自己的软件，而不是购买现成的银行应用程序，它们在开发人员和客户之间创造了难以置信的紧密反馈环。开发人员不断地向客户征求反馈，了解他们想要什么特性或是不喜欢什么特性，并且几乎一夜之间就能相应地推出新功能。用户们对此目眩神迷，并因此而成为其忠实客户。

阿里在加拿大出生。他的父母是伊朗裔。在他 7 岁时，他们全家搬到了荷兰。9 岁时，他开始编写代码。12 岁时，他开始投资股票。16 岁时，他创办了一家公司。2003 年，21 岁的他创办了 TransIP，该公司成为全球第三大域名和主机提供商。（你可以将其看作荷兰版的 GoDaddy[①]。）4 年后，阿里成立了数据中心集团（Datacenter Group），该公司是荷兰最大的数据中心运营商。到了 2012 年，年届 30 岁的他突然顿悟："我发现，我热爱创造人们喜欢使用的产品，我想为更崇高的事业出一份力，做一些能对社会产生影响的事情。"

他审视了各种各样的想法，意识到在技术和创新方面，"银行业正陷入黑暗时代"，他认为整个行业都应该进行彻底改革。

---

① GoDaddy 总部位于美国，是全球最大的提供域名注册和互联网主机服务的公司，服务产品涉及域名主机领域基础业务。

大多数银行仍然运行着20世纪70年代的老式大型计算机。他们的网站和手机应用都很糟糕。他们都以同样的价格提供同样的产品。没有人进行创新。客户被困在其中。他指出："在金融领域，人们没有真正的选择自由。人们在买番茄酱时都有众多选择，但反而在管理像钱这样重要的东西时却做不到这一点。有些东西需要改变。"

阿里并没有试图改进银行的既有做法，提供一个略有改进的版本，他说："我静下心来仔细思考，如果你可以在今天从零开始，创建一种购买东西、节省金钱并转移资金给朋友的方法，那会怎么样？"

Bunq的用户界面看上去就像是一个现代化的社交网络应用程序：简单、干净，个性十足，上面有彩虹色的明亮垂直条纹和小写字母拼出的bunq，以及简洁的公司宣传语：自由银行（BANK OF THE FREE）。这个应用程序看起来与优步、位智①、声田，以及苹果或安卓设备上的其他应用程序十分类似。这似乎不是一个巨大的成就，但是将Bunq的用户界面与大多数银行的应用程序进行比较，你就会发现其中的不同。

设置新的Bunq账户仅需几分钟。就像使用社交应用一样，你可以使用照片、姓名和昵称创建个人资料。设置共享账户和子账户很容易。一对夫妇可以有一个共同的账户来支付家庭开支，同时有一个个人账户供他们支付个人爱好费用。客户可以创建许

---

① 位智（Waze）是一个基于GPS的移动导航类应用程序。

多子账户，例如一个用于食品杂货，一个用于足球队，另一个用于学校筹款人，等等。如果要在账户间进行切换，只需输入不同的 PIN 码即可。

Bunq 能提供酷炫的旅行功能。如果你要和一群朋友去旅行，你可以建立一个"分账组"（Slice Group）来记录谁付了什么钱。当你回来想结清费用时，只需点击一个按钮就完成了。大多数 Bunq 客户都有一张借记卡，但 Bunq 还提供一张万事达旅行卡，既不收取月费，也不收取额外的货币兑换费用。这张卡就像一张借记卡，从你的账户上取款，但也可以用作信用卡。因为一些客户不想负债，Bunq 会发送"实时余额对账"信息，这样人们就可以随时了解自己账户中有多少钱，并停止消费（或是向账上存钱），而不是导致信用卡费用增加。

根据统计，Bunq 的客户（到目前为止）多数是关心社会公益事业的年轻人。Bunq 提供一项服务，让客户选择 Bunq 用他们的存款做什么。如果你不想把钱投资给那些反对为应对气候变化立法的公司，Bunq 会听从你的指示。同样，Bunq 也提供"绿卡"（Green Card），你每花 100 欧元，公司就会捐一棵树。

阿里自己为整个项目提供资金，他投入了 4500 万欧元。他最大的阻碍并不是技术，而是监管部门。到 2012 年，荷兰已经有 35 年没有给任何一家公司颁发过新的银行牌照。他说："已经过了太长的时间，所以没有人知道该怎么发银行牌照了。"而 Bunq 作为"一个全新的玩家，只有 20 名员工在一座偏僻空旷的大楼里工作"，更是无助于他们获得牌照。另外，监管机构意识到银行业需要注入新的理念。在 2015 年底，Bunq 获得了银行牌照。阿里说："我们真的做到了，实在是不可思议。"

编写第一个版本的软件花了一年时间，其中 20% 的代码是阿里亲自编写的。2016 年，Bunq 正式开始营业，到 2019 年底，它已经在 30 个欧洲国家开展业务。最初，所有客户体验都依托在移动应用程序上，直到 2019 年才推出了网络版本。Bunq 完全在云端运行，使用特维利奥、亚马逊云等云服务。他们也非常精简，只有不到 200 名员工。是的，你没看错这个数字。这应该会让传统的银行感到恐惧，因为软件的规模和效率都是空前的。公司彻底打造了一种工程驱动的文化，以至于阿里甚至并不将 Bunq 称为一家银行，而是"一家碰巧拥有银行业务的科技公司"。现在，Bunq 的发展势头正猛，它是一个数字化颠覆者的典范，老牌既有公司也已经注意到了这一点。

其中一个这样的老牌竞争对手和 Bunq 同在一个城市，那就是荷兰国际集团。荷兰国际集团的历史可以追溯到 18 世纪，现在管理着超过 1 万亿美元的资产。它和一家初创公司迥然不同，而且它所在的行业一直以沉闷、厌恶风险和高度监管而著称。然而荷兰国际集团已经成为世界上最具创新性的软件开发组织之一。在过去的几年里，我有幸与荷兰国际集团合作，并参与了其转型过程。荷兰国际集团成功的一个原因是，变革始于公司最高层，拉尔夫·哈默斯是一位精通技术的高管，并于 2013 年被提升为荷兰国际集团的首席执行官。

几年前，荷兰国际集团彻底变革了其企业文化。这一变化包括允许开发人员以极大的创意自由进行工作。从以哈默斯为首的高层开始，他们采用了敏捷流程，并且不仅仅是软件工程部门这样做，而是整个集团上下，一直到实体的分支机构，都开始在运作中采用敏捷实践。他们的集团网站甚至发布了一个名为"以敏捷方式在荷兰国际集团工作"的视频，描述了整个集团的转型。每个部门都分成小型团队，以两周为一个开发周期（sprint），并举行站会①。他们用这种方法来抵御Bunq这种数字化颠覆者新贵的冲击。这就是银行业正在上演的一场构建或是死亡的较量。我目睹了这种转型的结果。当时，特维利奥与一个由荷兰国际集团内部开发人员组成的小团队进行合作，他们成功完成了一个雄心勃勃的项目，让我们刮目相看。

2015 年，荷兰国际集团一位名叫西奥·弗里斯维克的工程经理主动联系我们寻求帮助，以建立一个新的联络中心系统。西奥管理着 40 名工程师，他们为荷兰国际集团遍布全球的一万多名支持人员所使用的联络中心系统提供支持。多年以来，通过收购银行，荷兰国际集团的业务不断增长。因此各地的支持人员都使用不同的联络中心系统。简而言之，荷兰国际集团运行着 17 个不同的系统，这些系统分别由 17 家不同的商业软件公司开发，并运行在各式各样的内部数据中心中。维护这样一个大杂烩简直

---

① 站会（stand-up meeting）是一种参与者以站姿进行的会议，以站姿这种不太令人舒适的姿势达到缩短会议时间的目的。这种会议在敏捷软件开发过程中经常使用。

是一场噩梦。西奥告诉我们："一年中的 9 个月里，我们都陷在各种升级项目中，因为供应商已经不再支持以前的版本，升级一个组件意味着你必须同时升级另一个组件，再升级一个，又升级一个，所以这很快就变成了一个巨大的项目。"

这种遗留系统大杂烩不仅让软件工程师的维护工作十分困难，还意味着银行的 3800 万名客户无法得到最好的服务。多年来，当现有解决方案中没有某些需要的功能时，他们会引入另一个解决方案。这就是为什么他们的联络中心不断膨胀，并变得不可持续。管理层希望西奥的团队从这些联络中心解决方案供应商中选择一家，并使其系统成为公司所有人的标准。西奥向管理层提出了不同的想法，与其再买一个单独的庞大系统并寄希望于这次能有更好的结果，还不如让他的团队从头开始构建自己的联络中心系统，这样他们就可以根据需要构建，以解决每个增量问题或尝试每种新想法。这将是一笔投资，但最终会让他们变得更加敏捷，而这正是公司的首要任务之一。在一开始，公司领导即便不是感到疑虑，至少也对此感到有些不确定。

西奥和他的团队指出，无论集团选择哪种现成的商业方案，它仍然只会是一个为迎合所有人的需要而刻意简化的解决方案。这类软件系统都是通用型的，旨在吸引最大数量的潜在客户，而不会完美地契合任何一家公司的需要。内部构建则意味着荷兰国际集团可以创建一个定制的系统，完全满足荷兰国际集团的需要。乍一看，这种想法不仅大胆，甚至可以说是疯狂的。联络中心系统并不是什么激动人心的系统，但它们非常复杂。大多数是由亚美亚[1]和Genesys[2]这样的公司开发并出售，这些公司在电信行业拥有深厚的根基，几十年来一直在构建联络中心系统，然而现在，一家银行IT部门的开发人员声称，他们可以击败这些大型专业软件供应商，创造出更好的产品。

不仅如此，西奥还发誓，他的团队可以用比集团挑选商业软件供应商并推出其软件所需的更短时间和更少资金，从头开始构建一个完整的联络系统。最重要的是，荷兰国际集团将拥有这些代码，因此开发人员可以随时改进他们的系统，如果需要的话，他们可以每天发布新代码，而不是等待商业软件供应商每年发布一到两次升级。

西奥绝不是仅凭直觉提出这个大胆建议的，他一直在做研究。2014年，他开始跟踪新的软件公司，比如特维利奥，这些公司不销售现成的应用程序，而是销售所谓程序构建块，供开发人员组合起来构建自己的应用程序。（我在第二章中将描述这种转变。）

2015年，西奥和他的同事前往旧金山参加了我们的SIGNAL会议。他们问我们，他们是否可以用特维利奥建立一个联络中心。几个月后，一个由特维利奥工程师组成的团队飞抵阿姆斯特

---

[1] 亚美亚（Avaya）是一家专长于IP电话、客服中心、移动语音与信息科技的电信公司，前身为朗讯科技下网络系统事业单元。

[2] Genesys是法国Alcatel旗下的独立子公司，专门面向企业提供客户体验与客户联络中心方案。

丹，与荷兰国际集团工程师进行了为期三天的编程马拉松[①]。西奥说："我们只是研究了一些在理想状况下我们能够做到，但在现实世界中很难实现的情景。三天之内，我们创造了比我们预期还要多得多的东西。这让我们的信心倍增。在那次编程马拉松之后，我们确信，我们可以构建一个联络中心系统，并朝着使用应用程序编程接口（API）和微服务协同工作的架构发展。"

这段经历给了西奥勇气，让他大胆地向管理层推销自己的想法。也许这并不像第一眼看上去那么疯狂，但这仍然堪称一场豪赌。事实上，这种赌博押上的是旧世界中 IT 人的职业生涯。这也是大公司如此不愿意变革，而甘愿继续落后于初创公司的另一个原因，因为公司高层普遍存在着"相互指责"的文化，从而使技术部门的负责人不想冒险。最稳妥的办法显然是与一些大型商业软件供应商合作。当然，软件可能不太好用，但一旦出了问题，将由供应商承担责任，而不是你本人。技术部门的决策者可能完全清楚，购买更多现成软件是一个糟糕的举动。他们知道公司应该进行彻底的改革。但谁在乎呢？把问题拖下去是一种更容易和更安全的做法。留给后面的人来处理吧。

这种心态源自许多文化对失败的反应。通常情况下，如果你

---

① 编程马拉松（hackathon）又译为黑客松，是一个流传于黑客中的新词语。编程马拉松是一种活动。在该活动当中，电脑程序员及其他与软件发展相关的人员，如图形设计师、界面设计师与项目经理，相聚在一起，以紧密合作的形式去进行某项软件项目。编程马拉松的时长一般在几天到一周不等，其核心灵魂是合作编写程序和应用。

在任何部门，而不仅仅是技术部门发起了一个大计划，但不幸失败，这肯定会限制你的职业发展。在更敏捷的文化中，失败不会受到惩罚。相反，这是一个学习的机会。拥抱风险和容忍失败的心态是软件精神的一个重要组成部分，同时这也是老牌公司尽力避免做的事情之一，即使很多公司的领导人声称，他们希望变得更像一家初创公司。

这引出了我的一个重要观点：

如果你想成为一个软件构建者，你需要从改变整个组织的思维方式开始。

单凭雇用一批新的开发人员，或者改变开发人员的工作方式远远不够，除非你能同时改变他们周遭的文化，否则你的做法都行不通，因为你只是在贫瘠的土地上种一棵新树。西奥的计划最终得到批准的一个原因是，荷兰国际集团本身正在集团范围内推行彻底改革。在首席执行官哈默斯对敏捷性给予高度关注之前，这种创新可能根本无法实现。

至于风险，西奥表示，风险让他快速成长，"我想有所作为。我想取得成就。对我来说这是一个巨大的机会。如果你从不冒任何风险，你就不会感到快乐"。

2016年春天，工程师们开始着手这项被称为"联络中心2.0"的项目。那时，许多公司已经让特维利奥参与了他们联络中心的项目，但还从没有人像这样从头开始建立一个全新的联络中心。西奥说："我们没有任何借鉴。把所有这些功能整合起来是一件前无古人之事，但对我来说，这恰恰是我喜欢做的。"工程师们热情高涨，坚信他们能成功，但"很多人对我们最终能否实现目标疑虑重重"。

2017 年夏，工程师们开始在几个地方试点测试联络中心 2.0，并迅速扩展到荷兰的所有联络中心。到了 2019 年底，联络中心 2.0 已在 7 个国家的 11000 名代理商中使用；全球性的推广预计将于 2021 年底完成。

这一赌注的回报马上就显现了出来。工程师们可以迅速地进行调整和升级，每周都推送代码，并不断从"客户"（即荷兰国际集团的业务支持代理及银行的最终用户）那里获得反馈。西奥表示："反应极其迅速，一切都是实时的。我们不再需要进行停机维护。我们可以随时部署新的变化。"

此外，代码也更加可靠，座席代表可以更快地解决呼叫，从而减少了客户的等待时间。这个系统如此优秀，以至于现在有其他一些公司专门拜访荷兰国际集团，了解他们能怎样构建类似的系统。就连我们派驻特维利奥的工程师也通过观察荷兰国际集团对我们产品所做的事情而不断地加深对自身产品的了解。

荷兰国际集团的下一个大动作是让其在全球各地的开发人员为这个平台做出贡献。2019 年，阿姆斯特丹的开发人员与荷兰国际集团在菲律宾一家子公司的开发人员共同启动了一个试点计划。那家子公司没有实体的分支机构，完全依靠手机运营。那里的开发人员都是移动领域的专家，擅长针对手机打造酷炫的功能。他们调整了联络中心的软件，以满足他们迥然不同的需求。他们与阿姆斯特丹的核心团队分享了自己开发的新功能，而后者将它们集成到核心平台中。

这意味着荷兰国际集团现在可以充分调动遍布全球的数十位开发人员的创造力，而不仅仅由阿姆斯特丹的一个小团队完成所有的工作，这大大加速了开发过程。

"未来几年，我们的创新速度将呈指数级增长。这就是我们这个平台的目标。平台第一次推行的重点是替换现有的电话系统。但其最大的优势还没有显现出来。"西奥说。

"联络中心 2.0"项目的成功证明了荷兰国际集团工程师的能力，同时也证明了"平凡的 IT 人员"可以转变为构建世界级软件的顶尖开发人员。这些世界级的软件构建者无处不在。公司需要找到他们，并为他们松绑，让他们感觉自己是主人翁。西奥说这个项目是他职业生涯中的高光时刻。一向谦逊有加的西奥将成功归于自己的工程师团队及荷兰国际集团的高层，后者敢于放手让自己的团队承担巨大风险。他说："我比首席信息官低了两级，但我觉得自己可以拥有创业精神，尝试一些事情，甚至是犯错误。"

在构建或是死亡的世界里，荷兰国际集团银行成了进化的典范。

我碰巧选择了一个银行业的例子来展示"构建或是死亡"在现实中是如何发生的。考虑到涉及的高风险（人们的钱！），以及严苛的监管法规，银行无疑是最对颠覆性变革免疫的一个行业。然而，就连银行业也正在逐渐成为一个软件行业。我甚至没有谈论比特币和其他加密货币的潜在影响；我只是在谈论银行的基础业务，即如何经营零售银行、吸引客户，并让他们满意。

这些变化正在全世界各个行业中上演：在慕尼黑，全球最大的保险公司安联；在美国，达美乐比萨、塔吉特百货和 U-Haul 搬家租车公司。不管它们的业务是写保险单，还是做比萨饼，是送郁金香还是租卡车——不管它们做什么生意，它们都正在成为软件公司。

构建或是死亡正在成为商业的自然法则，就像进化定义了地球上的有机生命体一样。这是纯粹的适者生存，而是否能适应改变，是由公司怎样排列磁粒子来定义的。

为了评估你在多大程度上已经准备好适应新的"构建或是死亡"现实，你可以考虑询问你的高级技术领导是如何做出构建或是购买决策的。哪些技术是应该购买的桌上筹码①？哪些数字化创新将成为使你有别于竞争对手的关键？你需要深入挖掘，找出答案，因为在过去十年中，许多过去被认为可以形成差异的因素已经成了桌上筹码。你应该对自身模拟业务中的哪一块进行投资，实现数字化转型？哪些现成的软件解决方案阻碍了你的发展？你听到"我们不能那样做"的回答有多频繁？与其被动接受这个回答，还不如问问你的团队，什么样的改变或是投资可以将回答变成"好的，我们可以构建！"

---

① 桌上筹码是指赌客放在桌面上从而获得参与赌博资格的最低筹码，在商业语境下通常指若想吸引客户考虑购买某一产品而必须提供的基本功能或配置。

第二章
全新的软件供应链

重要的不是你如何使用服务器，而是你如何为用户提供服务。
——杰夫·劳森，2010 年

正如我在第一章中所说，我相信，任何一家公司如果想要在数字经济中生存并获得发展，都需要构建软件。因此，你的供应链十分重要。如果你的数字供应链优于竞争对手，那么你将处于更有利的地位。相反地，如果你的供应链极度落后，甚至根本没有供应链，而你的竞争对手却在日新月异地发展，并在数字化供应链的支持下不断扩大领先优势，那么你就会永远落后。很有可能，数字化供应链并不是公司中常规性讨论的概念，而是一个全新的概念。但是，了解数字化供应链的出现及如何更好地利用它来确立领先地位，对于在数字经济中取得成功至关重要。

想想那些生产制造实物产品的行业，比如制造汽车、冰箱和房屋的企业，它们都有成熟的供应链。汽车制造商并不是自己制造汽车的每一个零部件。他们从钢铁公司购买钢材，从皮革公司购买皮革，从座椅公司购买座椅，从里程表公司购买里程表，等等。所有在公路上从你身边飞驰而过的丰田凯美瑞或是福特F-150皮卡汽车都是由成百上千大型供应商提供的零部件组装而成的。这些供应商又从全球供应链上的数百家，甚至数千家小型零部件制造商那里获得供应。随着行业日趋成熟，其供应链也随之成熟，这使得许多公司能够专注于生产过程的某个环节，从而提高整个行业的效率和生产率。

直到最近，软件行业还没有类似的供应链。大多数软件公司，例如微软、甲骨文或SAP这样的公司都是从头到尾自行编写软件。在软件尚属一个高度专业化的领域，且软件公司相对较少的时候，这种做法能够奏效，而直到20世纪90年代和21世纪初，情况确实如此。在软件公司通过下载方式或光盘的形式销售产品时，这种做法尤其正确。

但是现在，随着每家公司都正在变成软件公司，并且大多数公司不可能从头开始构建所有软件，它们就需要一条供应链了（正如福特汽车和丰田汽车一样），将行业划分为专业领域，并允许生态系统中的各家公司专注于其核心竞争力。但是，软件供应链看起来与传统供应链不同。软件供应链公司不是专注于里程表或是方向盘，而是提供可以重复使用的代码块，开发人员将这些代码块组合在一起，生成完整的应用程序。这就是所谓应用程序编程接口（API）。每个API供应商只提供解决方案的一部分。亚马逊云提供数据中心服务。特维利奥提供通信构建块。Stripe和PayPal则支持支付。先进的应用程序将这些小组件集成到客户独特的价值主张中。这种向组件软件的转变是软件产业发展的下一个重大飞跃。我称之为"软件的第三纪元"。

早在20世纪90年代的一则IBM商业广告中，这一趋势（从解决方案到构建块）就已经被预见到。在那则广告中，一位头发凌乱的顾问正在向一位企业主展示其网站的第一版，这个网站在创建的时候似乎没有得到企业主提供的太多信息。顾问在最后说:"现在你需要选择……是想要一个旋转的标志还是一个燃烧的标志?"在网站的左上角(当年企业标志总是放在那个地方)有一个公司的标志,一会儿笨拙地转着圈,一会儿以业余水准的动画熊熊燃烧。那位不知所措的商人回答说:"都行,但它能优化我的供应链吗?"这则广告的含义是,只是在表面上具备灵活性的打包软件永远无法满足快速发展的复杂业务需求。现在,20多年后的今天,这则广告被证明具有难以置信的先见之明。但是,正如我们常常看到的情况,既有公司并不是使之成为现实的公司。

软件简史

为了更好理解有关软件的新思维方式,我们需要回顾一下软件行业的兴起及它的发展历程。

最初,公司运行的是大型主机。事实上,许多公司现在仍然在这样做,而且数量比你想象的要多。随后出现了微型计算机,如 Unix 工作站,最后又出现了个人电脑。30 岁以下的人可能并不记得,在个人电脑问世之初,软件程序是存储在软盘上的,再后来是存在 CD 光盘上出售。软件实际上是被装在硬盒子里的!你需要开车去到一家实体店,比如 Babbage's、Egghead Software 或者 Software 等,然后从货架上选择购买自己想要的软件。实话实说,那些商店简直酷极了。

从大型主机到个人电脑,计算机的体积不断变小,操作系统不断变化，但软件行业则基本上沿用相同的商业模式。软件供应商会投入研发资金，打造出一款应用程序，然后将其出售给个人用户或大型企业。向消费者销售软件是一门好生意。但相比之下，向企业销售软件，就像微软、SAP 和甲骨文所做的那样，是一门了不起的生意。从盈利的角度来看，向大公司销售打包软件可能是有史以来最一本万利的生意。你只需构建一次软件，随后在售出每套产品时几乎不需要增加任何成本。

但对这些企业客户来说，整个计划是一个巨大的麻烦。每家公司都必须有自己的 IT 部门，负责架设服务器，并安装和维护这个基础设施。大多数软件程序都是运行后端办公室业务（如财务和企业资源计划）的程序。这些大型企业软件项目出了名的容易出故障，从某种程度上讲，超过 70% 的大型主机安装从来没有真正成功地完成过。这些项目需要花费很长时间才能够完成实施，往往在项目完成前，已经出现了几代公司管理层更迭。

更重要的是，公司并没有利用所有这些软件为客户提供更好的体验，也没有在市场上脱颖而出。他们只是用软件来运行他们的内部操作，诸如会计、企业资源规划等。如果你是一家公司内部负责业务线的员工，比如销售或人力资源主管，并想为自己的部门安装软件，那么你必须向 IT 部门发送请求，然后排队等候批准。

大约 20 年前，软件开始进入第二纪元，也就是 SaaS（软件即服务）时代，上面所说的问题得到了解决。开创这种模式的是 Salesforce 公司。该公司创始人兼首席执行官马克·贝尼奥夫曾在苹果公司实习，担任汇编语言程序员（换句话说：他是一位硬核程序员），大学毕业后，他加入了甲骨文公司，并很快成为一位销售奇才。

他赢得了年度最佳新人奖，并在 20 多岁时就被提升为副总裁，是甲骨文有史以来最年轻的一位副总裁。1999 年，他创办 Salesforce 公司，并提出了"终结软件"的著名口号。当然，这实际上并不是软件的终结——它只是一种新的软件交付方式。

通过 SaaS，如果业务线部门的负责人需要新的软件程序，他们不再需要向信息技术部门发送请求，然后排队等待他们实施一项价值数百万美元的多年计划。相反，销售主管可以直接找到 Salesforce，填写一些在线表格，然后几乎立刻就可以让他的整个部门用上一流的销售自动化软件产品。销售主管不需要了解任何信息，也不需要安装服务器、安装软件或雇用 IT 人员来维护系统。只要填张表，然后你就可以使用了。

随着时间的推移，SaaS 公司大量涌现，为每一条业务线的员工提供服务。公司的首席财务官可以联系 SaaS 财务软件服务的供应商 NetSuite，首席营销官可以和 SaaS 营销自动化服务的提供商 Marketo 签约，而首席人力资源官则可以寻求运营人力资源信息软件服务的供应商 Workday 提供服务。同时，客户根据使用该软件的员工人数付费，不必再为数据中心或单机许可操任何心。事实上，许多产品的价格非常便宜，以至于一个小团队用信用卡就可以支付相关费用。

这种模式也被称为云计算，它之所以成为可能，得益于高速互联网连接和所谓的"多租户"软件。随着超高速的互联网主干网成为现实，人们意识到，你可以从几千英里①外的服务器上快速调取数据，就像你从走廊尽头的服务器，或是公司在办公园区另一端的数据中心调取数据一样快（或者至少差异很小，因而使用程序的人可以忽略不计）。在云计算时代，你不再需要运行自己的数据中心。而且，每个员工都不需要在自己的个人电脑上运行程序的本地版本。他们可以通过网络浏览器完成他们需要做的所有事情。这就从多个方面使工作变得更加轻松。如果某个软件程序存在错误并且需要更新，或者该软件供应商悄悄发布了新版本的应用程序，客户无须派 IT 人员到每个员工的办公桌前并安装新版本。这些修复和升级完全发生在云端。对用户来说，这一切都是不可见的。

另一个变化涉及经营模式。你不再需要根据你部署的服务器数量来支付使用一个程序的许可费，包括先要支付一大笔初始费用，然后再支付每年的维护费，你只需要订阅即可。在你不再需要软件的时候，你只需结束订阅，和订阅杂志没什么两样。

1999 年 Salesforce 成立时，很多人都认为贝尼奥夫是个疯子。怎么会有人为自己从来不会真正拥有的软件买单？如果互联网瘫痪又会发生什么？请记住，在当时，互联网的速度还不够快，也没那么可靠，不足以支持软件即服务模式。到 2001 年，仍然只有 6% 的美国人拥有宽带互联网接入。根据皮尤研究中心

---

① 1 英里 =1.609344 千米。

（Pew Research Center）的数据，当年的大多数网络连接是通过squonky 调制解调器拨号入网的。

但贝尼奥夫坚信，互联网会变得更好和更强大。随着高速互联网成为常态，Salesforce 也随之腾飞，成长为全球最大的软件公司之一。根据其 2020 财年的报告，该公司在 2019 年的收入达到 170 亿美元。而且他们并非独此一家，进入新的世纪后，许多价值数十亿美元的 SaaS 公司在几年中迅速崛起，收入总和达到了数百亿美元，市值总和高达数千亿美元。

但是，尽管 SaaS 公司的表现如此亮眼，全球有史以来发展最快的软件公司与 Salesforce 或 Workday 并无任何相似之处。

亚马逊云改变了游戏规则

2004 年，在亚马逊云发展的早期，我加入了亚马逊。我入职之后，老板向我解释了要完成的任务。亚马逊打算建立庞大的数据中心，并出租计算能力和存储容量，不是作为应用程序，而是作为构建块，供软件开发商和其他公司用来构建应用程序。这将使任何开发商和所有公司都能充分利用亚马逊对网络级基础设施的专长。这项服务将极具灵活性，能够在运行中向上或向下扩展。如果你连续几天流量激增，"弹性计算云"（elastic compute cloud，EC2）会立即给你的网站提供更大的计算能力。当激增的流量退去后，你的虚拟数据中心将收缩回原样。你只需为你用过的东西付钱，并且每月支付一次账单，就像支付手机费和电费一样。

按需付费模式是一个巨大的突破，也许和技术本身一样重要。预先购买硬件的旧有模式昂贵得离谱，并会造成巨大浪费。几十年来，公司购买的容量都远远超过了实际的需求，而且供应严重过剩。中央处理器（CPU）大量闲置，存储空间未被使用，磁盘存储系统的利用率可能低至 30%，而服务器的利用率通常只有 10%。每个应用程序都需要自己的专用服务器和存储容量，并且还要足以处理可能遇到的最大负载。

一个应用程序的容量通常无法与其他应用程序共享。零售商的销售点系统在繁忙的节日期间可能需要额外的容量，但却不能借用身边人力资源系统中的闲置容量和存储空间。相反，你必须购买足够的容量来处理节日期间的负载，即使在全年其他时间里你并不需要它们。软件供应商开发了让 IT 系统共享资源的程序，但这成为另一个昂贵的软件，你需要购买，并需要另一个 IT 团队来维护它。这种头痛医头、脚痛医脚的方式不能从根本上解决问题。改用亚马逊云不仅意味着你不再需要购买昂贵的硬件，而且还意味着，你也不再需要雇用一个庞大的 IT 团队，24 小时不间断地维护和管理所有硬件。这无疑可以带来巨大的成本节约。

借助亚马逊云，亚马逊似乎挥动一根魔杖，让所有这些头痛都烟消云散。订阅了服务之后，你就再也不必操心如何运行硬件和存储，而只需为你已经使用的服务付费。

这种模式和软件第一纪元的模式的区别就像用自己的柴油发电机发电和从一家公共事业公司购电的区别。你不知道你的程序在哪里运行，或者它们运行在什么型号的计算机上。你不需要为此操心。这一切都发生在"云端"（一个冷知识：在早期，"云端"基本上是指弗吉尼亚州），有其他人负责处理它。你唯一需要关心的是，当你打开开关时，你的数据中心就在那里，或大或小，如你所需。大公司对此趋之若鹜，纷纷开始将应用程序从自有数据中心转移到亚马逊云上。

亚马逊云的其他影响并没有立即显现。其中之一便是，亚马逊云将会降低成立一家新公司的成本（将其降至几乎为零）。在亚马逊云出现之前，如果你想创办一家科技公司，你需要购买昂贵的服务器、存储系统、路由器和数据库软件。你可能需要花上百万美元购买和安装硬件，这一切仅仅是为了支持你最初的想法。

借助亚马逊云及其"现收现付"模式，一位创业者可能只需花上 100 美元，在几分钟内（即填写表格和输入信用卡号码所需的时间）就可以启动一家新公司。低启动成本意味着会有更多初创公司出现。这些初创公司还可以更快地进入市场。它们可以从一张餐巾纸背面（在特维利奥的例子中是在比萨饼盒背面）勾勒出的一个想法起步，在几个月内就可以交付一项产品。它们可以在不受基础设施影响的情况下进行扩张，获得成长。它们可以快速行动和打造产品。

我在亚马逊云内部工作时认识到，亚马逊云平台将催生出新一代的初创公司，这些公司将比传统公司更快和更精简，看起来几乎像是一个新物种。这些敏捷的小型超级掠食者将开始颠覆各个行业的公司。然后，那些大公司也将开始构建软件，从而进一步加快软件创新的步伐。

但对我而言，亚马逊云最有趣的影响是，它不仅改变了计算能力的购买方式，而且还改变了它的购买者。在传统的世界里，IT决策是由接近组织高层的人（如首席信息官或首席财务官）做出的。这是因为，这些都属于高风险的决策，涉及多年的运作和数百万美元的预算。然而，有了亚马逊云，很多客户只是普通的开发人员。某个工程师或部门经理只需输入一个信用卡号，就可以在亚马逊云上启动服务器和存储容量。当公司开始使用该应用程序时，信息技术部门不会将代码转移回其内部数据中心，而是将它们存放在亚马逊云上。随着使用量的增加，公司每月的账单也随之增加。正因为如此，开发人员在企业购买基础设施方面获得了更大的影响力。

这些趋势带来的后果显示在亚马逊云的经营成果中。它的销售额在2007年几乎为零，到了2020年第一季度，它的年化收入已经增长到400亿美元，只用了12年的时间收入即从零增长到400亿美元，这几乎是史无前例的增长。这就是为什么很显然，这种商业模式（即平台商业模式）代表了软件业的下一个大趋势。

亚马逊云并不是唯一一家推动软件进入第三个伟大纪元的公司。微软、谷歌和阿里巴巴也都开发了自己的云服务，并与亚马逊展开竞争，提供计算、存储等诸多服务，供开发商加以集成。2019年，微软云服务部门Azure的年收入达到了370亿美元，谷歌云达到了90亿美元。它们是这个领域的领军巨头。我的公司特维利奥专注于提供通信API，我们的收入也在快速增长，在2019年达到了11亿美元。另一家提供支付API的私人公司Stripe尚未披露其销售数字，但私募投资者在2020年4月的融资中给它开出了360亿美元的估值。在"软件的第三纪元"，我们为客户提供了很多价值，也为投资者创造了很多价值。

我们是如何一步步发展起来的

过去十年迅猛发展起来的"API经济"（基于应用程序编程接口技术所产生的经济活动的总和）本身固然引人注目，但它是如何一步步发展到今天无疑更值得关注。一堆不起眼的API，单次使用价格低至几分钱，是如何变成一门收入高达数百亿美元的大生意，并运行着人们每天都在使用的应用程序的？API的发展之路，恰好与我在本书中详细阐述的软件发展史的诸多方面存在着错综复杂的联系。这一切都源自小型团队。

回到2000年，当时亚马逊拥有为数众多的工程师和庞大的代码，以支持其快速增长的零售业务。工程师们相互掣肘，要想做成任何事情都需要耗费巨大的精力进行协调。看到工作进程不断放缓，杰夫·贝佐斯写出了"两张比萨饼团队"（two-pizza team）备忘录，建议他们把公司拆分成几个小团队，以便更快地行动（他的建议是，以整个团队一餐只需两张比萨饼就能吃饱为限，以此控制团队的规模）。但他们遇到了一个问题：鉴于所有人的工作因为他们编写的代码是一个整体而在本质上紧紧地捆绑在一起，你又怎么能把他们拆分成一系列小型的独立团队呢？

如果一个团队对代码所做的更改会破坏其他团队正在处理的代码，显然他们无法真正独立地工作。这样安排会让工作完全无法进行。

最终，解决这一问题的方法浮出水面，那就是将代码和团队打包在一起。亚马逊在将组织拆分成多个独立小团队时，也不断地将代码分割成小块，这样团队就可以"带走"这部分代码并独立操作。这些团队和他们各自负责的代码需要一种相互交流的方式，而这可以通过"网络服务"（web services）实现。每个团队都将自己的代码作为服务运行，其他团队可以与之交互操作，而不是将所有代码发送到某个大型代码库中，然后由其他人在服务器上部署和运行。因为每个团队都很小，所以他们的服务领域通常也有一定的局限性。随着时间的推移，这些服务被称为"微服务"，每个服务通常只实现某项功能，并且完成得很出色。

这些微服务不是以一堆代码或是一个网站的形式提供，而是以一个基于网络的 API 形式提供。API 是指定义良好的接口，允许某一代码块与其他代码块进行通信。一旦一个团队构建并向其他人公开了一个 API，那么他们就必须通过准确和最新的文档来教其他团队如何使用它。因此在亚马逊，API 文档的内部文化应运而生。一个团队可以找到另一个团队的 API 文档并开始使用他们的服务，通常甚至不需要交谈。这使得团队能够有效地协同工作，解决需要协调的问题。

不过，还有另一个问题，那就是如何衡量这些服务的有效性，以及如何确认企业的钱到底花在了哪一部分服务上。如果一个团队在 10000 台服务器上运行了他们的服务，那么这是件好事，还是代表着效率极其低下？同时这种成本应该归于什么商业目的呢？于是，亚马逊开始针对使用这些服务计费，即使在内部也是如此。有些人称之为转移定价，但实际上这种体系一举两得：既让团队对其成本负责，又可以决定在预算周期中把更多资源放在哪里。

小型团队需要对其服务的效率负责，因为它们必须有效地针对内部客户公布一个"价格"，而这些内部客户必须从其损益表中支付成本。如果"客户"对因你而产生的成本不满意，那么你就需要改进。内部责任制协调了每个人的利益，并创造了一种自然的激励机制，随着时间的推移，不断激励人们提高效率。内部定价还使领导者能够做出正确的预算决策。想象一下，在一家典型的公司里，你有两款面向客户的产品，一款收入达到 1 亿美元，增长迅速，而另一款收入为 1000 万美元，增长缓慢。你可能会给予哪一个项目更多预算以继续推进？当你考量了收入因素后，答案显而易见。内部服务也是如此。当一个内部服务被内部客户广泛使用并且增长迅速时，你就会给它更多的预算。但是如果你针对自己的多个项目没有一个普适的衡量因素，那么你不一定清楚哪些团队需要更多的投资。这就是为什么加入定价函数（即使是针对内部客户的价格），也是一种行之有效的手段。

同时，这又引发了一个更有趣的思考。一旦你将业务不断细分为专门负责特定领域的小型团队，为彼此提供微服务，有充分记录的界面和价格代表提供这些服务的真实成本，你自然就会想到：为什么要在内部开发所有这些微服务呢？为什么要投入自己的开发人员，开发那些可以从其他公司购买的微服务呢？为什么要编写自己的微服务代码来计算国际销售中的货币转换，而你本可以从专门从事货币转换软件供应商那里购买这种微服务？于是，你的开发人员开始从专业供应商那里插接一些微服务，因此你就开始有了一个软件供应链。但是，这些微服务供应商名片上的公司标识真有那么重要吗？

很快，人们开始意识到，构建微服务并将其出售给其他人也可以成为一门生意。2008 年，New Relic 公司正式成立，并开发出监控网站性能的软件。Stripe 公司开发出了支付处理服务。特维利奥开发出了一个云通信平台。另一个例子是谷歌地图，只需几行代码，开发人员就可以将这项服务发布到他们的网站上。这比自己动手要好得多，后者需要你花上好几年的时间，驾驶着装有车顶摄像头的汽车在世界上的每一条街道上行驶，然后用鸟瞰图、街景和谷歌地图拥有的所有其他功能构建地图软件。其价值主张显而易见。

所有我们这些服务供应商都各自针对某个非常麻烦的问题，花几年时间编写出一个解决方案，并在现在为其他人提供这种服务。我们的服务是一个黑匣子。客户不知道，也不用操心它是如何工作的。他们只需要把我们的代码插入他们的代码，补充一点他们自己的代码，然后就大功告成了。目前，特维利奥总共运营着 1000 多个微服务。我们以按需付费的方式出售，就像亚马逊出售其计算能力一样。

云平台是现代开发人员的新构建块。它们使得开发应用程序的速度更快、成本更低。它们还可以扩展到支持数十亿位用户。这一切在 10 年前完全是不可想象的。

构建和购买

软件第三个伟大纪元带来了许多益处，但也带来一系列新的问题需要我们来回答。开发人员和公司领导层不断需要做出决定，到底哪些微服务应该从第三方云供应商那里购买，哪些微服务又应该自己构建。今天，新的微服务供应商正以寒武纪生命大爆发式的速度涌入市场，决策者们必须学会应对这种情况。每一项微服务都在不断快速地变化和改进。

正像阿什顿·库彻 [①] 所说，"科技公司一直在争论"应该构建哪些微服务，以及购买哪些微服务。阿什顿已经投资了几十家初创公司，并取得了一些重大成功，其中最著名的例子包括爱彼迎、声田和优步。他表示："我认为，你选择不自己构建的东西和你所构建的东西一样重要。公司唯一应该自行构建的，是其业务的核心。很多时候，人们最终选择构建的系统在市场上已经有现成产品，并可以用相对较低的成本购买或获得许可。你是否应该构建自己的福利和工资系统？反正我决不会试图重建特维利

---

① 美国演员兼制作人，也是一位成功的风险投资家。

奥、Slack① 或 Gusto②。"

我的经验法则是，如果任何东西能让你在面对客户时实现差异化，那么你就应该自己构建。直接面向客户的软件也应该自己构建。如果在任何情况下，客户问你，它为什么不能实现某功能？而你的回答是，呃，我们买的系统不提供某功能。那么这就是一个问题。对于客户在意的东西，你也需要自己构建。在某些情况下，自己编写后端软件也是有意义的。例如，在你所在的行业里，你可以通过更好的库存管理来获得竞争优势。在这种情况下，你当然应该去构建自己的供应链软件。

但是，对于大多数后端操作，以及那些不能让你在客户面前有任何差异化的东西，你就应该购买。你不需要构建自己的电子邮件系统，或是自己的数据库软件、人力资源软件、企业资源计划程序，因为在这些领域，你可能无法通过自己编写代码来获得任何竞争优势，因此你可以从 SaaS 提供商那里购买应用程序。但是请让我重申一下我的经验法则：任何面向客户的东西你都应该构建。

这是因为：

差异化是无法通过购买获得的，你只能构建它。

---

① Slack 科技是一家企业办公沟通软件供应商，其企业协作应用软件集合聊天群组、大规模工具集成、文件整合及统一搜索功能于一体。该公司被称作史上增长最快的 SaaS 公司。

② Gusto 是一家为美国企业提供基于云的工资、福利和人力资源管理软件的独角兽公司。

不过好消息是：构建正变得越来越容易。回到过去，在软件供应链成熟之前，你面临的答案通常是购买解决方案，因为构建需要花太大的精力。你必须像微软或甲骨文一样精通软件，才能自行构建软件。但现在，得益于我们进入了软件的第三纪元，数字供应链使企业能够以前所未有的轻松和速度构建软件，因此企业不仅可以，而且必须构建自己的软件。激烈的竞争形势决定了这一点。

你将这些构建块整合到端到端体验中，在这个过程中你想象、构建并最终拥有这些体验，因为这就是你的竞争优势。不过，组成这一体验的构建块则是购买的现成产品，它们被迅速地整合在一起。你当然需要在其中加入许多自己的微服务，但是在构建自己的服务时，你不需要再发明一遍车轮子①，而只是将精力投入那些可以代表你的竞争优势的"点睛"之作。也许它们是一个专有的定价算法，或者是一个物流算法，是你的分销系统所独有的。在尽可能借助现成构建块的前提下，你可以把全部精力投入你独特的差异化领域。

好消息是，越来越多现成的构建块正在日益成熟。云平台正在取代几乎所有类别的传统基础设施。这些商业微服务几乎是你使用的每一个应用程序的原料。在一个用户界面的背后的应用程序实际上是一个由数百乃至数千个微服务组成的集合体，它们有些由公司内部的开发人员所构建，有些是由商业供应商

---

① 英语俗语，意指无谓地重复，浪费时间做无用功。

所提供。

今天，仍然有许多领域的开发人员别无选择，只能从头开始构建微服务，因为现成的替代品还不存在。但微服务模式的优点在于，你可以在不干扰应用程序中其余代码的情况下更换某个微服务。随着时间的推移，一旦新的商业微服务出现，移除自己构建的产品，并用商业替代品取代它们并不少见。这是因为，供应商正在大举投资这些商业微服务，因此其日臻完善，而自制版本往往随着时间的推移停滞不前。以特维利奥为例，我们的研发团队（截至本书撰写之时）已经超过 1000 人，他们每天都在改进着我们的通信平台。随着我们的应用程序日臻完善，我们的客户将从这项投资中获益。

理论上讲，软件公司有一天可能不用编写任何自己的代码就可以生产出一个应用程序，换言之，他们只需组装一堆由其他公司创建的微服务。事实上，人们已经提出了所谓"单人独角兽"理论，它是指一家价值 10 亿美元或以上的公司仅由一个人运营，这个人是一个开发人员，其应用程序则是在众多商业微服务之上开发出来的。这种情况目前尚未出现，但其实际发生可能只是时间问题。我们所认为的"编写软件"过程在很大程度上可能已经变成了一个组合代码块的过程，就像戴尔组装现成的商业化组件来生产一台电脑，或者厨师从货架上取下现成的原料，并做出拿手好菜。实际上，编写软件可能将变得如此简单，以至于任何人都可以做到，无须再经过计算机科学方面的专门培训。

目前我们还在采用混合模式。也就是说，你购买那些可以买到的通用构建块，然后自己编写其余部分。你公司的"附加值"可能会取决于你整合这些构建块的方式，以及你基于微服务所开发的面向客户的软件。苹果公司的 iPhone 系统中包含一些任何公司都可以购买的商业化构建块，比如内存芯片和闪存驱动器。苹果不针对这些部件设计或制造自己的版本，因为这不会使其产品与众不同。不过，苹果确实为 iPhone 设计了自己独特的微处理器，因为这种芯片使苹果能够比其他手机更好地运作。苹果还编写了所有安装在 iPhone 上的软件。苹果成功的秘诀在于知道它需要购买什么和构建什么；知道如何以独特的方式整合这些部分；最重要的是，它还雇用了全世界最好的开发人员来编写优秀的软件。他们也一直善于讲述自己的故事，推销自己的品牌——这是另一个他们决心要与众不同的领域，而这样做带来了丰厚的回报。

像苹果一样，软件开发商现在也正在将自己的定制软件与其他人提供的现成微服务整合在一起。优步就是一个很好的例子。你使用的"优步 App"实际上由大约 4000 个微服务组合而成，其中一些由优步的工程师开发，另外许多则是由外部云平台运营商提供的。当乘客呼叫司机时，他们的命令会从优步的主屏幕传送到特维利奥服务器，然后我们将呼叫通过路由发送给司机。但无论是乘客还是司机都看不到这些；对他们而言，优步只是让他们可以互相沟通。车费的支付由不同的微服务来处理，货币和汇率转换则由优步内部开发的 Tincup 微服务完成。

这就是硅谷所有新公司构建软件的方式，它正迅速成为银行、零售商、航空公司等传统公司的标准。

快问开发人员你应该购买哪些服务

一些公司认为，计算、存储、支付或通信等服务是业务核心，不能外包。例如，我知道一些零售企业在"云时代"早期拒绝使用亚马逊云，因为亚马逊也拥有零售业务，因而是一个竞争对手。然而，持这种态度的公司正在被抛在后面。随着竞争越来越激烈，公司必须将所有内部开发工作集中在业务的差异化部分。在当前的软件第三纪元中，购买属于桌上筹码的软件（即使是从最大的竞争对手那里购买），也是令你有机会获胜的基础。这就是为什么你看到，正在与亚马逊的 Prime Video 激烈竞争的网飞公司也公开成了亚马逊云的一个大客户。这也是为什么在特维利奥，我们看到大型电信运营商利用我们的服务建立联络中心、客户通知等系统。通常，那些不使用云服务的决定都是高管们做出的，是出于……所谓战略考虑。我认为这极为愚蠢。

高管们应该听取他们的开发人员和技术人才的意见，帮助他们做出这些决定。这种情况已经自发地出现。开发人员以亚马逊云和特维利奥为基础进行开发，并用他们的信用卡支付费用。领导层非但不应责骂他们，而是应将这种自发行为视为一种信号，并顺应这一潮流。

我想讲一讲乔·麦科克尔的故事，他是 RealPage 公司负责电信业务的副总裁。RealPage 是一家大型公共软件公司，服务于多户房地产租赁行业。他们为拥有和运营公寓房等房地产的公司提供数十种软件即服务的产品。他们还一直在大肆收购。在过去的十年里，他们已经进行了几十次收购。2012 年，在他们收购了几家属于特维利奥客户的初创公司之后，这些账单开始落在乔的办公桌上等待批准，因为他负责所有电信方面的支出。一开始他并没有理会这些账单，但后来，公司的首席运营官让乔"弄清楚这个特维利奥到底是干什么的，以及我们如何才能摆脱它"，他们最初的想法是用已经从运营商或电信硬件公司购买的服务来取代特维利奥。

于是，乔在 2012 年参加了我们的年度客户大会，然后参加了特维利奥年度大会（TwilioCON）[①]，希望弄清楚特维利奥到底是做什么的，以及他怎样才能摆脱我们。在那里，他遇到了数百名其他客户，了解到有多少不同的公司在使用特维利奥为客户进行创新。他开始对我们能带来的回报有点心动，并在回公司的飞机上写了一份备忘录。总而言之，他做出结论说："我们不能摆脱特维利奥，而是要把一切都转移到特维利奥。"在过去的几年里，他们一直在这样做。

这是一个很好的例子，乔跟随他的开发人员的脚步，后者知道什么是最先进和最棒的技术。在打造软件开发团队时，对开发人员、架构师和技术领导的基本要求是选择需要构建的正确领域。决定哪些领域是核心竞争力，这本是企业领导人经常讨论的

---

① 特维利奥年度大会（TwilioCON）是特维利奥面向客户、开发人员业内人士主办的年度大会，主题是探讨通信行业的未来发展。

问题，现在延伸到了微服务级别。我并不指望大多数公司高管能够掌握专业知识或希望深入了解到这一级别，但高管们应该明白，他们的技术团队经常要做出这些决定。管理人员应该在较高的级别上理解可用服务的生态系统，并大力鼓励团队采用"构建块"的方法，从而以更快的速度为客户构建价值。我们还应该不断询问我们的技术团队，我们可以在哪里借助现成的通用构建块更好地为我们提供服务，并将技术人员的才能重新部署到更有价值的领域。这不仅仅是一个前期的"构建或是购买"的决定。有了微服务，这个问题的答案可能会随着时间的推移而发生改变。这个问题值得我们定期重新审视。

开发人员往往是第一个知道数字供应链中有什么新鲜有趣之物的人。你可以考虑询问你的开发人员，他们在使用现代 API 时的自由度，或者公司对使用 API 有什么限制。在安全性和采购订单之类的要求与让开发人员用上最新服务的愿望之间，你应如何达成平衡？问问你的团队是否在暗中购买这些数字供应链的服务，并为此支付费用。如果是这样，不要惩罚他们。了解原因，并找出如何使他们合规地这么做的方式。问问开发人员，他们依据什么样的战略考虑来决定哪些服务可以购买，而哪些不能，因为那是让公司脱颖而出的技术能力。

第二部分

理解并激励开发人员

现在，你已经阅读了本书前两章，并知道了要想在数字时代生存和壮大，你的公司需要构建软件。但这并不是什么值得上新闻的说法，否则你可能根本不会拿起本书。显然，更重要的是你如何才能做到这一点。

首先，你需要理解是什么驱使开发人员呈现他们的最佳表现，以及作为一位领导者，你的什么行为能够激励开发人员，或是在无意之中打击了开发人员的积极性。

本书的第二部分所讲述的，便是应该如何理解开发人员的思维方式。

我将从介绍我是谁开始。

第三章

嗨，我是杰夫，我是一名开发人员

每隔两周，我们都会为最新加入公司的特维利奥员工进行入职培训，我会和他们进行一次 30 分钟的交流，我会这样开场："嗨，我是杰夫，我是一名软件开发人员。"他们都知道我是首席执行官和创始人，但实际上我也是一名软件开发人员。在数字时代的众多公司中，领导公司的高管和那些真正实施数字化转型的软件开发人员之间似乎存在着一道鸿沟。我撰写本书的初衷正是希望将这两部分的观点结合在一起，从而让开发人员、管理人员和执行人员能够讲同一种语言，以改进他们之间的协作。身为一个上市公司的首席执行官，同时又是一名开发人员，我的观点与大多数高管和开发人员的观点都有所不同。我曾经见证过管理人员和开发人员之间成功的合作，也看到过他们遇到的挑战。为了更好地理解"快问开发人员"方法论，了解我个人的经历也许会有些帮助。尽管今天我成了一个首席执行官，但在职业生涯的最初，我的工作更多是开发和维护软件。我想特别强调我生命中的转折点，因为正是那些转折点带领我打造了"快问开发人员"的思维方式。

我在底特律郊区一个名为西布卢姆菲尔德的小镇长大。我妈妈是一位数学老师，我爸爸是一名放射科医生。在 20 世纪 80 年代早期，放射设备完全是模拟的。医院收到柯达公司发来的未曝光底片时，每张胶片之间都会垫上一张白纸板，每盒有十几张白纸。医院会直接扔掉那些纸板（请注意，那时候废品回收再利用的理念还不像今天这样深入人心），所以我爸爸开始把它们带回家，于是他的书房里堆满了白色的纸板。

周末，当我们感到无聊并想看电视的时候，我爸爸会说："我们做个东西吧！"然后，我们会拿出那个装满各种尺寸纸板的盒子，他会问："你想做什么？"我会说："让我们造一个机器人！"或者"让我们造一台录像机（VCR）"，或是"让我们造一台 X 光机！"然后我们就开始工作了。有时候，我们将一些硬纸板做成一个录像机大小的盒子，然后，我会用一只荧光记号笔画出按钮（播放键、暂停键、快进键和快退键等）。我还会画一个磁带槽，用来放置 Beta 磁带。[1]（当然啦，我们家是 Beta 格式的拥趸！）每一次，当我们完工的时候，我都会问爸爸那个他一直害怕回答的问题："爸爸，我们怎么才能让它变成真的呢？"如果他有办法获得老木匠杰佩托[2]那样的神力，我肯定他一定会想方设法地去找到这种能力。他会不惜一切代价把录像机、机器人或是我们那天做出来的任何东西都变成真的。但他不能，这让我们都很沮丧。

不管怎么说，我还是渴望创造。我热爱这样的念头：拿出你的工具和一些材料，你就可以创造出一些东西。即使那东西并不

---

① Beta 磁带是 20 世纪 80 年代索尼公司推出的一种家用录像带。

② 杰佩托是童话故事《木偶奇遇记》中，雕出了木偶匹诺曹的老木匠。

能用……

大约是在 1983 年，我们有了第一台电脑，那是一台苹果 IIe，而我发现了 BASIC 的神奇世界——那是一种简单的编程语言，借助这种语言，你可以要求电脑做你想让它做的事情。一开始可能是一些看起来很愚蠢的事情，比如：

10 PRINT "Hello World"（第 10 行打出"你好，世界"）

20 GOTO 10（第 20 行 跳转到第 10 行）

后来，出现了更先进的东西。我记得构建了一个简单的地址簿应用程序。那是一个不错的玩具，但最终其实不是很有用。尽管如此，我父母还是假装对我十分佩服，因为作为父母，这是他们的职责。

1990 年，我们家购买了我们的第一台个人电脑：一家名为 CompuAdd 的公司出品的 20-MHz 386DX。那是一台笨重的大家伙：一个巨大的米白色盒子，至少有 30 磅（约 13.61 千克）重。后来几年，我深入研究了那台机器，升级部件，并将系统从 Windows 3.0 升级到 3.1。我会时不时地做一些蠢事，比如删除 c://command.com 或者乱搞 c://autoexec.bat。幸运的是，我的叔叔杰瑞就住在街那头，我可以跑过去复制他的 autoexec.bat，然后重新开始工作。

我成了一个人们眼中"懂电脑"的孩子。每当有人问我，为什么他们的鼠标不工作或者为什么他们的电脑不能启动，我通常都不能立刻知道答案。但我知道我可以琢磨一下，并且"搞明白"。管他的呢，反正我总不会让事情变得更糟！有了那台

386DX 电脑，我学会了埋头琢磨，进行各种尝试。我明白了，即使你把事情搞得一团糟，你也总能修好它。在很多方面，这就是构建的本质。

但直到我上了大学，我才真正爱上了编程。当我在 1995 年来到密歇根大学时，大多数孩子都对年满 18 岁带来的自由而兴奋万分：聚会、酒精、女孩、男孩。但真正让我兴奋的，是宿舍里的以太网接口！人生中第一次，我拥有了 100Mbps 并且一直在线的互联网连接，这与我在家里使用的 28800Kbps 的拨号上网连接简直是天壤之别。告别父母后，我做的第一件事就是用文件传输协议（FTP）下载了一份 1.0 版网景浏览器（Netscape Navigator 1.0）。再见，美国在线 ①；你好，"真正的"互联网。事实上，当时，网景公司刚刚在几周之前完成举世震惊的首次公开募股，我则成了在那几个月中第一次认识互联网的数百万人中的一个。

我记得我浏览了那些常见的静态网站，包括公司的营销页面、科研学术人员的介绍页面、详细列举了人们爱好的个人主页等等。你可以不断点击这些页面长达几个小时，并学习几乎任何东西。但比早期网页内容更令人惊奇的是，您可以在任何网页页面上点击"查看源代码"，然后查看作者创建这些页面时所用的代码。并没有什么幕后秘密或是神奇的东西。你可以直接看到互联网上的所有东西是如何被创造出来的，从中学习，并在此基础上加以发展。简直太棒了。

---

① 美国在线（AOL）公司是美国著名在线信息服务公司，也是美国最大的拨号上网服务提供商。

更吸引人的是，那个时候开始出现所谓"动态"网站，即那些不仅展示内容的网站。亚马逊网站可以让你浏览书籍，甚至购买它们！雅虎、Lycos 和 AltaVista 可以让你搜索内容。MapQuest 可以让你找到地球上任何地方，外加规划路线指示！

这些网站最惊人的地方在于，任何人都可以编写一个程序，与苹果 IIe 时代不同的是，互联网上的其他任何人都可以与其借助代码进行交互。我可以编写一些东西供几百万人用，而不只是让我的父母看看。突然间，一切变得很真实，它不再是小孩子的玩具，这是真实的世界。

我主修了计算机科学课程，学习计算机工作的基本原理，比如 CPU 的功能，内存的工作原理，甚至现代计算的理论，比如为什么二进制是计算机的基础等。我还开始学习软件开发的基础知识，诸如在 C 和 C++ 中编写排序算法、循环、函数和结构。这一切都很有趣，但是，正如你现在可能已经猜到的，我更像是一个应用型的人。我想构建的不仅仅是排序算法，这些算法以前已经被其他数百万学生建立了数百万次。

1997 年夏天，在学习计算机科学课程几年后，我去到加州帕萨迪纳市的 Citysearch 公司实习，这家公司坐落在洛杉矶市中心东北部的山区。Citysearch 是互联网早期几个大型网站之一。他们的产品是一个"城市指南"，向用户提供所在城市中吃喝玩乐的所有信息。在我 1997 年 6 月进入公司之前，他们刚刚重建了内容管理系统（CMS），让他们能够更新网站，新版本有了新的文件格式。（是的，数据存储在文件，而不是数据库中！）在我进公司的第一天，我的经理欢迎我来到公司，并概述了我的任务：我需要将文件从旧格式转换为新格式。他给了我一台公司配备的电脑，以及对新旧两种文件格式的描述，然后带我来到我的办公桌旁。

我用 C 语言编写了一个程序，读取旧文件，然后以新格式输出数据。大约到了午饭时间，我回到经理的办公桌前，告诉他我已经完成了第一项任务。他惊呆了。很显然，这是我整个夏天的工作。他认为我会花上几天的时间把数据从一个文件复制粘贴到另一个文件上（那可是成千上万份文件啊），这将成为一份很好的实习工作。我问他，我今天剩下的时间该干点什么，他说他稍后会回复我。结果，他并没有什么事要我做——不仅仅是那天下午，而是整个夏天。那是我第一次意识到，管理人员和软件开发人员之间存在着巨大的脱节。

于是，我每天都进到公司，从上午 9 点到下午 5 点端坐在办公桌前，在网上闲逛。我学习了一种新的编程语言，这种语言在构建互联网应用程序方面越来越有吸引力，那就是 Cold Fusion。夏季实习结束后，我回到安娜堡①，怀着新的渴望，准备自己创业。

我一直认为，学习新东西的最好方法就是把自己交给"客户"，并强迫自己去学习。所以我找到几个朋友，布赖恩·莱文和迈克尔·克拉斯曼，他们都和我一样对互联网充满迷恋，我们开始集思广益，讨论我们可以开发的产品。我们提出了一些想

---

① 安娜堡（Ann Arbor），美国密歇根州的一座城市，密歇根大学所在地。

法，但只有一个保留了下来。

安娜堡的校园中四处张贴着代记笔记公司的广告。这都是一些小作坊，一般起名叫什么蓝色笔记（Blue Notes）、超级笔记（Superior Notes）、A级笔记（Grade A）等等，依托校园里的复印店经营。每学期每门功课的笔记大约收费50美元，你可以购买一位聪明好学的好学生的笔记（你懂的，就是每次上课都坐在前排正中的那些人），然后参考他们的笔记来复习，而不是用你自己潦草的笔记。支付了50美元后，你每次上完课都要在雪地里跋涉，穿过整个镇子去取你购买的笔记（全部都是复印件）。这个服务相当受欢迎，尤其是针对那些基础大课程来说，因为可能有上千名新生都在上着同样的课程。

布赖恩、迈克尔和我想，与其每周在雪地里跋涉好几次，难道互联网不是获取这些笔记更好的方式吗？你可以舒舒服服地坐在宿舍里，从网上调出你要的笔记。由于学生对笔记的需求相对集中在几门大型课程上（心理学101、经济学101等），我们可以只雇用几个笔记抄写员，就满足几乎所有新生的需求：对于密歇根大学这样规模的学校，这意味着将近5000名学生。同时，这样的服务几乎在每一所学院和大学里都存在。我们简单进行了计算，并得出整个笔记"产业"将是一个高达1500万美元的市场。因此，我们决定不在互联网上出售笔记（这在1997年仍然很难实现），而是免费赠送。因为我们认为，广告市场比"笔记"市场要大得多，我们可以通过在笔记上印制本地和全国性企业的广告来赚钱。

我们决定给自己的企业起名 Notes4Free.com，为此注册了域名，并想出了一句非正式的口号："我们并不纵容逃课。我们只想让上课变得简单。"你可以想象得出，这项服务大受欢迎。足不出宿舍就能得到免费笔记，哪位学生不希望这样的好事？很快，我们又扩展到了第二个校区——密歇根州立大学，然后又扩展到了全部十大校园。

1998 年秋天，互联网泡沫开始显现。互联网盛宴成为一个人人都不能错过的大机遇。我和我的联合创始人集体辍学，全职经营我们的公司。我们从朋友和家人那里筹集了第一轮 100 万美元的种子投资，在 6 个月内 3 次扩大了办公室，并且仍然不断租下更大空间，我们雇用了大学里所有的朋友，甚至还有一些真正的成年人加盟。我们将公司更名为 Versity.com（谢天谢地我们改了这个名字）。1999 年夏，我们从硅谷著名的风险投资公司 Venrock Associates 筹集了 1000 万美元的风险投资，并将公司（当时已经有 50 人）从密歇根州搬到了硅谷。我们一直在不断成长，并且聘请了一个"专业"的高管团队来经营。回想起来，他们最主要的兴趣就是把公司卖掉。我们最终确实做到了这一点。2000 年 1 月，我们将 Veristy.com 以全股票交易的方式出售给另一家以大学生为服务对象的公司 CollegeClub.com，后者刚刚提交了首次公开募股申请。CollegeClub 撤回了申请，并完成了对 Versity 的收购，但当他们重新提出首次公开募股申请时，即 2000 年的 4 月，首次公开募股的窗口期已经关闭，互联网狂欢即将落幕。这家公司每月要烧掉大约 3000 万美元。由于未能通过首次公开募股获得资金注入，2000 年 8 月，这家公司撞得鼻青脸肿，并宣布破产，我们的股票也立刻变得一文不值。

在短短 18 个月的时间里，我们从大学学习期间做的一个副业项目，变成一家被投资者估值 1.5 亿美元的公司，并成为一家即将首次公开募股的公司的一部分，然后在一夜之间，我们被打回原形，再次变得一文不值。这是一个典型的互联网过山车故事。现在回想，我敢肯定那家公司绝对是一场闹剧。我们那时年仅 21 岁，没有商业模式，却拿着投资者数百万美元的投资。在公司的整个生命周期中，我们花掉了 1000 多万美元的风险投资，只创造了大约 14000 美元的收入。但收入从来都不是目标——投资者不会问，董事会成员也不会为此烦恼。所有人关心的只是吸引一群受众，并抓住他们的眼球。那个部分我们确实做到了。我们吸引了数以百万计的大学生，他们每周甚至每天都会访问我们的网站。说起培育大学生受众，我们确实制订了计划，并取得了一些成绩。尽管创建一家有价值的网络公司的尝试以失败告终，但我对创业的渴望并没有消失，我还明白了，你从失败中也可以学到很多东西，并为下一步做好准备。我的职业生涯结束了吗？不，它才刚刚开始。

恰好在那时，我的一个朋友杰夫·弗鲁尔刚刚为一家名为 Idrenaline Inc. 的公司写了一份商业计划书。他的想法是建立一个网站，人们可以在那上面买卖各种活动的门票，比如体育赛事、音乐会等，这样要比在街角从黄牛党那里用现金购买门票更安全，也更容易。杰夫和他的联合创始人埃里克·贝克拿着这个商业计划，开始寻找投资者投资，尽管 2000 年显然并不是为网络公司创意筹集资金的好时候。杰夫和埃里克都是银行家，从未经营过公司。但这个计划听上去很有吸引力，而我也根本不想留在 CollegeClub，所以我同意加入，并成为他们的第一任首席技术官，帮助他们建立网站，组建技术团队，让公司起步。我们知道我们需要一个更好的名字，所以杰夫选择了 Liquidseats 这个名字，虽然在我听来，这总让我联想到腹泻。我的朋友戴夫·布赖恩曾在 Versity 负责市场营销，他也加入了 Idrenaline，担任市场营销主管。他想到了 StubHub 这个名字。杰夫还聘请了马特·利文森作为首席运营官，马特·利文森是"快问开发人员"故事中的一个重要角色，我将在本章后面细说他的故事。

那是 2000 年的年中，我们拼命想在当年美国国家职业橄榄球大联盟（NFL）秋季赛季开始前及时推出网站。这是一次疯狂的冲刺。我们开始设法搞清楚如何获得初始的库存门票供应，如何找到买家，以及在哪里推出网站。我利用以前学习的视频技巧制作了一个发布视频，试图进行病毒式营销。我从来没有建立过一个商业网站，或是写过信用卡在线交易的代码，也没有考虑过拍卖应如何运作，但正是这些让我兴奋不已。我一头扎了进去，组建了一个小组，计划在 9 月上线网站，也就是说，从开始写第一行代码到发布只有大约六周时间。为了推出 StubHub 网站而进行的疯狂赶工实在是无比刺激。我喜欢我们做成这件事的方法，包括接受这个点子，创建第一版网站，并在如此短的时间内面向客户推出。有了这样的速度，我们将能够不断地迭代。

然而，虽然 StubHub 是一个巨大的商机，但它并不是召唤我的使命。我想把我的时间花在建造一些我发自内心热爱的东西上，而门票显然不是每天早上唤醒我的产品类别。所以最终，我开始寻找下一个机会。

　　那时候，我恰好和凯文·奥康纳共进了一次午餐，他是那个时代领先的互联网广告网络 DoubleClick 的联合创始人兼首席执行官。就是他们发明了横幅广告，代表了互联网货币化的第一波浪潮。凯文是 Versity 的天使投资人之一，我们一直保持着联系。吃午餐时，我告诉他我有兴趣开始一些新的尝试，他则说他有兴趣合作，共同想出点什么来。此外，我邀请马特·利文森加入我们的行列，他在 Versity 和 StubHub 都曾和我共事过。

　　我们集思广益地讨论了将近 1000 个想法，研究了大约 50 个有价值的想法，写了大概 20 份商业计划书——但最后，一个出乎意料的想法冒了出来。马特在加利福尼亚州的圣巴巴拉长大，他目睹了极限运动（滑板、冲浪、雪板和 BMX 自行车）的爆炸式增长。然而，对于那些运动而言，唯一的零售选择是小型夫妻店。这些小型的独立商店在某种运动方式属于小众的时候是很好的，但是马特设想，随着这些运动日渐成为主流运动，购物者会想要"大卖场"式的零售体验，包括商店营业时间固定，拥有良好的退货政策，以及广泛的产品选择，就像户外运动领域的 REI[①] 一样。我们需要设想这样一家针对极限运动的大卖场会

---

① REI 是美国，也是全球最大的户外用品连锁零售商。

是什么样子。如果 REI 为那些早餐只吃格兰诺拉麦片^①的户外运动达人提供服务，那么我们就要专注于果酱吐司饼干^②爱好者的运动。

在我们集思广益，根据互联网和移动领域的重大技术趋势想出来的上千个想法中，我们唯一能达成共识的就是这个实体零售店的创意。很奇怪，尽管这也是时代的标志。面对互联网泡沫的破灭，一个以某一价格购买商品，再以更高价格将商品出售的想法听起来相当不错，这与互联网的疯狂商业模式形成了鲜明的对比，而互联网的疯狂商业模式在 2000—2001 年间似乎已经彻底崩溃。

然而，我仍然心存疑虑。我问马特，像我这样一个软件开发人员为什么要开一家极限运动用品零售店，尤其是考虑到我根本不玩极限运动。我们讨论了能够提升客户体验的技术，以及 2001 年在没有遗留技术的情况下从零开始创建一家零售店的好处。这意味着我们可以随心所欲地为我们的客户打造良好的体验，并提升商店的运营效率。这个想法勾起了我的兴趣，所以我上了马特的车，我们一起回到了阳光明媚的加州——这次是洛杉矶，极限运动的中心。

马特和我开始工作。我们敲定了九星（Nine Star）这个名

---

① 格兰诺拉麦片（Granola）指由滚压燕麦片加坚果和水果制成的麦片，是一种在西方注重健康饮食人群中颇受欢迎的健康食品。

② 果酱吐司饼干（Pop-Tart）是家乐氏公司（Kellogg）首先推出的一种夹了果酱的饼干，后成为风靡全美的零食。

字，我并不喜欢这个名字，尽管它比我们的暂定名"狂野骑士"①要好一些。租好场地之后，马特和团队专注于构建实体店并引入产品，而我则专注于构建实体店运营所需的软件。对我来说，这是一次千载难逢的机会，让我了解零售店的所有技术是如何运作的，并打造出比大多数商店都更好的软件系统。我一生中无数次去过零售店，成百上千次地看到收银员用激光扫描仪扫描所购商品，用刷卡机刷卡并打印收据。现在，我要深入学习这一切是怎么工作的。当激光扫中标签上的条形码时会发生什么？你的信用卡磁条上到底编码了什么信息？现金抽屉怎么知道什么时候开门？

我把所有这些都作为一个 Web 应用程序来构建，因为，老实说，我只会 Web。我用 PHP 语言编写了一个完整的销售点（point-of-sale）系统，零售商通常用这个软件来记录销售数字、接收现金和信用卡、打印收据等。更好的是，因为这一切全都是我写的，我可以按照任何我想要的方式来构建和改变它。当我们决定要建立一个会员计划时，我就把它全部纳入了销售点系统。当一位新客户结账时，我们会问他们是否想成为会员。如果他们同意，收银员会记下他们的名字和电子邮件地址，然后用一个小摄像头拍一张照片。不到半分钟，一张全彩会员卡就会从收银机里吐出来。来逛店的年轻人非常喜欢这个功能！这就好像他们有了自己的"九星"信用卡。我们决定，会员可以获得他们一年中

---

① "狂野骑士"（Rough Riders）是美西战争期间由西奥多·罗斯福（后担任美国总统）领导的志愿骑兵队的绰号，1997 年美国曾拍摄同名电影。

消费总额的 20% 作为"回报"，以积分抵现的形式在 2 月花掉它们（我们会在 2 月清理剩余的假日库存）。我在销售点系统中建立了一个"积分回报"系统。

我在商店的后屋里写代码，当业务太忙的时候，不可避免地会有人过来抓差，让我去帮忙看收银台。一开始，这种感觉很棒。我每天都会用我自己开发的软件。我会发现某个程序问题或是一些改进可以加快收银员的速度，然后我会回到后面，半小时后，我就能出来部署这个改进方案。反馈回路很紧密，难以置信地令人满意。但在内心深处，我知道我其实是隐身在一家滑板店的后屋里，毫不夸张地说，被一堆鞋盒和滑板包围。我的同事都是热爱滑板或是冲浪的年轻人，而我是一个"电脑男"。

作为一名开发人员，你需要高度集中精力，头脑纵观整个系统。人们将这种状态称为"心流"——在这种状态下，你全部心思都投入一个问题，并能取得难以置信的成果。一头扎入一个代码库，记住代码的某个特定部分怎样能够良好工作并进行更改，这需要难以置信的专注。而在一家滑板店的后屋工作意味着保持专注很困难。我们把商店的所有地面都设计成可以滑滑板的形式，这样来店里的年轻人就可以把商店当成滑板公园了。他们很喜欢这种设计。而我讨厌它。我经常被吵闹的声音和商店员工的吵吵嚷嚷分散注意力。

有一天，我正全神贯注工作的时候，店里的一个员工冲到了后面。他拍了拍我的肩膀问道："嘿，伙计，网站崩溃了吗？"

我摘下耳机，因为被打断而暴怒不已。"你是在问我，还是在告诉我?!"我咆哮道。

那个站在滑板上的家伙慢慢后退,我意识到自己变成了什么样子:我是后屋中那个脾气暴躁的电脑男,没人愿意和我说话。就在那一刻,我意识到我不属于那里。

我在九星公司构建那些很酷的技术系统的同时,也在密切关注着谷歌从无到有地崛起,成为一个技术巨头。亚马逊也每天都在增长,不断为其网站增加新的产品类别。那些在网络泡沫崩溃中幸存下来的公司开始定义我们的生活。我想回到科技行业,而不是龟缩在滑板店的后屋一角。在九星工作期间,我们的经济也很困难。我们所有的钱都用来购买上架的产品了。马特和我已经三年没有拿过薪水,这种影响体现在我极其糟糕的银行账户状况和信用卡透支上。九星街对面的赛百味每天下午 5 点后都会有买一送一的促销活动,我可以花 3.99 美元买 2 个三明治,其中一个当晚餐,另一个留着当作第二天的午餐。有一段时间,墨西哥食品连锁店 Baja Fresh 曾在其网站上提供一张免费玉米煎饼碗的优惠券。那时还是网络时代的早期,显然他们没有意识到,你可以想打印多少张网络优惠券就打印多少张。马特和我每天都吃 2 次免费的玉米煎饼碗,一直吃了大约 3 个月,直到他们意识到这个漏洞。这就是创业精神。

当我思考下一步该做什么时,我意识到自己已经参与了 3 家早期初创公司。我都是从头参与,我们几个人在车库里(或者我上面的例子,在滑板店里),试图从虚无缥缈中创造出一些东西。但除了在 Citysearch 的暑假工作(实际上只有半天),我没有在大公司工作的经验。如果有一天我想创建一个有价值的公司，我需要学习大公司是如何运作的。怎么做才能成功？我下一次创业应该效仿什么？当公司变大时，什么地方会停滞不前？我应该避免什么陷阱？我需要学习商业是如何运作的，学习如何管理、领导和扩展一个快速发展的组织。在初创公司，你只是尽可能快地奔跑，但真正的公司是如何运作的呢？我想知道。与此同时，能挣到一份薪水并填充一下空空如也的钱包，倒也不是坏事。

2004年秋，我接受了亚马逊云的工作机会，搬到了西雅图。我一直在那些各种条件捉襟见肘的初创公司工作，抓住我们能找到的任何人才和预算来谋求发展。在一家世界级的公司，和世界级的人才一起工作，这是一个完全不同的故事。我懂得了系统如何在大规模上得到应用。我学到了他们为应对亚马逊的规模而发明的技术：分布式系统、一致性散列、幂等性、CAP定理等，这远远超出了我之前接触过的东西。我入职的时候，亚马逊云大约有30位员工，我是一名产品经理，在太平洋医疗中心办公区（Pacific Medical Center，PacMed）大楼的六层上班。这是一家古色古香的医院，后来被改建成了亚马逊的总部。杰夫·贝佐斯的办公室在大楼七层（如果你的办公室离他很近，那就意味着他关心你所从事的工作）。亚马逊云是他最喜欢的项目，因此我们在六层办公。

我们不是为消费者开发产品，而是为像我这样的开发人员服务。和我一起工作的人千真万确是在发明新东西。一切都需要重新考虑。产品、营销，甚至定价。和我一个办公室的戴夫·巴斯是一个新兴产品的首位产品经理，这个产品名叫简单存储服务（Simple Storage Service，S3），它注定会颠覆数字存储市场。我分配到的产品后来被命名为灵活支付服务（Flexible Payment Service，FPS）。灵活支付服务的目标是让开发人员能够在他们的应用程序中接受支付。就像简单存储服务让开发人员能够访问互联网规模的存储一样，灵活支付服务也让开发人员能够访问与世界上最大的电子商务网站相同的支付基础设施。我们的产品最终因为过于复杂而难以推出。但不管怎样，这是一次令人惊奇的经历。尽管亚马逊在我看来是一家大公司，但它感觉就像是一家初创公司。整个公司被分成众多小型的"两张比萨饼团队"，每个团队的运作就像一个小型初创公司，总是充满了急迫感，总是充满了能量。我们在做的事情非常重要。我们在创造未来——这正是你需要你的技术人才拥有的感受。

在亚马逊，有一件事给我留下了深刻印象，那就是开发人员拥有巨大的影响力和决策权。当时，许多类似项目最高级的负责人不是商业领导，而是技术领导。简单存储服务由亚马逊前首席技术官艾伦·韦尔默伦非正式领导。我的项目灵活支付服务由一位名叫维卡斯·古朴特的工程师领导，他建立了亚马逊的大部分零售支付系统。像安迪·贾西这样的商业领袖提供了领导力指导和智慧，但他们真正为技术领导们创造了一个欣欣向荣，可以增加商业价值（而不仅仅是提供代码）的环境。这一经历坚定了我对开发人员的信念，认定他们是潜力巨大的商业领袖。这便是构成"快问开发人员"思维方式的一个基本要素。

在亚马逊的工作经历从根本上改变了我的世界观，以及我对互联网规模机遇的看法。我还学到了很多关于公司文化的知识，即你作为领导者所做之事，这些事将为优秀的员工创造最佳工作环境。我看到了亚马逊发展早期所做的许多伟大的事，也看到了一些我会采取不同做法的事。

搬到西雅图还改变了我的生活，包括遇到现在已经成为我妻子的埃丽卡。她那时刚刚从圣路易斯的华盛顿大学医学院毕业，搬到西雅图并开始在西雅图儿童医院的儿科实习。

两年之后，我又有了一种冲动，利用我在亚马逊学到的知识再次创业。这一次，我向自己保证，我将建立这样一家公司，其客户是我真正认同的人群，而不是什么二手票买家或是滑板小子。我决心从过去的错误中吸取教训，构建我自己和世界所需要的东西。我还发誓要把从亚马逊学到的有关扩张的知识拿来，建立一个在每一步都拥有如此能量和动力的公司。

2006 年年中，我离开了亚马逊。当时，除了找到我的下一个创意的信念之外，我没有任何计划。为了省钱，我换了一间小公寓，从能欣赏普吉特湾美景的市中心滨水区搬到了华盛顿大学学生聚居的 U 区一座阴冷的老楼。对于一个没有薪水的人来说，学生公寓的房租要便宜得多。我在亚马逊的经历告诉我，建立一家软件初创公司极其容易。如果我不再需要数据中心或服务器，那么我需要筹集的资金就会少得多，雇用的人也会比以前少。我所有的创业精力都可以集中在最重要的事情上：客户，以及我能为他们解决什么问题。我脑子里有一堆想法。其中一个想法是一种新的计算机备份方法。另一个想法是帮助人们通过利用点对点网络传输来自世界各地的视频。我必须决定下一步要继续探索哪个想法，而为了做出决定，我需要与潜在的客户交谈。

在你向潜在客户（尤其是如果他们是熟人）推销一个新的产品创意时，会遇到下面两种反应。如果他们真的喜欢这个创意，并且它似乎解决了他们生活中的某个痛点，他们会问你：是这样的吗？它能做到这个吗？他们想努力让你的解决方案适用于他们的问题。这是个好兆头。相反，如果他们并不觉得你的想法解决了他们的某些难题，那么谈话就会大不相同。他们会尽量礼貌地说："哦，听上去不错……"然后他们的声音越来越小。在尴尬的沉默片刻之后，他们会改变话题："呃，老虎队 [①] 最近表现怎么样？"这就不是个好兆头了。

我的很多创意推销引来了关于底特律老虎队的讨论，但我只不过为探索这些想法花费了几周的时间，并没有投入任何资金，所以一切都还好。

这就是创新运作的方法：实验是创新的先决条件。你做实验的速度越快、成本越低，你最终找到有效东西的速度就越快。因此，我一直在不断构想新的创意。

我还意识到一件事：在我以前创办的三家公司中，我们都是在利用软件的力量来构建很棒的产品和很棒的客户体验。尽管每家公司都非常不同（一家学生笔记公司、一家二手门票销售网站

[①]　老虎队（Tigers）指底特律老虎队（Detroit Tigers），美国职棒大联盟的队伍之一，主场位于密歇根州的底特律。

和一家实体滑板店），但它们都围绕着通过构建软件来提供愉悦的客户体验。对我来说，软件的超能力就是你能以极快的速度把一个想法呈现给客户。一旦客户开始考虑这个想法，他们就会给你反馈，告诉你哪些地方不错，哪些部分不行。这会指点你接下来该怎么做，如此等等。如果你愿意，你可以每天发布一个新版本。这种快速迭代的精神使软件如此强大。还记得吧，我们是如何在六周内推出 StubHub 的，还有我在九星时是如何在商店营业时间里实时改进销售点系统的。

此外，这三家公司还有一个共同点：在每一家公司，我们都遇到了下面的情况：我们都需要不时与客户进行沟通，以结束某一笔交易，或是通过沟通来建立更好的运营。在 Versity，如果一个负责记笔记的人忘了上传他的笔记，并且在几封邮件提醒后仍然没有完成任务，我们很想自动给他家打个电话。如果你在 StubHub 上买了一张票，不得不和一个送票的快递员会合，你需要打个电话在拥挤的活动外找到对方。在九星，客户会不断打电话，询问他们的冲浪板维修包是否已经到货，我们不得不让一个销售代表离开岗位，专门在电脑里查找，而这项任务本来应该由电脑程序完成。

通信已经深深地融入我们的产品或工作流程中，并且总是作为业务不可或缺的组成部分出现。然而作为一个开发人员，我对通信一无所知。给千里之外的某个地方打电话？感觉就像是施魔法。

每次出现这些问题，我都会打电话给那些知道这些东西如何运作的公司，比如思科（Cisco）和美国电话电报公司（AT&T）。如果我能接到他们销售团队的回电（对他们来说，我们只是个微不足道的小客户），他们会说他们可以做到这一点，但我们需要从某个运营商那里接一根铜线到我们的数据中心，然后装上一堆设备，然后再买一堆软件。显然，这项技术并没有达到我们开箱即用的目的。我们还需要雇用一批名片上密密麻麻排列着各种电信和思科专业认证的承包商来构建系统。简而言之，做到一切将花费数百万美元，需要 24 个月才能建成。因此我们从来没有建造过我们想要的东西。

通信行业与软件业的情况截然相反。通信业建立在一个历史已经长达百年的有形基础设施投资之上：挖掘数百万英里的沟渠和铺设电线，向太空发射卫星，或者花费数十亿美元从政府购买无线频谱。这些都是大型高风险的活动，所以他们行动缓慢。

然而，我们已经不再必须通过对实体进行投资才能从通信中获得价值。我们已经铺好了那些牢牢把地球包裹起来的电缆，现在我们可以奢侈地思考可以透过软件构建什么了，创新将在几天或几周之内实现，而不是几个月或几年之后。构建、测试、迭代。这正是我之前三家公司所需要的。然后我想到了我们在亚马逊云构建的 API，开发人员只需几行代码就可以调用，每次使用只需几分钱。软件时代通信的现代化似乎是一个大问题，我认为有一种方法可以解决这个问题，那就是：把通信变成软件开发人员的 API。

我和潜在客户（软件开发人员）进行了交谈。我问他们：

"如果你有一个 API，让你拨打或接听来自你的应用程序的电话并完成一些事情，比如播放音频，或是回读文本，或是把多个来电者桥接在一起，你会使用它吗？"一开始，他们会说："哦，这听上去不错……老虎队最近表现怎么样？"但是，大约一分钟后，他们会绕回原来的话题。"等等，你刚才说的那个电话的想法，我能不能……通知人们他们的包裹什么时候发货？"而我则会热情地回答说："是的！是的，你可以！"

这种经历发生了一次又一次。当一个又一个开发人员给出反馈，将这个想法与他们最近想要构建，但由于完全不了解电信而无法实现时的一些功能联系起来，你几乎可以听到齿轮咯吱转动的声音。

2007 年末，我联系了约翰·沃尔修斯——他是我在 Versity 的第一个雇员，在 StubHub 也是，我想看看他在干什么，以及他是否对这个想法感兴趣。然后我联系了埃文·库克，他是密歇根大学的一名助教，我一直与他保持联系，并不时与他讨论创业理念。我们对这个想法都很兴奋，客户访谈不断证明客户对此也很感兴趣，所以在 2008 年 1 月，我们开始专门关注它。

首先，我们需要起一个名字。我一直对给公司起一个独特并且只属于我们的名字的想法笃信不疑。于是我们开始随口说出一些单词——一些听上去和电话（telephone）一词稍微沾点儿边的音节，比如"Teliph""Telefoo""Telapia"。哦不，那是一种鱼的名字！我们不断造出各种词。那听起来一定很好笑，但我们不在乎。大约过了 20 分钟，我说："Twili，Tweli，Twilio。"最后这个词——Twilio（特维利奥）听上去非常对劲。令人惊讶的是，Twilio.com 的域名只卖 7 美元，所以我立刻买下了它。就是这样，我们公司的大名已定。

最终证明，编写出能够与电信系统交互的软件是一个极其困难的挑战。电信是一个奇怪而复杂的世界，充满了神秘的技术和术语，有着几十年来积累起来的大量积垢和坚硬的外壳，还有一系列规章制度。除此之外，这艘航母行动缓慢，难以合作。但当我们深入研究并意识到这有多难后，这更加激励了我们。那些旧时代遗留下来的系统越难处理，我们简化它并改善客户体验的机会就越大。

一开始，我们先是设法厘清了电信系统工作的基本原理，然后编写了特维利奥的第一个版本。我们的软件将抽离出电信行业积累了 100 年的复杂运作规则，将其简化为一个小小的 API，并提供给开发人员使用。API 允许软件开发人员通过电信系统进行操作，而不必学习如何使用电信系统。他们只需要用自己熟悉的通用语言，比如 Ruby、Python、JavaScript 或 Java，编写一些代码，然后就可以构建能拨打和接听电话的应用程序了。

还记得在我们初次向他们描述创意时直接灭灯的那些开发人员吗？我们构建了第一版特维利奥后，绕了一圈又找到了他们，让他们访问早期版本的特维利奥，并询问他们的反馈。尽管我们仍然处于开发的早期阶段，但很明显，他们对于特维利奥能帮他们构建什么兴奋不已。

然而，当我们向风险投资者展示原型系统时，他们并没有被打动。我们被拒绝了 20 次。2008 年，我和埃丽卡结婚的时候，我们甚至卖掉了结婚礼物，并把钱存进了银行。投资者可能不相信特维利奥，但是我相信它，我的共同创始人也相信它。我们绝不放弃。我们确信，我们已经构想出一些客户会喜欢的东西，而且面对的是一个巨大的市场。

事实证明，我最初从十几位开发人员那里得到的回复代表了全球数百万名开发人员的心声。开发人员和他们工作的公司确实在寻找一种更好的方式来与他们的客户建立新的数字体验。这种需求一直推动我们不断成长，并不断扩大我们的服务，从最初只是在美国境内的语音通话，到现在多达几十个跨越全球的产品。12 年来，我们和我们的客户所打造的一切，让我感到无比自豪。

"快问开发人员"方法论的起源

现在回想起来，我的特殊经历，以及与我共事过的人，让我认识到商业和软件、商业人员和开发人员之间的相互影响和相互作用。首先，作为一个创建了四家初创公司的创业者，我很清楚，构建软件其实相当容易，但构建正确的东西却很难。因此，快速的迭代、实验和与客户的密切接触是创新的先决条件。其次，既经历过像亚马逊这样的大公司，也经历过像 StubHub 这样的小型初创公司之后，我了解到，开启创新的关键因素是文化，而文化是从顶层开始的。再次，也是最重要的一点，我已经意识到开发人员和商业人员之间的关系并没有被很好地理解，尽管这对于运用技术解决商业问题是至关重要的。这最后一点是本章最重要的内容。

早在 2004 年，我就第一次意识到，成功的商人与开发人员之间的关系具有独特的力量。那时我还在九星，就是那家我和我在 Versity 及 StubHub 的前同事马特·利文森共同在洛杉矶创办的极限运动品商店。在 Versity，马特是校园运营的负责人。他的工作是管理实地运营，这些运营最初在几十个大学校园里进行，后来其规模更是扩大到数百个大学校园。他雇用了校园经理，然后赋予他们权力去雇用笔记抄写员和现场营销团队。在我们的鼎盛时期，这些人加起来总共有将近 15000 人，全都是大学生，他们都是出了名的难以雇用，而且随着课程变化，几乎每学期人员都有变化。让整个项目的运营实现规模化显然是软件的工作，但马特是个彻头彻尾的技术恐惧症患者。他加入 Versity 时，我给了他一台笔记本电脑和一个电子邮件地址，而他告诉我，他根本不会用到这些。

"马特，你要管理遍布全美国的成千上万的人。没有电子邮件你怎么办？"

"我会打电话给他们。"他回答说。（至少我记得他在我们那次令人沮丧的谈话里是这么说的。）

一个拒绝使用笔记本电脑和电子邮件的人怎么可能在科技公司工作呢？好吧，马特做到了，通过一种独特的合作方式，我们创造出一种方法，这就是后来我称之为"快问开发人员"的方法论。

马特时常会带着一个他需要解决的商业问题来找我。在大学里，他试图把校园经理（一般是一位研究生，为我们主持在校园里的各种活动以挣点零花钱）变成优秀的管理者。由于要管理上万名笔记抄写员，还有每个学期多达成千上万份的课堂笔记，这是一个很难解决的问题。但首先要知道哪些人做得好，哪些人做得不好。我当时是首席技术官，所以有一天他来找我，问我："我们怎么才能知道用户认为哪些笔记很好？"带着这个简单的问题，我们一起头脑风暴出一个评级系统，类似于 eBay 对买家和卖家的评级。（如今，在互联网上对事物进行评级已经司空见惯，但那时候这是一个相当新的概念。）几天之内，我们给每套笔记都添加了一个小功能，让用户按照五星等级对笔记进行评级，这些评级将存储在数据库中，并生成一个实时报告，列出哪些笔记质量优异，哪些质量很差。

然后他又过来问："现在我们知道了每套笔记的评分，我们能不能每天向校园经理推荐他们应该采取什么行动来管理他们的笔记抄写员？"于是，我们记录了笔记的评分和其他一些信号，并设计了一个每日筛选机制，上面有当天 50 多个笔记抄写员的所有关键指标，以及一个"建议的行动"，从"什么都不做"到"发送表扬邮件"，再到"发送反馈邮件"，最后到"解雇他们"。这些"建议的行动"是预设好的，在校园经理查看并批准后，系统将代表他们执行这些行动。当然，除了解雇笔记抄写员的行动之外。针对这个行动，系统会自动管理一个需要打电话通知的人的名单，然后我们亲自打电话告诉他们这个坏消息。（我们不是怪物！）我们甚至在系统中设定了十几个邮件模板，所以笔记抄写员从来不会收到一模一样的"表扬"或"反馈"邮件。我们称之为"机器人管理员"，它让我们的校园经理得以每天花上大约5分钟，就能管理他们的团队。

这种你来我往的密切沟通在"九星"期间仍然持续进行。有一天马特问我："嘿，你知道吗？我正试图激励店长们，让他们尽可能将到店访客转化成买家。我们能不能用这些红外线人员计数器来统计有多少人从门口走过？然后，我们是否能把它和销售点系统联系起来，并试着计算我们在这家实体店的转化率是多少？"

"我想我们可以，"我说道，"我还不知道具体怎么做到，但这真是很有趣，让我想想办法。"

于是，我转头去学习了人员计数系统，即那些你装在商店门口，发着红光，带着传感器的小东西。我发现那些系统中都带有一个 API。这意味着我可以编写一个应用程序，与传感器对话，并从中提取数据。我编写了另一个程序，从我们的销售点系统中提取数据，然后连接了这两个程序。啊哈！我们现在有了一个基本的系统，可以计算我们实体商店的转化率了。接下来，我编写了一个程序，使我们的员工可以在商店的内部网上访问转换率数据。于是，我们就有了一个新的统计数据，可以用来衡量我们的业绩表现。

我们一直保持着这样的做法。马特想知道我们应该把哪些商品退还给供应商。我便建立了一个系统，来对商品进行分类。例如：短裤，圆点，蓝色，大码。我对一个界面进行了编码，这样买家就可以用分类信息对新商品进行标记，每个月我们都会找出哪些商品卖不出去，然后将它们做退货处理。

这种交流和互动意味着我们可以一起解决业务中的问题，尽管他是一个彻底的技术恐惧症患者，而我是科技的铁杆粉丝和忠实信徒，一位热爱技术的计算机科学专业毕业生。这种工作方式揭示了一个看似简单但实际上相当深刻，并且出人意料的事实：商业人员和开发人员能够良好合作的关键是商业人员需要分享他们的问题，而不是解决方案。

马特并没有指示我要写什么代码，也不知道他想要什么样的应用程序，他甚至没有写冗长的说明书。他会说："嘿，如果我们能做到 X，那不是很酷吗？"或者说："老兄，我们有什么办法能够做到 Y？"他对软件一无所知，这最终反而成为一件好事，因为他放手让我解决出现的问题，而这让我变得更加投入。

不幸的是，这不是大多数公司对待开发人员的方式。我们如何构建软件，或是真正做成任何事情，取决于我们向谁提出要求，以及我们向他们提出什么要求。这本书，以及"快问开发人员"的思维方式其实并不是在讲软件，它的关注点是人，即开发人员和商业人员，这两类人需要通力合作，倾听客户的需求，并予以回应。

第四章

代码之中有创意

如果你想造一艘船，
不要着急鼓动人们去收集木头，
也不要急着分配任务、发号施令，
而是先要激发他们对无垠大海的渴望。
——安托万·德·圣-埃克苏佩里 [1]

---

[1] 安托万·德·圣-埃克苏佩里，法国作家。他是法国最早的一代飞行员之一，
1940 年流亡美国并埋头文学创作。1943 年参加盟军在北非的抗战。1944 年
在执行飞行侦察任务时失踪。其作品主要描述飞行员生活，代表作有小说
《夜航》，散文集《人的大地》《空军飞行员》。他还是著名童话《小王子》的
作者。

如果你是一名高管，你可能会花很多时间和你的销售团队在一起，你了解你的销售人员是如何工作的，以及什么能够激励他们。你可能意识到销售人员争强好胜，所以你构建销售流程和销售薪酬的方式应该有助于创造一种让他们参与竞争的机制。那些能让"钱如雨下"的销售人员被视为英雄，高管们也知道他们的名字。然而，我发现很少有高管对软件开发人员的驱动力有如此深刻的理解。和大多数人一样，开发人员也争强好胜，但激励他们的机制有所不同。如果你想知道为什么很难招聘和留住优秀的开发人员，就是那种可以比肩脸书、亚马逊和谷歌员工的人才，那么先从了解什么能激发起开发人员的动力开始吧。如果你想知道为什么对网站或移动应用程序进行"简单"的更改要花那么长时间，那么先从了解开发人员和管理人员之间的沟通交流开始吧。如果你创造了一个真正满足开发人员期望的环境，那么他们构建的东西一定也会给你带来无限惊喜。但是首先，你需要理解什么能够激励开发人员，与流行的观点相反，它更多是与创意，而非微积分数学有关。那是因为，代码之中有创意。

　　30年前，如果你想做音乐，你必须"被发现"，即被唱片公司签下来，这样才可以负担昂贵的录音棚，制作CD，以及登上电台打榜。在任何年份，都只有少数音乐人才能够被发现，即便你是一位狂热的天才音乐家，你的音乐生涯成功的概率也很低。大多数人都会找一份正常职业来谋生。电影行业的情况也是如此。有抱负的电影人会搬到好莱坞等上几年，寻找出头的机会。好莱坞一年只制作大约 100 部故事片，而参与制作影片的创意职位竞争非常激烈。即使是非常有才华的电影人也会在这种体制面前碰壁，大多数人最终不得不带着一个破灭的"好莱坞"梦铩羽而归。

但在过去的几十年，个人电脑、低成本软件和互联网已经颠覆了旧有体制的束缚，打开了一片新天地，任何人都有可能录制和发行音乐或电影。廉价、专业且有质量的工具和低成本，甚至免费的分销渠道降低了进入的门槛，赋予了艺术家个人权力，并打破了原有"看门人"的控制。

任何想剪出一部电影的人只需花上 299 美元，就可以购买一套 Final Cut Pro[①]（好莱坞主流电影也是用这款软件剪辑的），并通过 YouTube 将自己的作品推向数十亿观众。只要花上 199 美元，任何一位音乐家都可以购买 Logic Pro X，这是著名歌星碧昂丝录制专辑时所使用的同款软件。然后，他们还可以免费在 SoundCloud[②] 上分发自己制作的音乐。

---

① Final Cut Pro 是苹果公司开发的一款专业视频非线性编辑软件，第一代 Final Cut Pro 在 1999 年推出。

② SoundCloud 是一个总部位于德国柏林的在线音乐分发与分享平台，它支持人们合作、交流和分享原创音乐录音。

这种事情已经成为常态。蒙特罗·拉马尔·希尔，艺名为利尔·纳斯·X，一位年仅22岁的年轻人，他以30美元的价格在网上购买了一个节拍，并为其配上了歌词。2018年12月，他在SoundCloud上发布了这首名为《老城路》（*Old Town Road*）的歌曲。这首歌立刻爆红，现在已经被播放了10多亿次，创下了占据公告牌（Billboard）单曲排行榜榜首周数的新纪录，并在2019年MTV视频音乐大奖上被评为年度歌曲。其他例子包括喜剧演员乔·罗根，他在2009年推出了一个免费播客，然后在2020年与声田签下了高达1亿美元的协议；福布斯的数据显示，8岁的瑞安·卡吉在YouTube的频道《瑞安玩具评论》（*Ryan ToysReview*）每年收入达到2600万美元——你猜得没错，他在那个频道里专门评论各种玩具。

同样的情况也发生在另一批有创造力的艺术家身上，他们就是软件开发人员。软件基础设施过去非常昂贵，但现在它很便宜，甚至可以先免费试用。你不再需要购买大型服务器或租用数据中心的空间。你可以购买到现成的全套商用工具包用来构建你的应用程序：亚马逊或微软可以提供服务器和存储服务，谷歌有地图软件服务，特维利奥有通信软件服务，Stripe则有支付软件服务。任何一个初出茅庐的年轻人都能使用世界上最大的公司所使用的那些核心构建块。

分销领域同样如此。开发人员不再需要与软件发行商达成协议，在CompUSA上架销售，或是在手机上某个令人垂涎的好位置预装自己的软件。任何人都可以把自己构建的应用程序放到应用商店，就像任何人都可以把自己的视频放到 YouTube 上一样。一个软件开发人员可以用他们的信用卡在谷歌上购买广告，每次点击只需要花他们几分钱。

软件开发人员现在正处在前所未有的黄金时代。唯一的限制是你的想象力。同时，软件与音乐和电影产业之所以有如此多的相似之处，还有一个经常被人们忽视的原因，那便是：

代码之中有创意。

在流行文化中，开发人员总是以痴迷于科学和数学的书呆子形象出现。无论是《凡人琐事》(*Family Matters*) 中的史蒂夫·厄克尔，《生活大爆炸》(*Big Bang Theory*) 中的谢尔顿·库珀，还是《侏罗纪公园》(*Jurassic Park*) 中的丹尼斯·内德利，所有这些角色塑造的，全部都是这样一些人，他们与社会格格不入，在成人面孔下拥有不成熟的心智，更习惯于和计算尺打交道而不是与人交谈。媒体喜欢这些脸谱化的形象，但它们其实是彻头彻尾的误导。

编写软件更类似于制作音乐或是写书，而不是进行数学或是科学研究。正如 YouTube 和 SoundCloud 为新一代创意人才打开了成功之门一样，开发人员也正在利用他们的创意力量打造令人印象深刻的产品和公司，有时他们吸引到的受众数量甚至远超那些歌星影星或是网红播客。

Instagram 就是由两名工程师所创办的，并且他们在公司仍然只有 13 名员工的时候，就成功以 10 亿美元的价格将其出售给了脸书。WhatsApp 是两位开发人员发明的，当他们以 190 亿美元的价格将 WhatsApp 卖给脸书时，公司也只雇用了大约 50 人。几年前，有两位开发人员参加了纽约的一个编程马拉松，他们想编写一个可以群发短信的应用程序。通过使用特维利奥，他们在一个 18 小时的冲刺中编写出了第一个版本。他们将该应用程序命名为 GroupMe，15 个月后，他们以 8000 万美元的价格将该公司出售给了微软。

这些是能够激励开发人员的故事，不仅仅是因为它们涉及数目惊人的金钱，还因为它们展示出，一旦能量得到释放，能够自由地梦想并创造性地解决现实世界中的客户问题，只需寥寥几个工程师就可以创造出怎样的奇迹。

许多开发人员将此视为信条。亚马逊的首席技术官沃纳·威格尔声称："我一直认为工程是世界上最具创造性的工作之一。每一天，你都在创造新的东西。工程师是一个极富创造性的职业。并不是所有的工程师都被训练成有创造力的人。但假以时日，这是可以通过学习得来的。"

然而，大多数公司都不明白这一点，也没有创造一个环境，让开发人员得以锻炼与创造力相关的技能，而这造成了各方多输的局面。开发人员没有竭尽全力地工作，而是梦想着辞职创业。公司是输家，因为他们的一些优秀人才没有得到充分利用。客户也是输家，因为他们得到的产品是一个冷漠的软件工厂出品的平庸东西。要解决这个难题，公司首先必须认识到，代码之中有创意，许多开发人员实际上是极富创造力的问题解决者，并且他们理应得到创意人才那样的对待。

与乒乓球台无关

硅谷以外的公司花费大量时间研究科技公司的运作方式。他们派出团队展开"硅谷之旅"，访问初创公司和科技巨头，如谷歌和脸书，并在这里建立创新实验室。我曾经见到过很多这样在硅谷漫游的高管团队，我想强调的是，他们应该让他们的开发人员带队，可惜我经常看到高管们带着错误的经验离开硅谷。如果只是走马观花地在科技公司的办公室穿行，你很容易抓住那些表面的东西，比如免费的食物，或是允许员工穿着 T 恤和连帽衫，并带着狗来办公室。在参观了足够多的硅谷办公室之后，人们很容易认为，如果你在办公室区域内摆放了足够多的乒乓球桌和五颜六色的三轮车，那么优秀的软件就一定会被开发出来。当然，如果开发人员喜欢穿 T 恤和连帽衫，你应该允许他们这么做，但这绝对不是重点。

那些走马观花地观察创新的人往往忽略了最重要的一点，那就是，开发人员被赋予了责任和自由，这不仅仅是指工作时间和穿衣的自由，更是指创造力方面的自由。

如果你再想到软件开发人员，不要再想象史蒂夫·厄克尔、谢尔顿·库珀，或是丹尼斯·内德利的形象，想一想帕特里克·麦肯齐、瑞安·莱斯利、利亚·卡尔弗和查德·埃策尔吧。

帕特里克·麦肯齐在 Stripe 工作，他在互联网上更出名的名字是"Patio11"，这是他在 Hacker News（最受开发人员欢迎的专业论坛）上使用的网名，他长期以来一直是该网站上得分最高的评论者之一，而且绝非浪得虚名。在他的个人网站 Kalzumeus. com 上，他曾经写过一些有关软件程序员最有见地和最有趣的文章。帕特里克在日本生活，他曾经在日本公司中做过程序员，后来自己创业，创建了两个简单的在线产品，一个是针对教师的宾果卡①生成器应用程序，另一个是预约提醒应用程序，并因此实现了财务独立。他是一个典型的博学家，会说西班牙语和日语，曾深入钻研美国税法中那些晦涩难解的部分，也曾热情高涨地分析过 2011 年日本大地震时日本国内应急响应系统的出色表现。他写道："我毫不夸张地说，这是人类文明的胜利之一。这个国家的每位工程师都应该更骄傲地挺起胸膛。"

瑞安·莱斯利是一位获得格莱美奖提名的说唱歌手和制作人、企业家，同时他还是一位软件开发人员。14 岁时，他在 SAT 考试中获得了满分 1600 分。他提前离开高中，进入哈佛大学学习政治学和宏观经济学，并且在 19 岁就大学毕业。那些年里，他自学了音乐制作，大学毕业后与环球摩城（Universal Motown）签订了唱片合约。他 2009 年发布的单曲《*Transition*》在美国 R&B 排行榜上冲到了第四名的好成绩。但当他向唱片公司索要他的粉丝名单时，他们只是耸耸肩，因为他们对此一无所知。什么样的公司会与客户没有任何关系？肯定不是一个有望在数字经济中生存下去的公司。这个行业的颠覆已经呼之欲出，瑞安认为这正是他该做的事。他学会了编写代码，并构建了一个名

---

① 宾果卡（Bingo Card）为一种卡片方格填字游戏，现在欧美国家常将其用在数学或英语教学中。

为 SuperPhone 的软件产品，让艺术家可以直接与观众接触。

通过 SuperPhone，瑞安可以在音乐会上或是在他的网站和社交媒体上公布自己的电话号码；如果人们给他打电话或发短信，瑞安会把他们加入他数百万粉丝的名单中。SuperPhone 基本上是一款基于短信的客户关系管理应用程序。瑞安在推出新单曲或宣布新的演唱会日期时，可以直接给歌迷发送短信。这个软件帮助他从专辑和周边商品中赚取了数百万美元！更妙的是，SuperPhone 本身也已经成为一项蓬勃发展的业务，获得了硅谷一些最优秀的风险投资家的投资，并已经雇用了 12 名员工。SuperPhone 拥有大约 2000 名客户，从麦莉·赛勒斯和 50 美分这样的娱乐明星，到大型电子零售商和奢侈手表品牌，都在使用 SuperPhone 与客户建立一对一的亲密关系。瑞安不仅仅是一个说唱歌手；他还是一个开发人员，一个风险企业家，一个利用代码的力量来解决问题的软件人。他说："这是一场疯狂的旅行，它彻底改变了生活。我们充满激情，坚定地相信这能够带来巨大的价值。"

利亚·卡尔弗 2006 年在明尼苏达大学获得计算机科学学位，随后搬到了硅谷。到目前为止，她已经创立或共同创立了 3 家公司，前两家都被收购，现在她经营着 Breaker，一家拥有 7 名员工、销售播客软件的公司。在创业的间歇，她在 Medium 和 Dropbox 担任开发人员。她说，作为一个企业家，她可以充分锻炼自己的大脑。她不断学习新的技能，比如开发产品、管理员工和经营企业。"我最喜欢初创公司的地方就是它很困难。很多普通的软件工作都太简单了，让我觉得没有挑战性。人们想当工程师正是因为它具有挑战性，而且很有趣。我喜欢每天做不同的事情。面对你不知道如何处理的事情，然后去学习并最终掌握它，这才是有挑战性的事。"这种不断学习和扩展视野的观念，我一直从优秀的开发人员那里听到。

而查德·埃策尔则是我见过的最具创造力的开发人员之一。他擅长倾听客户的需求，并把听到的东西变成有趣的软件。过去五年，他一直在苹果公司工作，是一位 iOS 工程师，苹果是他大学毕业后头一次感到如鱼得水的地方，在那之前的九年间，他频繁跳槽，换了好几份工作（包括特维利奥）。他留有别具一格的胡须，头上经常戴着一顶俏皮的帽子，以"爵士小查"（Jazzy Chad）自称，那是他小时候在美国在线上的名字（他很擅长吹萨克斯，曾经在旧金山的爵士俱乐部演出过，现在他还不时会带着乐器到办公室来）。像帕特里克一样，查德幽默感十足，极富主见，对任何废话（无论是公司套话还是其他类型的胡说八道）几乎是零容忍。他最喜欢的一份工作是创业那一次，也就是为自己打工。"我完全拥有自主权，"他解释道，"能够从无到有创造一件东西是最能点燃我热情和激发我能量的事。每当有人告诉我应该怎么做，或是对我说，'你只需要做这三件事，大局无须你来操心'，就会彻底让我丧失动力。"查德说，他之所以跳了这么多次槽，是因为在他进入苹果之前，一直难以"找到一家公司能够给予充分的自主或自由，从而使我全身心地投入工作"。

像帕特里克、瑞安、利亚和查德这样的开发人员非常富有创造力。他们擅长运用软件技术为客户服务，解决问题，建立业务。然而，在大多数公司，一个执行人员或者也许是一个产品经理，负责与客户会面，设计产品，然后生成规范文档供开发人员遵循。

在2020年春，特维利奥调查了全世界大约1000名开发人员，询问他们和他们的经理如何看待他们在公司中的角色。调查的结果很说明问题。超过66%的开发人员认为他们的创造力高于平均水平，但只有50%的人表示，他们的工作需要高于平均水平的创造力。唔，这难道不值得深思吗。那么开发人员是如何使用他们过剩的创造力呢？许多人在工作之外找到了出路：48%的人说自己的爱好以设计为中心（如建筑、家具、网络），32%的人说自己在业余时间创作美术作品（绘画、雕塑、陶瓷）。（哦，还有另一个打破刻板印象的结果：开发人员非常热爱运动！36%的人爱跑步，33%的人爱骑行，28%的人爱打篮球，还有25%的人是徒步旅行者！）

对于这样的开发人员来说，交给他们一份"产品需求文档"，详细说明要构建什么将是对他们巨大潜力的浪费。这就是为什么我对那些长途跋涉访问硅谷的高管最大的建议：

向开发人员提出问题，而不是解决方案。

接下来发生的事情会给你带来无限惊喜。软件的质量将得到提高，周期大大缩短，用户更加满意，开发人员留在公司的时间也会更长。我从没见过一个不想要这些东西的商业领导人。

阿什顿·库彻与编程马拉松

如果你让开发人员充分发挥其创造力，会发生什么情况？阿什顿·库彻和黛米·摩尔 [1] 正是通过这样做，建立了以科技为动力的非营利性组织 Thorn。

2012 年，阿什顿和黛米观看了一部关于儿童性虐待的纪录片，这部纪录片震惊了他们，并让他们最终携手建立了 Thorn，一家致力于开发技术，保护儿童免受性虐待的组织。Thorn 的软件工具目前被世界各地的执法机构用来更快地找到儿童性交易案的受害者，并从互联网上消除儿童色情制品，也就是儿童性虐待材料（CSAM）。到目前为止，Thorn 的软件已经帮助确认了超过 1.4 万名儿童性交易案的受害者，并解救了大约 2000 名儿童，使他们免于遭受性虐待情况被录制并作为 CSAM 分发的悲惨遭遇。

几年前，阿什顿曾问特维利奥能否组织一次编程马拉松，以帮助 Thorn 为他们的软件开发通信功能。我们很自豪能够参与其中，并为这一重要使命做出贡献。

阿什顿比大多数风险投资家（当然也比大多数演员）更了解工程师是如何工作的，以及如何能够激励他们。这就是阿什顿在 2010 年共同创立的风险投资基金 A 级投资（A-Grade Investments）从 3000 万美元增长到 2.5 亿美元（数据来自《福布斯》的报道），同时还为阿什顿赢得了杰出风险投资家的声誉

---

[1] 黛米·摩尔是阿什顿·库彻的前妻，也是美国著名女演员，曾主演电影《人鬼情未了》（*Ghost*）。

的部分原因。他敏锐的眼光促使他投资于 Warby Parker、Skype、声田和爱彼迎等成功企业，而他最好的投资之一是 2011 年向优步投资的 50 万美元。

如果你知道阿什顿曾经在爱荷华大学学习生化工程，这一切便都不奇怪了。他告诉我说："我在工程学院学习的时候，我的一位工程学教授常说，'科学家发现问题，工程师解决这些问题'。这一直是我对软件工程师的看法。他们是解决问题的人。他们坐下来研究问题，然后找到最有效的方法来解决这些问题。"

一开始时，Thorn 求助于旧金山湾区的其他科技公司。阿什顿说："我们知道什么是我们所不知道的，我们不一定知道如何解决这些问题。但我们去找了一帮聪明的开发人员，并对他们说，'看，这种犯罪（儿童性交易）似乎已经转移到了网上。我们需要弄清楚如何让它在网络上成为一门做不下去的生意。要做到这一点，我们需要构建工具。但我们需要获得灵感，才能了解要构建什么样的工具'。"

因此，Thorn 定期在不同的城市举办编程马拉松，利用周末邀请开发人员来共同解决问题。开发人员对儿童性交易问题知之甚少，或是根本一无所知，但他们知道这是一个需要解决的重要问题。阿什顿和其他 Thorn 公司的领导人向他们介绍了技术如何恶化了儿童性交易问题，并询问开发人员可以怎样利用技术来阻止这种情况。他们会了解到一些关于哪些工具和数据可以使用的背景知识，然后会放手让开发人员按照他们的想法运行。阿什顿和 Thorn 的领导人会加入开发人员的头脑风暴，提供他们的专长知识，并回答开发人员提出的问题。

他们之所以想出这个主意，是出于现实的考虑（和大多数非营利组织一样，Thorn 也没有雄厚的财力）。编程马拉松成了 Thorn 的一种研发活动。阿什顿表示："我们只是提出四到五个问题，然后说，'好吧，去解决它们。解决问题'。"Thorn 持续借助编程马拉松扩展其工作，并建立了自己的专门工程和数据科学团队，这个团队百分之百致力于使用先进的工具来终结在线儿童性虐待现象。

在我看来，更有趣的是，这件事为我们揭示出开发人员的本质。参加这些编程马拉松的人通常是公司内部的开发人员，并且在工作中往往被当成没有思想的"程序猿"。Thorn 邀请他们花上一个周末来解决一个重要而棘手的技术问题——如何消灭网络儿童性交易，并给予他们完全的自由。你猜怎么着？他们表现得出类拔萃。这些温文尔雅，日复一日蜷缩在办公室小隔间里的人变成了超级英雄。想象一下，如果他们的雇主知道这些人能发挥多么大的作用又会怎样？

请好好想一想。你是否会自愿在周末继续干你的日常工作，免费，完全出于热情？大多数会计会在周末出于爱好接着做会计吗？也许有一些人会这么做，但这样的人可能不多。牙医是否会在不停地琢磨一些有创意的牙科治疗办法？（老天爷，我希望他们别这么干！）对于开发人员来说，编写代码不仅仅是一份工作，它是一个创造性的出口。当开发人员无法在工作中充分发挥出创造力时，他们会找到其他出口。许多开发人员会在外部项目中兼职，甚至还会自己创办公司。

阿什顿的工程背景使他天然地会信任开发人员，并认识到他们擅长解决商业问题。但如果你不是一个工程师呢？好吧，假如你是美国总统，这种方法也同样适用。

奥巴马总统向开发人员提出请求

2014 年离开特维利奥后，我的朋友、特维利奥联合创始人埃文·库克接到了即将卸任的美国首席技术官托德·帕克的电话。托德问埃文是否可以参加一个会议，但没有告诉他细节。埃文很感兴趣，主要是因为托德的邮件地址是白宫（@whitehouse.gov），于是他（通过一个老旧且并不安全的电子邮件系统）提交了自己的个人信息用于背景调查，在指定的日子，他如约现身在旧金山的费尔蒙酒店，身上穿着一条棕色牛仔裤和一件便宜的休闲外套，后者是他所有衣服中最接近西装的一件。

他和其他一些人（他后来了解到他们分别是亚马逊、苹果和脸书的高级工程师）被带到了一个顶楼套房，那里可以俯瞰旧金山湾的美景。他们会见了托德和梅根·史密斯，前谷歌副总裁，刚刚接替托德担任美国首席技术官。托德和梅根解释说，他们正在建立一个新的组织——美国数字服务中心（United States Digital Service，USDS）。他们想从硅谷招募几位顶尖技术人员，搬到华盛顿特区，并对政府数字基础设施的关键部分进行全面检查，其职责类似于一支技术特警队。

然后，在海湾大桥上的夕阳映衬下，他们看到海军陆战队一号和一架 V22"鱼鹰"飞抵城市，降落在克里斯场（Crissy Field）。

这是 2015 年 2 月，在此之前的 18 个月对白宫来说是一段极其难受的日子。2013 年末，政府大张旗鼓地推出了 HealthCare. gov 网站，结果系统崩溃了。这对政府来说是一个巨大的耻辱，尤其是对奥巴马总统来说，因为他把医疗改革作为总统任期的首要议题。托德和他的同事招募了几名硅谷工程师来支持恢复工作，并设法稳住了网站。

但这段经历让每个人都意识到，政府的技术基础设施（经常是过时的）在实现关键的优先政务事项方面变得多么重要。不管是从五角大楼、小企业管理局（Small Business Administration）、教育部、卫生和公共服务部，还是总务管理局和国土安全部，问题无处不在。这涉及了数千个系统，数十亿行代码，一个乱七八糟的大杂烩，满是补丁和折中的补救措施，其中大部分已经老旧不堪，没有人记得它从何而来或谁创造了它。

政府面临着与企业同样的挑战——政府越来越多的工作也都依赖于软件，而由于声田、优步和脸书等公司的出现，公民在全方位的用户体验方面都已经有了很高的标准。此外，在安装使用新的软件时，也存在严重的效率低下和质量不达标问题。即使科技行业早就知道如何快速和低成本地交付高质量的软件，数十亿美元的政府合同往往被授予几个信誉可疑的老面孔承包商，他们花费数年时间交付一个项目，而效果往往达不到承诺的标准。现在一个价值数十亿美元的政府网站就好比过去花一千美元采购一把马桶搋子，但至少搋子还是能用的！

这就是为什么埃文和其他人被召集来参加这个会议。

托德和梅根需要赢得他们的支持，同时这两个人知道自己手中并没有太多的筹码。这些开发人员随便就能找到一份满意的工作。他们无法用金钱来收买，因为政府能支付的薪水与他们在硅谷的收入根本无法相提并论。

所以梅根采取了不同的方法。她走到窗前，指着海湾对面的里士满造船厂。她说，就在那里，美国建造了速度能够超越德国U型潜艇的胜利级货轮，创造了一项工程上的奇迹。而对于埃文和其他与会者，她表示，就像是设计那些胜利轮的工程师，正是后者使得美国取得了第二次世界大战的胜利。

就在这时，酒店套房的门被推开，奥巴马总统本人走了进来，他只带来了一个简单而有力的信息："你们的国家需要你们。"他绕场一周，分别与每个人单独进行了交谈。"为什么你不能来华盛顿为国家服务？给我一个充分的理由，"他问道，"是你无法放下自己的工作吗？你需要我给谁打电话吗？我可以给任何人打电话。"五个人中没有一个人要求奥巴马打电话，也没有人提出他们不能接受这项工作的充分理由。然后他们快速地合了个影，奥巴马和他的随行人员随即消失在门外。

两个月后，埃文抵达华盛顿特区，开始在距离白宫两个街区的美国数字服务中心工作。接下来的三年，他一直任职于美国数字服务中心，并表示这是他职业生涯中最好的经历之一。

现在，让我们想一想奥巴马做了什么和没做什么。他没有告诉埃文和其他人到华盛顿来研究代码。他只是分享了自己面临的一个问题，而且是个大问题：美国政府需要修复，我需要你去做。于是，这成为一个共同的问题。他直接面向这些开发人员创造力的部分发出呼吁：他们将如何帮助政府进行科技建设？如果得到总统的支持，他们能解决什么样的问题？他让他们明白，他想要的是他们头脑里的智慧和想象力，而不仅仅是他们的编码技能。他们面对的是无尽的机会，正如埃文喜欢说的那样，那是"一个不缺目标的环境"。

Basecamp 公司：分配问题而非任务

阿什顿的公司 Thorn 出于需要向开发人员求助。奥巴马提出请求是因为他正处于危机之中。而伟大的公司则将"快问开发人员"的思维方式应用于日常实践之中，从而令他们的开发人员一直保持着创造力。Basecamp 公司就是成功做到这一点的一个绝佳实例。Basecamp 是一家规模不大，但蓬勃发展的软件公司，位于芝加哥，拥有大约 60 名员工。

杰森·弗里德和他的联合创始人戴维·海涅迈尔·汉森基本上是以运营一个实验室的方法来经营 Basecamp，他们致力于研究新的工作方式，让员工感到快乐，并使他们能够在工作中充分施展能力。戴维（也被称为 DHH）本人就是一名软件开发人员，因为创建了 Ruby on Rails（一种广泛使用的 web 开发框架）而成名。不过他和弗里德也针对工作本身做了很多思考，并撰写了大量有关内容。他们二人合作，共同出版了两本关于软件开发的书和三本关于现代工作场所的书，后三本书分别名为《重来：更为简单有效的商业思维》[①]，《重来2：更为简单高效的远程工作方式》[②]和《重来3：跳出疯狂的忙碌》[③]。他们乐于分享自己的想法，甚至会举办为期一天的研讨会，教人们如何采用Basecamp离经叛道的方法来管理公司。

弗里德表示，他们的方法是提出问题："我们会对一个团队直接说，'这只是个想法，大致是我们期待得到的结果或是想要构建的东西。把它搞清楚是你需要承担的责任'。然后由他们决定如何解决问题。我们可能来来回回地讨论，但这个项目是他们的。我们也可以详细说明某个工作，找出需要采取的42个步骤，然后……分配给某些人42项任务……但这样无异于是在告诉他们，'不要动脑筋，照我们说的去做'。"他们讲述了一个背景故事来解释这个方法从何而来，以及为什么它很重要。他们可能会给团队一个粗略的草图，在白板上用记号笔来说明他们的初步想法，但仅此而已。

自从弗里德1999年与人合作创办了公司（最初名叫37signals）以来，这是他始终遵循的政策。他说："我从来不认为你应该把工作喂给别人吃。"如果你想要获得任何有创意的东西，那么你都要放手让别人去做。这正是你雇用他们的原因。如果你每一件

---

① 中文译名参照中信出版社2010年中译版。

② 中文译名参照中信出版社2014年中译版。

③ 中文译名参照电子工业出版社2020年中译版。

小事都想亲自指导，你最终只会雇到不动脑筋的人。谁会用这种方式做出色的工作？我宁愿雇用有能力的人，让他们解决问题。"

弗里德和戴维从来没有公开过 Basecamp 的业务有多大，但他们在推特上总共有大约 50 万名粉丝，他们不久前刚写了一本书，描述了他们的工作量是多么小，同时戴维也以收藏赛车而闻名于世，因此我认为他们做得相当漂亮。如果把最重要的问题托付给开发人员对他们有效，我敢打赌这对你也会有效。至少这对我而言非常有效。

在危急关头向开发人员提出问题

在特维利奥发展的早期，我得到一个教训，明白了开发人员能迸发多么巨大的创造力，并且只要你不在那里碍手碍脚地横加干涉，而是放手让他们做自己的事情，他们能以多么快的速度完成任务。那一次，一名产品经理和一名工程师设法在两周内生产出一些原本可能需要 9 个月时间才能完成的产品。

特维利奥创办之初，我们的前两个产品是特维利奥语音（Twilio Voice）和特维利奥电话号码（Twilio Phone Numbers）。我们的开发商客户需要让电话能够响起来，即我们的语音产品需要实现的功能，他们还需要电话号码来打电话和接电话，所以我们需要构建一个 API 来购买电话号码，最初是全美国各个地区，后来则扩大到全世界 100 个国家。当然，有些客户想添加他们已有的电话号码，所以我们允许客户将他们的电话号码从现有的运营商转移到特维利奥。例如，如果你更换过移动运营商，你可能已经"迁移"了你的电话号码。

从幕后技术的角度，在美国将一个电话号码从一家运营商迁移到另一家运营商的过程是非常混乱的。根据 1996 年《电信法》（Telecommunications Act）的要求，电信运营商在 1997 年仓促建立了一个系统，并从未对其进行过太大改进。这通常是一个人工操作的过程，需要不同运营商的工作人员来来回回沟通。而且，由于一家运营商在一个号码被转出时就意味着失去了一份业务，他们有充分的动机使这个过程变得困难而迟缓。

在一开始，为客户处理电话号码端口这项繁重的运营性工作落到了我们的第一位运营员工丽莎·韦特坎普的身上。丽莎是我们的万事通员工。在加入我们之前在富国银行（Wells Fargo）的外汇服务平台工作，协调外汇交易。无论我向她抛出什么问题，她都能想出好办法来解决。在公司创立初期，我们天天都面临着很多问题，而电话号码"迁移"就是其中之一。

后来，丽莎雇了一个年轻人（我们姑且称他为蒂姆吧）来接管迁移工作。她向蒂姆展示了应该怎么做，并给了他一个电子表格来追踪端口的状态。于是我们所有人的注意力便转移到其他地方了，我们相信蒂姆会持续追踪端口的状态。他确实这么做了一段时间。

到 2012 年春天，我们开始收到客户投诉，抱怨端口一直被占用。首先是我们的技术支持电子邮件收到零星投诉，然后更多的投诉开始出现在推特上，再然后是发到我的个人电子邮箱中，最后甚至被发到了我们董事会成员的电子邮箱中。首先是一个投诉，接着是两个，然后似乎是一连串的投诉接踵而至。类似投诉的数量不断增加，直到有一天我们意识到，我们90%的客户投诉都与迁移有关。于是，我们进行了调查。

事实证明，之所以会发生这种情况，是因为要求将电话号码迁移到特维利奥的请求量急剧增加。随着我们的业务蒸蒸日上，要求迁移进端口的电话号码也越来越多。蒂姆一直在竭尽全力地跟上业务量的增长，但端口量实在太多，他根本应付不了。他不停地将它们添加到电子表格中，但新请求进来的速度远远高于他的处理速度。因为他很年轻，又只是个初级雇员，他不好意思告诉任何人。于是积压的端口申请越来越多。

这就像那部老肥皂剧《我爱露西》（*I Love Lucy*）某一集的剧情。在那一集里，在糖果厂工作的露西随着传送带的速度越来越快而无法应付，于是开始吃掉糖果，然后把大把糖果塞到衬衫里。这一幕由露西尔·鲍尔 ① 演出来真是好笑极了，但我可不想它发生在我自己的公司里。

很明显，整个迁移工作流不应该再是一个由电子表格驱动的手动过程，而是需要在软件中重写并尽可能地自动化。我们早就该这么做了。

因为丽莎熟悉整个流程如何工作，所以她拥有将其自动化所需的知识。克里斯·科科伦是新加入团队的一名工程师，但他在

---

① 露西尔·鲍尔（Lucille Ball）是美国女电影演员、制片人、喜剧明星，在《我爱露西》中饰演女主角露西。

解决问题上表现出了惊人的能力。尽管他两年前才刚从马萨诸塞大学洛厄尔分校（UMass Lowell）获得计算机科学学位，但他曾在美国航空航天局（NASA）实习，也曾在谷歌做过学生开发人员，而且在高中和大学期间一直钻研计算机技术。人们给他起了个绰号"臭氧"（Ozone），因为他名字的缩写是 CFC（氟利昂），正是破坏保护着地球的臭氧层的元凶。

我匆忙叫上"臭氧"和丽莎，又将办公区为数不多几个宝贵的会议室中的一间预订了两个星期。然后在那间会议室里，我和他们开了一个会，把我们在迁移工作流中存在的问题向他们和盘托出，并要求他们在两周内构建自动化所需的软件。丽莎掌握着建端口所需的全部知识，而"臭氧"则对我们的代码库了如指掌。丽莎会把她所知道的一切和"臭氧"分享，并让他想办法构建软件。说完这些我便离开了。

一开始，他们都不知所措了。但后来他们便开始工作。丽莎带着"臭氧"建了几个端口，当着他的面把所有流程走了一遍。然后，她把键盘递给他，让他建了十几个端口（即我们所谓"穿上客户的鞋子散步"）。直到他自己亲身经历了整个过程之后，她才问他："那么，我们怎么用软件来解决这个问题？"

"臭氧"开始使用数据结构对问题进行建模，并不断问丽莎："这看起来对吗？"到第一天结束时，他们已经建成了基本的数据模型。在此基础上，"臭氧"就可以建立一个表单，供客户用来提交端口信息。他们还注意到一点，那就是，客户经常提交错误的信息，从而需要大量的反复核实。这个问题可以用软件很容易地解决。到第二天结束时，他们已经有了一个工作表，可以适当地收集所需的信息。

然后丽莎观察到，如果你可以让操作员在不同的阶段将工作分批分配到端口，这将大大加快他们的工作速度。"臭氧"说，在一个更典型的软件开发过程中，添加这个特性可能需要几个月的时间。但那一次中，他在一小时内就完成了这个构建工作。

当然，如果我们当初就避免了这样的混乱局面，情况会更好。但在一家规模迅速扩大的初创公司，这种情况是常态。我想强调一下，我并不主张经常性地重复这种做法，即在两个星期的时间里，把一个开发人员和一个产品经理锁在一间会议室里夜以继日地工作，每天以吃比萨饼为生。这不是最好的管理实践。这个故事只是展示了开发人员在受到激励时能够做成什么。我想对丽莎和"臭氧"说：我很抱歉，谢谢你们。

迁移软件项目是一个绝佳的实例，说明分享一个问题不仅可以很好地解决它，而且还能高效地解决它。让开发人员能够深入了解用户的需求，然后让他们满足它，这就是提出问题的意义所在。丽莎帮助克里斯理解了为什么人们需要他编写的代码，以及代码将如何帮助他们。在他建立了同理心之后，编写这个简单的工作流应用程序就成了信手拈来的事。

用户同理心 = 更好的产品 + 更快的交付

事实上，大多数软件都非常简单。它们被开发人员称之为 CRUD 应用程序，即创建（create）、读取（read）、更新（update）和删除（delete）。大多数在线应用程序都是表单，允许用户输入数据、修改数据、报告数据或是删除数据。在你使用过的几乎所有网站或移动应用程序中，95% 都是创建、读取、更新和删除的 CRUD 操作。这并不是什么高精尖的火箭科学。[①]

这意味着，优劣的真正区别在于解决问题所需的时间和问题解决的效果，这种区别取决于开发人员对问题的理解程度，就像"臭氧"当时面临的情况。一旦开发人员真正投入工作时，他们的内驱力就会发挥作用，从而生发出更新和更具创造性的想法。如果开发人员只是阅读一个规范文档，他们与将要使用软件的用户是割裂的。代码将变得笨重且容易出错，因为开发人员不知道人们将如何使用它。不仅如此，编写代码也将需要很长时间，因为开发人员对完成代码既缺乏热情，也没有直觉可以遵从。

正是因为这个原因，如果你曾经与开发人员合作过，或者让开发团队为你的业务构建过软件，你通常很难快速拿到成果。构建软件所花的时间似乎永远比企业的预期更长。查德·埃策尔（别名爵士小查）认为，这是一个很自然的结果，因为整个过程存在缺陷，在这个过程中，管理人员会告诉开发人员要构建什么样的解决方案，而不是在过程的早期，即定义需要解决的问题时，将他们包括在内。

①　火箭科学意指 something is very difficult to do or to understand，即"高深的事，难做的事"。——编者注

"经理们受到来自公司主管业务或财务的高管的压力，所以他们想出了一个办法，并承诺在一定期限内完成，但他们必须依靠工程团队来实现这个想法。而作为一个工程团队，如果有人过来告诉你，'快点，在截止日期前完成这项工作'，说完便跑掉了，这种感觉显然非常糟糕。"查德说。

在讨论的早期纳入开发人员，不仅仅是为了表示友好和不伤害他们的感情，而是能够创造真正的优势。如果经理们根本不了解需要完成的实际工作，他们又怎么能承诺最后期限？如果指定的解决方案不能在给定的时间框架内完成构建会怎么样？要么特性被削减，成果被匆忙交付，要么开发人员因为耗尽精力而退出。这些都不是好的结果。产品经理可以向工程师提出问题，并要求工程师根据现有系统（数据结构、代码路径）的构造方式，帮助找出解决问题的最快方法，而不是向工程师提供已经定义好的解决方案。

查德说："每次我听到下面的话，诸如'这应该是一个很快完成的事'，或是'你可以在一天内完成这件事'，我简直都要发狂。因为除非你了解所有东西是如何组合在一起的，并且知道基础设施是如何构建的，否则你根本不知道完成某项工作需要多长时间。我认为这就是有时候管理人员和工程师发生争执的原因。"

查德指出，许多开发人员"对某些产品或某些功能的集成性或可行性有更深入的了解，例如，产品经理可能会说，'我们需要某功能'，而工程部则会回复，'没问题，那需要 6 个月的时间，因为基础设施的构建方式决定了我们不能轻易地加上这个功能'。

但是另一方面，产品经理可能不完全理解实现这一点为什么如此困难。"

根据现有环境找出最短的技术实现路线是工程师们的谋生之道。这是他们在计算机科学课上接受的训练。现实中真有一种方法——迪杰斯特拉算法（Dijkstra's algorithm），它能找到多个节点之间的最短路径，我们都学过那个。然而，大多数公司所做的，是告诉开发人员关闭他们大脑的某一部分，而不是充分利用这种寻找最近路线的脑力。这几乎可说是犯罪行为。

"爵士小查"是一位才华横溢的开发人员，但他在特维利奥工作时，我们从未想明白如何充分发挥他的创造性想象力，我现在仍然对此感到非常遗憾。他在苹果找到了如鱼得水的感觉，已经在那里工作了四年多，从事 iOS（iPhone 和 iPad 所使用的操作系统）的开发。

苹果公司是怎么牢牢拴住他的？正是通过要求他解决问题，然后不在旁边指手画脚。当他加入时，苹果把他安排在一个拥有一批人工智能人才的团队中，但是其中没有像他这样的移动开发人员。然后他们给了他一个挑战：想办法让 Siri 不只做到语音控制。查德负责你的 iPhone 上全部的"Siri 推荐"功能。查德热爱这份自由。他的经理不是告诉他，"这个像素要摆在这里，"而是说，"想一想 Siri 还能怎样为 iPhone 用户提供更多价值。"

查德指出了重要的一点，那就是，管理者有能力将开发人员与客户需求联系起来，并帮助他们促成解决方案。优秀的产品经理不是介于客户需求和开发人员之间的隔阂。事实上，他们的作用应该是清除屏障，消除先入为主的解决方案和错误的推断，并简化沟通。优秀的产品经理不会把开发人员从客户需求中抽离出来；相反，他们会帮助开发人员理解客户的问题。产品的用户和创造产品的人之间所隔的中间层级越多，情况就越糟。它就像一个巨大的传声筒游戏，信息通过如此多的人层层传递，以至于开发人员几乎无法了解他们正在构建软件的目标用户到底有什么需求。

让人抓狂的软件是怎么构建出来的

"层级过多"问题一个最极端的例子发生在帕特里克·麦肯齐（别名 Patio11）身上。他当时在一家日本系统集成商任职，这家公司为日本的公司（主要是教育机构）提供软件开发外包服务。它的商业模式几乎将"分享解决方案"的做法发挥到极致。其中一个特别糟糕的项目涉及的中间传话层如此之多，使得帕特里克最后不仅离开公司，甚至彻底离开企业界超过 15 年。

在他的例子中，日本一所大学希望自动化其当时使用的手动计费系统。在手动系统中，一名员工坐在办公桌旁，桌的左侧是一大沓发票，右侧是一大沓银行对账单。员工需要将发票与对账单一一对应，并在已经付款的发票上盖章。显然，他们希望借助软件来实现这个工作。因此，大学一位业务负责人向大学的一位采购人员下达了需求，而后者与帕特里克所在公司的销售代表进行接洽，这位销售代表则把项目需求书转给一位项目经理，而他又把它转给了另一位产品经理，最后才交到了工程师们的手上。

要求的解决方案是：设计一个计算机程序，在屏幕左侧有一个虚拟的发票堆栈，① 在右侧有一个虚拟的银行对账单堆栈。操作人员单击左栏中的一个项目，然后单击右栏中相应的项目，然后单击输入键。一遍又一遍地重复这种操作，完全是手工过程的翻版，只不过是在电脑屏幕上。

"我们销售人员对这个需求的答复是，'没问题，我们可以构建这样的软件。'然后，需求转到了开发人员那里，我们的反应是，'这个，好吧，不客气地说，简直是疯了。'"

很显然，计算机可以在几毫秒内自动匹配银行对账单和发票，根本不需要人工操作。但是面对这样层层传达的需求，开发人员没有办法直接向将要使用该系统的人解释这一点。

"因此，我们最终构建出一个本不应该存在的系统，而且它将比让计算机完成所有工作的系统更难构建，对客户来说成本也更高。更不用说还需要有一个活生生的人，花几个月的时间来机械地点击、点击、点击、点击、点击、点击，"帕特里克回忆道，"这项任务中描述的每件事都可以由计算机来完成——更快、更便宜、更好，而且不会让人抓狂。"

在经历了太多次这样的混乱状况之后，帕特里克受够了，于是决定尝试自己创业。他意识到，市场上缺乏供教师使用的低成本软件，以便帮助教师更好地组织教学，于是他设计了宾果卡生

---

① 堆栈是一种数据项按序排列的数据结构，只能在一端对数据项进行插入和删除。作为特殊的存储区，它主要用于暂时存放数据和地址。——编者注

成器，那是一个网站，教师只需每月花上几美元订阅服务，便可以创建自定义的宾果卡（可以是你想要的任何形式）。显然，宾果卡是一个很重要的教学工具。小学老师可以根据他们所教的课程制作个性化的卡片，如单词的发音或是图案。但原来他们只能靠手工制作卡片。如果你的班级中有 30 个学生，那就意味着你需要制作 30 张不一样的宾果卡，这是一项劳动量很大的工作。帕特里克的网站则可以让教师指定单词、数字或图片——不管需要多少张宾果卡都可以下载，一切只需要 30 美元。最终，他拥有了 8000 多名客户，宾果卡网站在收入最高的年份创造了 8 万美元的收入和 4.8 万美元的毛利。很明显，这并没有让他一夜暴富，但如果根据网站当时在产品生命周期中所处的位置来计算所花费的时间，他的工资约合每小时 1000 美元以上。考虑到他专注的是一个大多数人可能从未想到过的受众群体和需求，这个表现已经相当不错了。

接下来，他将目光投向了另一个客户群体：独立经营业务的专业人士，包括医生、牙医和美发师。每年，他们都因客户爽约而损失了大量收入。对于一个小型并且经常是一人独自经营的企业来说，"时间就是金钱"这句老话再真实不过了。帕特里克创建了另一个网站 AppointmentReminder.com，这也是一个 SaaS 类网站，它通过电话方式提供自动化、低成本的约会提醒，这样客户就不太可能错过约会了。到他卖掉这家公司时，公司年收入和利润已经达到了六位数。同时这个业务是一个他喜欢解决的问题，因为他知道，他的服务改善了客户的生活。

互联网的神奇之处在于，与过去的盒装软件时代不同，帕特里克不仅可以自己建立网站，还可以通过谷歌和脸书的广告面向全球受众进行营销和销售。他只需向谷歌支付一点费用，便可获得客户，同时他自己编写所有代码，提供客户支持，经营一家单人公司。他赚了足够的钱来付账单，并定期在博客上记录自己的学习感悟。他完全摆脱了那些把产品与客户分开的中间人，并展示了这种做法的强大力量。更重要的是，他证明了开发人员不仅仅是一个个"程序猿"。这使他在创业者群体中成为名人——他对"别人"[①]不屑地竖起了中指，并通过创办两家企业自力更生，养活了他自己和他不断壮大的家庭。

早在特维利奥成立初期，Patio11（一个完美的独立开发人员）就是我们的铁粉之一。他完全是在我们的 API 之上构建了约会提醒软件，用来执行电话和短信提醒。

但随后发生了一件有趣的事情。Patio11 如果说不是世界上最著名的独立开发商，至少也算是其中之一，但他接到了 Stripe 的联合创始人帕特里克·科里森的电话。Stripe 像特维利奥一样，也专注于开发 API，但它的功能是提供支付而不是电话服务。只需几行代码，开发人员就可以为他们构建的软件增加收款功能。事实上，Patio11 一直使用 Stripe 来收取约会提醒软件的收入。尽管 Patio11 多次在私下和公开场合表示，他再也不会为"别人"工作，科里森还是向他提出了一个他无法拒绝的提议。

---

① 此处提及的"别人"，即大公司。

科里森和 Stripe 的团队一直在致力于一个被称作 Atlas 的新项目，以解决他许多客户遇到的一个普遍问题，那就是，对大多数人来说，创办一家公司太难了。Stripe 对解决这个问题很感兴趣，因为它的使命就是提高互联网的 GDP，而每增加一家互联网公司，就意味着将有更多交易在网上发生；有了为数众多的类似公司，Stripe 只需为其中一小部分提供收款服务就已经足够。因此，科里森邀请 Patio11，一个热衷于创办和经营自己企业的人，加入泰勒·弗朗西斯的团队，后者自 Atlas 启动以来一直领导着这个项目。他们的目的是通过让公司注册像在线填写表格一样简单，以便使任何人都能更容易地创办和经营自己的企业。这样一来，Stripe 成功地说服互联网上最热门的独立开发人员加入公司（我猜你们会好奇我的想法，好吧，我嫉妒极了，我怎么就没想出办法来把 Patio11 招致麾下呢！）

　　Atlas 是一个使用起来非常简便的应用程序，它使创办一家公司变得轻而易举，"消除了冗长的文书工作，无须再去拜访银行，也没有了复杂的法律条款和大量收费"。在 20 分钟内，一个创业者就可以注册一家特拉华州离岸公司，开立一个银行账户，并设置好在线接收信用卡支付，甚至还能获得流行的创业服务（如亚马逊网络服务和谷歌云服务）的初创公司优惠。

　　如果一家大公司想雇用 Patio11 机械地编写代码，他会加入吗？答案是不太可能。但科里森只是分享了一个巨大而棘手的问题，并要求他解决这个问题，同时以资金充足的硅谷初创公司的资源加上创始人的支持为背书，来支持他解决问题。对于像 Patio11 这样的开发人员来说，这无疑是一个令人兴奋的挑战。

初创公司征集令

保罗·格雷厄姆是 Y Combinator（创业投资加速器，以下简称 YC）的联合创始人之一，这是硅谷最成功的一家孵化器和早期投资者。自 2005 年成立以来，YC 已经投资了 2000 多家初创公司，包括爱彼迎、Stripe、DoorDash 和 Dropbox。截至 2019 年 10 月，YC 投资的初创公司总价值已经超过 1500 亿美元。保罗本人是一名开发人员、企业家和计算机科学家。他是一个逻辑缜密的人，悉心教诲初出茅庐的企业家基本原则，然后放手让他们一搏。

YC 有一种发现甚至帮助催生初创公司的方法，那就是发布一系列需要解决的问题。YC 称之为"初创公司征集令"（Request for Startups，RFS），并具体描述如下："我们投资的许多最好的想法往往出乎我们意料之外，而不是那些我们等待已久的想法。不过，确实有一些想法我们一直非常感兴趣，因此我们非常希望看到这些领域的初创公司创始人来申请投资。以下是最新的'初创公司征集令'，概述了其中一些想法。"

这份清单没有具体说明如何解决这些问题。这是企业家们的工作，通常是需要解决的技术问题。此外，下面的情况也并不罕见：创业投资加速器会同时资助多家公司来解决同一个问题，尽管他们所用的方式不同。

以下是一些最新的初创公司征集令条目：

实体 2.0

我们有兴趣看到，初创公司提出使用实体商业或零售空间的有趣兼有效方式。亚马逊的崛起正在迫使大量购物中心和大卖场关门停业。与其和亚马逊苦苦缠斗，打一场注定失败的战争，零售品牌需要重新思考如何发挥自身优势，更好地使用零售空间。例如，特斯拉（Tesla）、沃比·帕克①和佩洛顿②就利用实体店作为展厅，补充其在线销售渠道。由于无须仓储库存，零售空间可以得到更有效地利用。

除碳技术

《巴黎协定》（Paris Agreement）提出了在 21 世纪将地球温度升高控制在 1.5 摄氏度之内的全球目标。仅仅转向可再生能源并不足以达到这个目标。我们还必须清除大气中的二氧化碳。

细胞农业与清洁肉类

科学的最新发展改变了人们对蛋白质生产的理解。我们现在第一次能够以只使用细胞，不伤害任何动物的方式，生产出以科学方法都无法与肉类和奶制品等动物产品区分开来的替代食品。

---

① 沃比·帕克（Warby Parker）是一家美国时尚眼镜和太阳镜零售商，总部位于纽约市，其主要通过网站销售产品，但目前渐渐从线上发展到线下，在美国和加拿大设有零售点。

② 佩洛顿（Peloton）是一家新兴的美国健身器材和媒体公司，总部设在纽约市。其主要产品包括固定式自行车和跑步机，用户可通过订阅月度会员服务，通过流媒体远程参与健身课程。

直接从细胞中培育真正的动物肉是一项革命性的科学。我们很乐意资助更多的初创公司将这门科学推向市场。我们还想资助专注于细胞农业规模化阶段的初创公司。世界将从更可持续、更廉价、更健康的肉类生产中获得巨大利益。

防范虚假视频

虚假视频日益泛滥。现在已经有技术可以制作出与真实视频无法区分的篡改视频，很快，任何拥有智能手机的人都可以广泛使用这种技术。因此，我们有兴趣资助可识别虚假视频和音频的技术，从而为公众提供相关工具。

保罗和他的团队是投资者，和许多其他商业领袖一样，他们也面临来自自己的投资者（有限合伙人）的压力，要求他们通过提供创新和商业成功来产生收益。他们通过求助于开发人员和初创公司的管理者来做到这一点。这是一个绝妙的方法。

想象一下，如果所有的商业领袖在他们的公司内部都使用同样的策略。定义一个企业面临的最棘手和最可怕的问题，并在公司内部"征集解决方案"。虽然并不是每个解决方案都是有效的或值得追求的，但是通过构建这些重大问题，可以给开发人员机会，让他们思考那些困扰你的问题。

人们总是会喜欢自己的想法，无论其是好是坏。要让人们产生主人翁责任感，还有什么比让他们自己想出解决方案更好的方法吗？当我们这样做的时候，人们会势不可挡地向前冲。这就是保罗、阿什顿和奥巴马所采取的策略。

分享问题，而不是解决方案

很多人听说过一个关于美国航空航天局试图研制出一种供宇航员在太空中使用的笔的老故事：在太空中让墨水正常流动绝非易事，因此笔总是出现问题。我们花了数百万美元，试图发明一支太空笔，直到有人意识到俄国人是如何解决这个问题的——他们用的是铅笔。不幸的是，这个故事虽然已经成了都市传奇，但它仍然在软件世界中一遍又一遍地被重复着。像所有值得深思的寓言一样，这个寓言说明了一个人们常犯的错误：人们从一开始想解决的，就是一个错误的问题。美国航空航天局需要解决的问题并不是"我们怎样才能制造出一支在零重力下能够让墨水向下流动的笔？"真正的问题是："我们怎样才能在太空中书写？"

总而言之，"快问开发人员"思维方式的核心是赋权。任何领域的人都有能力达到人们对他们的期望。"快问开发人员"思维方式则是为开发人员设定一个高期望值，这不是要求他们能编写出多少代码，而是要求他们在多大程度上利用自己的聪明才智和创造力，来解决世界面临的大问题。只有给予他们足够的权力和空间，他们才能做到这一点。最重要的是要将问题，而非解决方案，抛给开发人员。

办公室里的乒乓球台和三轮车固然很不错，但我相信，建立世界级工程文化的关键是让开发人员参与到你试图解决的大问题中，并充分发挥他们的聪明才智。你的公司是否能做到这一点不难判断。当你碰到一个开发人员时，问问他们在做什么，以及他正在努力解决什么样的客户问题。他们是否知道客户的问题是什么？再问问他们，最后一次与客户互动是什么时候，以及这让他们感觉如何。这是否激励了他们？再问问他们，他们是否了解到一些出乎他们意料之外的东西。根据他们的回答，你就能大概了解开发人员是真正了解客户问题，还是他们只是被要求实现某种解决方案。

第五章

实验是创新的前提

如果你真的是在发明创造，
那么你就不应该知道你最终会做出什么来。
——卡特琳娜·费克，Flickr 的联合创始人如果你像大多数人一样，你会对人类伟大的发明创造感到敬畏，比如太空飞行或是 iPhone 的问世。你会梦想着带领团队取得同样的成就。作为一名高管，我敢打赌你一直苦等着团队给你带来雄心勃勃的大胆想法，那些有可能彻底改变你所在的公司、行业、甚至整个世界的想法。或者你曾向团队提出这样的想法，但因为种种原因被认为行不通，只得铩羽而归。无论你曾经历过上面两种挫败中的一种，还是两种都曾经历过，其根本原因都是同一个，即：人们害怕失败。希望成功，逃避与失败密切相关的耻辱感非常自然，是人之常情。然而，无论是个人还是组织，容许失败是开启创新的关键。精明、出发点良好的管理者经常会犯下一些小的领导错误，阻碍这种冒险行为。如果能打造这样一个组织，它鼓励循序渐进地实现宏大目标，并对这种行为予以奖励，那么你成功创新的机会将大大增加，不可避免的失误的成本则将大大降低。这就是实验的本质。随着软件的发展，建立善于实验的文化从未像现在这么容易，也从未像现在这样必要。下面让我们看看这是为什么。

在其 2016 年出版传记作品《莱特兄弟》（*The Wright Brothers*）中，戴维·麦卡洛详细描述了这两位来自俄亥俄州的自行车匠率先实现动力载人飞行的历程，这是 20 世纪最伟大的成就之一。他们并不是资金最充裕的——同时代的塞缪尔·兰利当年得到了美国陆军部的赞助，用来研制一种比空气重的飞行器，但他花了太多的时间四处进行巡回新闻发布，而投入实际建造的时间并不多。而莱特兄弟最终获胜，正是因为他们做了大量的实验。他们甘愿冒巨大的失败风险，甚至愿意将自己的生命置于危险之中。

早在 1899 年，在他们俄亥俄州的自行车店里，他们就开始构想并且制造出一个飞行器的原型。第二年夏天，他们带着它来到北卡罗来纳州的基蒂霍克（Kitty Hawk），一个蚊虫肆虐、荒无人烟的不毛之地。但是那里的风很大。他们试图驾驶他们的机器飞起来，但它很快坠毁。他们将它修好，并做了一些调整。然后，他们再次试图将它飞起来，但它又坠毁了。他们不断重复这个循环，直到要么是机器损毁得不能飞，要么是他们自己摔得不能继续工作，然后他们就收拾行李回家过冬。根据这一季的所有测量结果和数据，他们会建造新版本的飞行器。等到来年夏天，他们会重回基蒂霍克去做更多的测试，重复这个无比煎熬的过程。到了 1903 年，他们已经经历了多次骨折和几乎送命的事故，加上多架摔得支离破碎的飞行器，但他们终于找到了机翼形状、稳定器、控制系统、发动机功率等的最佳组合，并实现了人类有史以来第一次动力载人飞行。接下来的故事，大家就都已经耳熟能详了。

这是一个鼓舞人心的故事。他们身体上的每一个毛孔无疑都在告诉他们，不要再进入那架倒霉的机器了。他们的每一次失败都有可能带来死亡的危险，但他们一直在努力，直到最终取得成功。如果莱特兄弟能够坚持不懈地进行实验直到成功，我们其他人也应该能做到。

软件领域的实验与上面的过程没什么两样，但幸运的是，与让比空气重的飞行器飞上天相比，软件领域的实验更容易、更快，也更不容易让你送命。你知道你手机上的所有应用程序吗？他们都是每周更新的。许多网站更是会每天更新，甚至每小时更新一次。

你可能不知道的是，在这些应用程序和网站中正在运行许多实验。新功能只面对 0.5% 的客户开放，以便观察他们是否喜欢这个功能。如果反应良好，公司就将新功能推出给更多的人。如果出现了问题（无论是技术故障，还是纯粹的不受欢迎），公司就会把它撤回。

这就是实验的本质。这也是埃里克·莱斯发起的《精益创业》(*Lean Startup*)[①] 革命的精髓，他为这本书写了推荐序。如果你能以低风险的方式尝试，并迅速了解客户的需求，那为什么不这样做呢？

软件开发中的快速实验是"构建或是死亡"进化中最强大的方面。这也是为什么我把这种进化称为一种达尔文式的过程。一旦一家公司开始采用快速实验，并以更快的速度进行创新，其他行业也会紧随其后。对生存的激烈竞争意味着，进步的速度总体

[①] 中译名参考中信出版社 2012 年中译本。

而言正在不断加快。随着实验成本日益下降，实验的数量也在不断增长。我们再次步入了寒武纪的生命大爆发，这次是创新的爆发。

有一个老笑话是这样说的：一个女人每周都去教堂向上帝祈祷，希望自己能中彩票。一周又一周，一年又一年，她一直虔诚地祈祷着。就这样过了几十年，上帝终于开口说话了："你倒是动动手，买张彩票啊！"

创新跟这个有点类似：实验就像是买彩票，以便能有取得突破性创新的机会。你买的彩票越多，中奖的机会就越大。然而，我其实并不喜欢彩票这个比喻，因为买彩票时，技巧再多也不能增加你中奖的机会。而通过实验和创新，你可以在实践中做得越来越好。本章的内容正是关于如何做好实验，从而让你更有机会成功地构建解决方案，满足客户最大的需求。

所有伟大的创意都始于微末

我仍记得自己在几年前和埃里克·莱斯的一次谈话，它和前面所讲的那个故事（每周去教堂祈祷的女人）有异曲同工之妙。埃里克把实验比喻为在地里播种。你不一定知道哪颗种子最终会长成参天大树，但你知道一件事：如果你不播撒任何种子，那么肯定长不出任何树木。在为公司提供精益创业方法咨询的过程中，埃里克经常会遇到一些大型企业的高管，他们想扼杀一些小实验（即上面比喻中的小苗），因为这些实验还没有

"带来可观成效"（指它们还没有创造出，比如说1亿美元的收入，因而不足以给企业带来显著的收益），而小苗也还不是参天大树。

埃里克指出，虽然这项实验的确还没有产生那种级别的收入，但你根本不可能知道哪些新实验将成为下一个1亿美元级的大业务线。他说："如果你已经知道哪些创意肯定会获得成功，你当然只会专注于那些创意。但显然，没有人能提前知道，所以你必须愿意种下很多种子，并看着它们生长。"当它们刚开始发芽时，不要因为它们看上去太弱小而踩断它们。相反，灌溉它们，让它们沐浴阳光。或者套用企业界的行话，为他们追加投资。

就像树木一样，所有伟大的创意都始于微末。

有时候创意来自一线团队，有时候可能是领导者的想法。但无论它来自哪里，接下来的步骤都应该是一样的。

首先，对这个想法加以审视。你不需要做到详尽无遗；开启一个新实验也不需要费太大力气，你实际上只需要确定下面两个问题。

问题一：你对客户、问题或市场所做出的假定推测是什么，你的实验将如何证明或是推翻这些假定推测？

问题一：如果实验非常成功，它会带来巨大的成效吗？你的目标是要种出一棵大树，所以应该问一问，一旦成功的话，你种下的种子是否能够长成大树。

我只会因为下面的两个原因拒绝进行实验，第一，这个机会可能带来的成效过小，因此即便获得成功，也没有太大意义；第二，团队还不知道如何衡量进展。

如果上面的两个问题都有满意的答案，那么就可以先从一个小团队开始。也许这是一个新的球队，也许它可以成为一个现有球队工作的一部分，但只要 5 个人，就应该足以让球开始滚动。

不一定要向团队提供一个"伟大的创意"，但一定要给他们一个客户群和一个需要解决的问题。不一定要告诉他们构建什么，但一定要告诉他们该关注哪个客户，以及你能为那个客户解决哪些（希望是）有价值的问题。这些是团队定义中的客户和任务部分。

接下来，就成功的标准达成一致。埃里克是这方面的行家里手，所以请阅读他的著作《精益创业》与《精益创业 2.0》（ *The Startup Way* ）[①]，学习他称之为"创新会计"（Innovation Accounting）的深刻方法。简而言之，这个小团队需要一套指标来定义成功的实验结果是什么。注意，这些不是长期的业务指标；这些是短期的实验结果。埃里克称其为：对你盲目相信的假定推测加以验证。

团队在最初验证这个机会（即上面的问题二）时，很可能已经建立了一个模型，进行了 5 年或 10 年预测，并且已经得出某些数字，诸如："如果我们在 5 年内能有 1000 个客户，每个客户带来 50 万美元的收入，那将是很棒的成果。"这可能就是你认为这个实验值得投资的原因。但下一步不是要建立一项 5 亿美元

---

① 中译名参考中信出版社 2020 年中译本。

的业务，而是要验证这个模型中的假定推测是否合理，即：1000个客户和每个客户50万美元的收入。

实验的目的可能是弄清楚每个客户是否真的会付给你那么多钱来解决这个问题，以及验证是否有足够数量的客户需要解决问题，换言之，在未来5年内，你是否真的可以找到1000个客户。

如果你根本找不到客户愿意买单，那么这显然是个问题。或者，如果你找到了客户，但是他们每年只肯付1000美元，而不是50万美元，那么这也是个问题。再或者，如果客户愿意支付高价格，但你最终发现，世界上只有10家公司有这种需求，那么这同样是个问题。

这些参数的设定使你能够尽可能快速和低成本地了解，你定义成功的模型的各个输入项是否真实有效。扩大规模是以后要做的工作。现在，你只需要证明这个假设。

另一个关键点是，它们并不是技术或科学假说。要理解这一点，你可以想想一些著名的实验。托马斯·爱迪生在实验室里试图点亮灯泡，他有一个科学假说：通过让电流通过而使灯丝发光。他测试了3000多种材料来证明这个假说。莱特兄弟也有一个技术假说：机翼的形状是飞行的动力。他们对各种曲线及其将如何影响气流和机翼的升力做出了一系列假定推测。这些都需要实地测试加以验证。

这些都是科学假说。有了软件，科学或技术假说（例如"一个计算机程序可以实现X"）几乎总是能找到肯定的答案，也就是说，我们总是可以构建出这样的程序。你实际上需要证明的是商业假说，即"客户会为一个实现X功能的计算机程序付费"，或者从更广泛地意义上，"一个实现X功能的计算机程序会让我们赚更多的钱"。

每一个预测新产品或新计划商业前景的电子表格都构成了一种假设，即纯属虚构的数字，完全是假定推测。这些假定推测在小范围内得到检验，以便使成本最小化。在"构建或是死亡"的世界里，你实际上并非在软件上进行实验，而是在公司本身上进行实验：我们怎样才能成长？我们应该做什么产品？

莱特兄弟对机翼应该是什么形状有一个技术假说，但他们对如何建造商用飞机，发展航空业，或是在大城市建造机场，将飞行转变为大众运输系统等这一切并没有商业假说。他们只是建造了一架最低限度可行的飞机，一架改装的带马达的滑翔机。（在证明了技术假说后，他们转向了商业领域，创办了一家制造飞机的公司，但两人都对商业没有太大兴趣，也没有太多商业天赋。他们最大的创新是在技术，而不是商业领域。相比之下，亨利·福特则在这两方面都有所建树；他是汽油发动机和汽车技术相关领域的创新设计师，但后来他在商业方面也有所创新，并且后者的成就或许更非同一般。）

公司经常会犯一个错误，那就是在进行实验之前没有做出假设，也就是说，他们对测试某个技术假说甚至原型构建进行投资时，却没有停下来看看产品是否有足够的需求。只不过是因为有人说，"嘿，如果我们能够如何如何，难道不是很酷吗？"有时候甚至纯粹是因为某个高管热衷于某一个想法，就命令工程部门去努力实现它。

这种热情固然难能可贵，伟大的事情往往起步于此，但在将想法发展为商业假说之前，你不应该继续前进。如果没有这一步，你将不知道如何衡量你的实验结果。实验到底是成功还是失败将没有清晰的答案，你只能自问：它带来可观成效了吗？而对于这个问题，几乎总是会得到否定的答案。

拥有一个假说，以及一组需要证明或反驳的假定推测是一件很棒的事，但你需要把它写下来，这样你才能跟踪进展。在特维利奥，我们的核心价值观之一是"写下来"，而实验是实践这一价值观的好方法。人们经常会忘记最初的假说，这种情况并不少见，因此将假说（包括结果）记录下来，会让每个人都保持在正确的轨道之上。可能正是因为这个原因，科学家和发明家才会保留详细的实验笔记。我注意到，当实验及其进展过程中没有得到正确记录时，人们（尤其是我们这些高管）往往会忘记事情的背景，并重新开启"为什么它还没有带来可观成效?！"式的对话。把假说记录下来，提醒人们实验的目的，并让他们了解进展情况，是得以持续保持实验心态的好方法。

实验多多益善

实验本身就是一个达尔文式的演进过程，我们可以从中学习。大自然正是这样催生基因突变的。多次的失败不可避免，但总会有少数突变产生的有机体能够更好地适应和表现，因而生存下去。长期快速实验和迭代是一个基本的过程，是所有生命的基础。大自然母亲不会因为无数突变失败而哭泣或是感到尴尬。她只是不断地继续催生新的突变。

在特维利奥，我们总是竭尽所能地多做实验。我们每年推出超过 12 万次产品的新版本，相当于每天推出超过 300 次。借助每一个新版本，我们不断地添加新的特性和功能，修复问题，提高性能，并进行实验。

2019 年，我们聘请周义①担任首席产品官，请他帮助我们找到加速这一进程的方法。他拥有麻省理工学院计算机科学学士和硕士学位，是一位经验丰富的技术专家，曾在三家世界上最具代表性的软件公司中拥有管理大型开发组织的经验：他在微软工作过 14 年，在谷歌工作过 8 年，在亚马逊工作过 4 年。我从未见过任何人在建立软件型组织和支持创新文化的行为方面有过如此深刻的思考。

加入特维利奥后不久，周义便引入一些新的做法。首先，他废除了我们的旧制度，在这个制度下，工程师只能在第四季度推销产品，因为我们会在那时确定下一年的预算。这是大多数公司传统的做事方式。每个人都会提出自己的想法，少数人会获得批准，管理层会为获批者分配人员和预算，而大多数人在这个过程中将一无所获。

周义指出，问题在于"好的创意并不是只在计划周期内产生

---

① 无法查到官方中文名，音译，英文为 Chee Chew。

的，它们会在一年中的任何时候跳出来。"于是，他提出了渐进式推销的想法。我们建立了一个论坛，任何人都可以在任何时候提出自己的想法，而不是被迫每年一次申请巨额预算。如果这个想法获得批准，我们会资助一个非常小的探索团队，可能只占某一个人工时的一小部分。而这个"团队"得到的资金刚好够做一个短期实验。

有时候，这些实验根本不是为了开拓新市场或增加收入，而是为了实现某些其他的商业目标，例如节省成本。周义最近刚刚举办了一场竞赛，收集"最大限度提升效率"的创意，获胜的团队得到批准，可以用整整两周的冲刺来充实这个创意，外加获得追加资助的承诺，前提是他们两周的冲刺能够证明他们最初的假设。

"从最初获批开始，"周义表示，"如果成功实现阶段性目标，你就会像一家初创公司一样，获得下一轮风险投资。我们不断进行探索，建立信心，并最终资助一个小团队开发出第一个商业发行版。"

借助这种机制，我们能够同时进行更多的实验，尽管很多实验不会成功，但我们至少可以更快地找出答案，并继续进行下一个实验。

承诺过大的危害

2019 年，杰夫·伊梅尔特加入了特维利奥董事会，此前，他在通用电气工作了很长一段时间。2001 年至 2017 年，他接替杰克·韦尔奇，担任通用电气公司首席执行官。在伊梅尔特的领导下，通用电气尝试了史诗般规模的数字化转型。截至 2017 年通用电气已拥有 125 年历史，员工多达 33 万人，对于这样一家公司而言，转型无疑是一项艰巨的壮举。他的一个重点举措是建立通用电气数字集团（GE Digital），即一个软件业务部门，帮助客户提升他们在通用电气工业设备（如风力涡轮机、喷气发动机和机车发动机）投资上的效率。他设想，利用从这些设备中获取的数据，通用电气可以在故障发生之前就预测出它们，并利用人工智能实时调整设备以提高性能，最终帮助客户更高效地运行设备，同时可以减少设备的服务和维修需要。不幸的是，通用电气的大部分收入和利润来自零部件和维修，因此数字计划最初遭到了其他通用电气业务高管的质疑。然而，伊梅尔特知道，成为软件企业是保护和发展服务的唯一途径。他拥有敏锐的直觉，因此他推出了通用电气数字业务，招募大数据、物联网（IoT）和机器学习人才来支持公司的服务业务，并击败了多家数字原生公司。在发起这项计划时，他承诺投入数亿美元支持一个大创意：一个工业物联网应用平台。

这个承诺极其惊人，正如他所指出的，为了让公司上下知道他是认真的，这样做非常必要。媒体报道曾援引他的话说："我们要成为一家成功的工业公司，就必须在数字化方面取得同样的成功。我并没有所谓的 B 计划。"尽管投入数亿美元，但 5 年后，通用电气数字集团只获得了 1500 万美元的客户收入，远远低于他们的目标。伊梅尔特离开后，通用电气数字集团的大部分业务都被搁置，而由于通用电气的缺席，其竞争对手霍尼韦尔（Honeywell）从容打造出一款成功的工业物联网产品。

通用电气在什么地方出了问题？如果你把这个问题描绘成"我们需要用一个伟大的想法来推动这家价值1000亿美元的公司继续发展"，那么压力就来了，你只能成功，不能失败。正如伊梅尔特所说，"我必须让人们知道我是认真的，而不仅仅是在赶时髦。在我们这样规模的公司里，有一种方法可以做到这一点，那就是大手笔的投资"。然而，这种方法与实验思维完全相反。他们纸上谈兵地制订了一个计划，投入了数亿美元的资金，在硅谷建立了一个崭新的办公室，并组建了一支经验丰富的执行团队。而按照我的逻辑，通用电气最好不是一下子承诺2亿美元，而是投入2000万美元，并分给5到10个不同的团队，每个团队都有一个关于通用电气数字化未来的假说。每隔几个月，领导层对他们的进展进行评估，向那些正在验证其假说的团队提供更多的资金，这些假说不断探索并验证在通用电气的数字化未来中，客户到底需要得到什么。还有一些团队会被解散，或者转向实验新的假说。

伊梅尔特还指出，他雇用的人才可能也不适合实施转型项目。他说："我从思科、SAP、IBM和甲骨文聘请了技术精英，但他们不是真正的企业家。他们考虑的是规模，而不是实验。我本应该换一种方式去做。"

对于大公司的领导者来说，这是违反直觉的，但有时过度的承诺正是问题所在。当你投入数亿美元，大张旗鼓地资助一项计划时，团队就会面临巨大压力，不得不在并不现实的短期内取得重大成果。我怀疑，如果投入更少的资金，采用更具迭代性、实验性的方法，他们本能够取得更大的成就。现在再回想起来，伊梅尔特也是认同这个观点的："我们的团队和过程都是为了大规模实施，而不是为了实验而设立的。我真希望我当时能够从小做起，先有一个创业团队，并在严密的监控下开始实验。在他们获得早期成功后，我就可以将其规模化，而这正是通用电气擅长的。"

巨大的成功、痛苦的失败以及中间地带

好吧，如果你做了一个实验，那么一定会面对下列三种情况中的一种：第一，你掘到了金；第二，你三击未中，黯然出局；第三，你发现自己处于模糊的中间地带。我们在这三种情况下都曾犯过错误。

让我们先来谈谈巨大成功的情况：这是每个人梦想中的情况，在这种情况下，最初的假定推测得到了验证，客户也喜欢这个创意。但是，除非你能及时跟进取得成功的团队并采取实质行动，否则实验并不会带来真正的结果。在特维利奥，我们以前就犯过这样的错误。我们已经开始了一个实验，并看到它获得成功，但我们一直把它当成一个实验，拖得太久没有给它后续的资金，让它像市场希望的那样横空出世。换言之，我们没有给小树苗浇足够的水。

我们从中学到的教训是，在进行实验时，你应该记得保留资源，以备实验成功之时提供其一飞冲天所需的助推器。亚马逊在这方面做得很好。它基于人工智能的虚拟语音助手 Alexa（亚历克斯）就曾经是一个实验。当 Alexa 开始腾飞时，亚马逊意识到这是一个难得的机会，需要加大投入。

负责 Alexa 的小团队突然需要通过雇用新成员来扩大规模。由于公开招聘数量巨大，团队可能要把所有时间都花在招聘和面试潜在员工，而不是继续构建和运营 Alexa 上。他们面临着被自己的成功压倒的危险！为此，亚马逊实施了一项规则：亚马逊任何部门的新入职员工在本人自愿的基础上，都可以选择去 Alexa 团队工作。想想看，Alexa 团队可以从公司的任何部门挖走任何新员工。这是为实验助力的极端版本。

现在让我们设想一下，如果某个商业假说被证明并不成立，又会发生什么。我们已经讨论了很多关于假说生成和检验的问题。但有一种做法无疑将扼杀创业和实验的文化，那就是，一旦人们做了一个被证明并不成立的假说的实验，他们会因此而受到惩罚（请注意，我并不称之为"失败"）。

老板很容易会说："好吧，如果我们给你一大笔钱，但最终我们没有得到一个成功的产品，那么你就算是失败了。"这种方法可以确保再没有人会抓住机会去做实验或是冒险。

相反，如果换一种思路说："我们现在有一个假说，最终被证明是错的。但值得称道的是，整个过程只花了我们 3 个月的时间和 5 万美元的代价。现在我们可以把精力集中在其他地方了。"

另一种选择是，公司组建数百人的团队参与这一创意，花 5 年的时间力图打造"完美"的产品，在"超级碗"①上打广告，并花费 2500 万美元大肆进行广告宣传，但最终发现，客户并不喜欢这个产品，或是没有足够多的客户喜欢这个产品，因而投资没有意义。

你难道不愿意只花几个月的时间和几万美元就确定这一切，而不是花上几年和几百万美元？不要去想那个小团队是如何浪费掉 5 万美元的，而应该想他们为你节省了 2500 万美元！你应该对他们大加表彰，并尽快交给他们下一个任务。

最后，让我们看看最棘手的情况，即模糊的中间地带——假说仍然处于未经证实的状态，既不能说是真的，也不能说是假的，无法得到明确的指标。这时候要做的，是最艰难的决定。对于进行实验的团队来说，这才是一个真正的失败案例。如果你的目标是证明或证伪一个假说，而你在合理的时间内两者都未能做到，那么从实验的角度来说，这实际上可能意味着失败。这就是为什么在实验开始时，指标的清晰性如此重要。

面对这种情况应该怎么办？首先，确保你给了实验足够的时间。有时候，耐心是一种美德。其次，改变策略。如果你正在进行的测试没有带来答案，试着换一种方式来测试。也许你的假说不可测试，那么试着把它改造成一种更方便测试的形式。也许问题在于你的团队。这种情况当然是可能的，任何工作都可能会遇

---

① 超级碗（Super Bowl）是 NFL 职业橄榄球大联盟的年度冠军赛。

到团队执行不力的情况。在一项实验中，如果长时间得不到有关假说是否正确的答案，那么这就是一种失败模式。在实验的快速迭代阶段，非常有必要每周或者每两周与团队沟通一次，以帮助和指导基于快速学习而开展的实验。但是，如果团队持续工作了6个月或一年，仍没有取得任何一次学习，这时候很可能就需要做出一些改变了。

何时终止实验？快问开发人员

有一种方法能帮助你突破模糊的中间地带，并决定是否应该放弃一个实验，那便是，像我以前多次说过的那样，我想再次建议你：快问开发人员。问题的根源可能是没有人愿意做这样的决定，因为没有人愿意告诉商业领导者不那么动听的大实话。这单纯是人性使然；很多人不喜欢成为坏消息的传播者。但你从前面讲到的帕特里克·麦肯齐、瑞安·莱斯利、利亚·卡尔弗及查德·埃策尔的故事中，可能已经了解到一件事，工程思维模式往往倾向于：第一，观点鲜明；第二，不隐讳这些观点。对工程师来说，事实很重要，或者用我的话来说：工程师讨厌废话。所以，如果你想找一个能告诉你真相的人，哪怕是丑陋的真相，那么去找一位一线工程师吧。

杰夫·伊梅尔特在担任通用电气首席执行官时曾遇到过下面的情况：通用电气为波音787梦幻客机开发的全新发动机存在一个设计问题，他与一组高管对此进行了产品评估。工程师们已将问题原因缩小到低压涡轮设计中的一个关键缺陷。这让通用电气面临一场潜在的危机。公司已经花了 5 年时间和超过 10 亿美元研发这台发动机。这种发动机的市场价值高达 500 亿美元。

人们激烈争论下一步应该怎么办，伊梅尔特则认真地观察并倾听着，突然，戏剧性的一幕发生了。一位在涡轮机团队工作的一线工程师站了起来。他不是经理，也不是高管，只是一位个人贡献者（individual contributor）①。他说出了一些大多数人可能都不想听的话："这是错误的，"他说道，"我们的设计出了错。它没有按预期的方式运转，这将花费我们几亿美元，但我们必须重新来过。"

正如伊梅尔特回忆的那样："这是一个技术大牛，他根本不会考虑所谓的政治正确。他态度坚定地说了上面的话，尽管他知道，这一决定的后果将使公司付出可能高达 4 亿美元的代价。"

伊梅尔特采纳了那位工程师的建议。这是一个代价高昂但正确的决定。这个故事说明了为什么让正在进行实验的工程师说出他们的观点会大有帮助，因为他们深谙细节。一个令人扼腕叹息的事实是，喷气发动机设计的实验比我们在软件上做的大多数决定都要昂贵得多。

我曾犯过一次类似的错误。在特维利奥的早期，我们与一家主要的电信运营商达成了一项协议，为他们的小企业客户开发几个通信应用程序。这完全超出了我们的核心业务范围，而应我要

---

① 个人贡献者指企业中拥有专长，但并不承担管理职能，也不带团队的一线员工。

求构建它们的开发人员强烈质疑这样做是否明智。我听到了他们的担忧，但我还是要求他们继续开发这些应用程序，因为这样可以与运营商建立更广泛的关系。"战略考虑。"我告诉他们。他们花了大半年的时间尽职尽责地构建了这些应用程序，尽管他们仍时不时地质疑这个决定。就在产品发布的前一天，运营商的一位高管改变了主意，终止了项目。我们开发人员的辛勤工作根本就没能上市。虽然没人说什么，但"我早就告诉过你了"显然在他们的脑海里回荡。

从这次经历中我学到了两件事：第一，这不是实验。由于合同的原因，我们全心投入，盲目地构建，并未得到任何客户验证。构建应用程序的开发人员非常清楚这一点。第二，我应该听听一线工程师的意见，他们认为这些应用程序毫无价值，商业判断也不健全。我们在这场灾难上浪费了超过 100 万美元的启动资金。如果我真的听取了一线开发人员的意见，我们本可以避免这种局面。

不用喜欢失败，但要容忍这个过程

在商业世界里，再没有什么比失败更能引起两极分化的反应了。在硅谷，人们对失败有一种奇怪的崇拜。人们公开谈论、庆祝失败。投资者宣称要奖励失败的创始人，并资助其创办的下一家公司。对失败的狂热深深刻在了硅谷的 DNA 里，你甚至几乎可以想象，成功的企业家们闷闷不乐地踯躅前行，脑海中翻腾着终有一天他们也能失败的梦想。

然而，值得庆贺的并不是失败本身，而是不断地深入学习并推动使命最终完成的过程。失败仅仅是在这个学习过程中你需要坦然接受的一个自然结果。当人们谈论接受失败时，他们谈论的是接受发现之旅。

请注意，当我谈到运行实验时，我关注的并不是它的成功或失败，而是加速学习。如果你推翻了一个假说，那也是一次有价值的学习，尽管许多人会称之为失败，但我认为那是一种成功：如果你能够快速而耗费不多地到达一个死胡同的终点，这对企业而言是有价值的。这就是把整个过程看作是能够带领你最终实现创新的一系列实验的全部意义所在。创新不是一件能够轻易实现的事情。它需要艰辛的努力。如果你不能做到珍惜整段旅程，并不断从错误中汲取养分，大多数人都会半途而废。这就是硅谷如此大肆宣扬直面失败的原因所在。

不过老实说，没有人喜欢失败。真正的失败是不愉快的，任何正常人都会讨厌它。失败本身并不真正值得庆祝，任何一个创业失败的企业家也不会像传说中那样快乐或是充满了庆幸之情。对失败的迷恋固然可能导致失控，但创新者真正要竭力避免的，是失败带来的耻辱感。

如何在失败时不让客户失望

人们面对实验，最关心的是如何避免在实验过程中伤害客户。因为在发明的过程中，就算你发明了一个伟大的产品，你仍然需找到愿意为它买单的客户。如果你在探索的过程中毁掉了所有的关系，那可不是一个好兆头。幸运的是，如果能从一开始就很好地加以组织，你完全可以在整个过程中带着你的客户一起实验。

像脸书、亚马逊和谷歌这样的大型科技公司都拥有复杂的分层级部署机制，即针对特定的某一部分客户提供新的功能。也许有 1% 的用户会随机看到一个实验来测试他们的反应。也许这是一个更有针对性的方法，例如只针对某个国家或是某种人口构成的客户。因为这只涉及一小部分客户，所以它是一种很好的学习方式，你无需对整个客户群做出重大承诺。关闭一个只涉及 1% 用户的实验很容易，也很便宜。关闭一个已经向大量订户推广的实验则困难得多，成本也会高得多（从真金白银和商誉损害的角度都是如此）。当然，只是在你已经拥有了几亿或几十亿用户时，这种方法才会很有效，所以它并不适用于所有类型的公司。幸运的是，许多对想法进行测试的方法虽然不那么复杂，效果也一样很好。

最简单的方法就是与客户进行沟通。询问"请问您是否会购买一个……"是一种简单明了的试水方法。我想你还记得，在创办特维利奥的时候，我问过很多开发人员，他们是否愿意使用一种可以在应用程序中实现通信功能的服务。这是一个成本非常低的低风险实验。实际上，我在同一时间还以相同的方式测试了其他很多个想法，其中包括一个类似 Dropbox 的分布式数据备份系统的想法，还有另一个想法是利用互联网和 BitTorrent 来实现廉价或免费的有线电视。我所做的只是询问潜在客户，看看我的想法是否能解决他们生活中遇到的问题。既然你没有做出任何承诺，你让客户失望的可能性很小。大多数情况下，他们只是很高兴有人征求他们的意见，并思考他们面临的问题。

还有一种在线测试创意的方法，叫作"假门"（painted door）测试。如果你假定有客户需要某种技术产品，你可以通过建立一个快速的网站和在谷歌上购买广告来检验这个假说——看看你是否能吸引客户主动点击。你不必实际构建产品，只需在营销网站上查看价值主张是否能引起共鸣。考虑到在线广告的效率，你可以很好地定位你的潜在买家，并测试他们是否点击了网站上的"购买"按钮。这样做可能会带来让人们失望的风险，因为鉴于你还没有构建出产品，购买按钮实际上是个假按钮。通常，点击按钮后会弹出一个页面，上面写着"感谢您的关注。我们的产品尚未完成，但我们十分感谢您的宝贵意见。"如果你不想冒损害品牌的风险，也可以使用一个虚构的公司名称。

我在 2007 年，即创办特维利奥前集思广益的阶段，曾经有过这样一次测试实验。在为九星构建系统的过程中我曾遇到过一个问题，很难从我们的销售点系统成功向客户的收件箱发送电子邮件。这些邮件似乎定期被归入垃圾邮件文件夹。我假设其他开发人员也遇到了同样的问题，所以我运行了一个快速的"假门"测试。我购买了域名 MailSpade.com，花了大约一个小时建立了一个简单的网站，向潜在客户解释我的价值主张。然后，我花了大约 50 美元在谷歌做广告，以向这个网站导流。网站上有一个写着"现在就开始"的按钮，但点击后它只会弹出一个写着"即将推出"的页面。为了测试这个价值主张是否足够强大，是否有潜在客户愿意购买该产品，并通过观察这些早期窗口购物者的模式，我可以学到很多东西，而我付出的，只是大约5个小时的工作时间和50美元。这显然是一个不错的实验。但最终，我决定追求特维利奥的想法。在2009年，三位开发人员，艾萨克·萨尔达纳、何塞·洛佩兹和蒂姆·詹金斯成立了一家名为SendGrid的公司来解决这个电子邮件问题。10年后，特维利奥以20多亿美元的价格收购了SendGrid，从而也证明这是一个伟大的想法！

实际上，在不伤害客户的情况下进行实验非常容易。然而，要避免的一个错误是，不把一个实验当作实验来看待。如果你并不确定这个世界是否会拥抱你的想法，那么请按照我在本章中所提倡的那样，做一些实验来验证它。如果你直接投入巨资，大张旗鼓地推出产品，那么你更有可能损害自己在客户中的声誉。如果你大张旗鼓地推出了一款无人问津的产品，那显然会成为品牌和公关的一个大问题。（比如，新可乐①，有人喝吗？）如果你盛大发布新产品，很可能会得到一定数量的客户。但如果这个数字不足以让你收回投入的大笔资金，那么你更有可能想扼杀这个项目。而这样做，可能会让你的客户失望。所以我相信，实验不太可能伤害客户关系。相反，缺乏实验才可能造成更持久的伤害。

---

① 新可乐指1985年，可口可乐宣称改变了经典的配方，推出"新可乐"，但引发消费者的愤怒，并导致了一场营销灾难。后来，如果一样新产品发售时遭遇失败，则会被称为"新可乐"。

朝着全垒打墙，奋力挥棒

　　成功的创新者知道，通往成功的道路上可能充满了一次又一次的失败。托马斯·爱迪生曾经说过："我并没有失败。我只是发现了 10000 种行不通的方法。"温斯顿·丘吉尔指出："成功就是经历一次又一次的失败，却仍不失热忱。"但我最喜欢的关于实验的警句来自杰夫·贝佐斯。在 2015 年致亚马逊股东的信中，贝佐斯提醒投资者，亚马逊最成功的三大业务，即亚马逊电商平台（Marketplace）、亚马逊付费会员制度（Prime）和亚马逊云，它们都始于实验，当它们刚刚被构想出来时，没有人知道它们是否行得通。毕竟，公司实施的大部分实验都以失败告终。贝佐斯用棒球比赛的类比来解释为什么他会敦促他的开发人员尽可能多地进行实验："如果你朝着全垒打墙，奋力挥棒，你会打出很多三振出局，但也会打出一些本垒打[①]。"他接着指出，在棒球比赛中，用力挥杆带来的最佳结果也只是大满贯得 4 分。然而，"在商业世界，你每一次击出本垒打，都能得到 1000 分。"

　　因此，为什么不奋力挥棒呢？尤其是在实验成本如此低廉的情况下。你开始只需要投入 3 到 5 个人，却有可能获得如此巨大的回报！由于互联网固有的规模，这个实验可能会产生一个拥有数亿用户的应用程序。鉴于风险回报率如此之高，请继续奋力挥动球棒吧！

---

① 本垒打也称全垒打，指在棒球比赛中，击球员将对方来球击出后（通常击出外野护栏），依次跑过一、二、三垒并安全回到本垒。

在棒球运动中，平均击球率达到 0.300 已经是惊人的数字，而 0.400 几乎是不可能达到的数字。这意味着在棒球比赛中，大多数时候，一个球员挥动球棒，却什么也打不到。因此，在商业上，如果一击成功可能带来的成果是棒球的 250 倍以上，那么 0.0012 的平均击球率对于商业世界的职业大联盟来说同样足够了！当然，这些都只是数学计算，但相信你已经明白了其中的道理。在商业中，人们通常期望 100% 的成功率，这正是导致人们对实验感到恐惧的原因。突破这种恐惧，则是成功创新的关键。

下次如果你在尝试一个新想法时遇到阻力，可以问问你的领导，最糟糕的情况是什么。如果答案是"这需要很长时间"，那就问问如何缩短学习时间。你是否能够在一两天内通过"假门"测试或在客户访谈中学到一些东西？如果答案是"它可能会失败"，那么强烈地同意他们的观点，并再次问他们为什么不能不管结果如何都尝试一下呢！如果答案是"我们可能会让客户失望并伤害品牌"，那么缩小规模，与一小群客户一起测试这个想法。问问你的领导（可能是一对一地询问），他们是否担心失败会影响他们的职业生涯。如果答案是肯定的，那么考虑如何庆祝实验的过程而不仅仅是结果。询问你的开发人员如何衡量他们正在进行的实验的阶段性进展：在打造出一个价值 1 亿美元的大业务之前，他们如何知道自己是否正在正确的轨道上前进？询问他们想用实验证明什么样的假说，并在必要时帮助他们调整假说，使其可以用合理的投资加以验证。上面这些问题将帮助你建立一种认可和庆祝实验过程的文化，并最终形成一种创新文化。

第六章
招聘开发人员

雇用聪明人并告诉他们该做什么毫无意义；
我们雇用聪明人是因为他们可以告诉我们该做什么。
——史蒂夫·乔布斯

在前面的章节中，我谈到了公司构建软件的重要意义，以及为什么现在这样做比以往更加容易。但是构建软件需要人才。在未来的十年里，赢家将是那些开发出最好软件的公司，换言之，是那些拥有最好软件开发人员的公司。如果你一直苦于难以招聘到或是留住优秀的技术人才，那么本章可能会对你有所帮助，让你了解如何通过开发人员重视的东西来吸引和留住他们。如果你长期以来总是有填补不上的技术岗位空缺，也许你可以改变招聘开发人员的宣传语，让他们知道，他们在你的公司能够发挥自己的最大潜力。如果你的技术人才流失到苹果、谷歌和脸书这样的公司，我真的认为，以令人信服的理由说明你的公司是一个优秀的职业选择并不难。我们曾经从上面这些公司挖到过所需的技术人才，也曾经说服候选人接受我们的工作机会并拒绝来自科技巨头的邀约。在本章中，我将分享在招聘、留住、激励优秀技术人才，以及向他们支付薪酬方面，我作为开发人员和雇主多年来的一些经验之谈。

在我们的世界中，开发人员是稀缺的人才。2019 年，软件行业的公开招聘岗位是计算机科学专业应届毕业生的四倍。因此，这是一个竞争激烈的人才市场，但好消息是，为了赢得这场人才争夺大战，你实际上并不必非得在办公室配备三轮车、免费理发服务和 50 种不同形式的 IPA^①。

大多数情况下，你只需要像对待一个普通人那样对待软件开发人员就行。不必把那些讨厌的书呆子藏在服务器柜中，也不必像对待娇嫩的独角兽花那样悉心关爱。开发人员只是普通人，充满了学习和成长的雄心壮志，拥有将工作做到极致的动力，并希望不断实践他们掌握的各种技能。如果一家公司能够理解并尊重这些，并给予开发人员发声的权力，他们就会和你一样，成为积极投入的公司建设者。

你最初雇用的人才尤为重要。在一开始就引进合适的领导者是成功的关键，因为这个领导者会吸引一批追随者，而这些追随者又能招募到优秀的管理者和个人贡献者。但招募人才只是第一步。设法留住他们可能更具挑战性。如果你的组织功能失调，开发人员不会坐等情况好转，他们会拂袖而去。不幸的是，我为学到这一点付出了惨痛的教训，我将在第十一章中对此详加解释。

招募优秀的领袖人物，其他人会追随而来

2010 年，帕特里克·道尔接任达美乐比萨的首席执行官，他当时的首要目标是提高达美乐产品的质量，简单地说，就是做出更好吃的比萨饼。他的下一个目标是扩大公司的技术能力。对于

---

① IPA 是苹果程序应用文件 iPhone Application 的缩写。

一家从事餐饮业务的公司来说，对技术进行巨额投资似乎有悖常理。但在帕特里克看来，仅凭产品很难使达美乐与竞争对手有所区分。毕竟，一块比萨和另一块比萨之间没有本质的区别。帕特里克认为，通过使用技术改善客户体验，能够让达美乐有更大的机会与竞争对手有所区别。

因此，达美乐公司的 IT 部门需要改变，从更多面向内部的职能部门角色转变为直接提供客户体验的软件构建者。与当时的许多 IT 部门一样，达美乐的技术团队主要专注于硬件机架、安装更新和补丁以及保持服务器运行。但是达美乐需要建立一个创造性的软件组织来开发新的应用程序和创造用户体验。为了建立这个组织，帕特里克从寻找合适的领导人开始。2012 年，他物色到凯文·瓦斯科尼，一位经验丰富的技术专家，而后者坦承，起初他对为一家比萨饼公司工作不是特别感兴趣。

当凯文在 2012 年加盟达美乐时，他的任务是建立一个全新的技术型组织。当时，达美乐 IT 部门在全球一共拥有 150 名员工。8 年后，这个数字增加到 650 人，其中只有 50 人是凯文加入时已经在公司工作的员工。他首先求助于自己的专业网络，并聘请了一支强大的核心团队。团队成员不仅仅是高管。优秀的技术领导团队由高级架构师、首席工程师和产品线经理组成。最重要的是要确保你的早期雇员有很强的技术能力。招聘第一批员工可能是最难的部分。但随着时间的推移，事情变得越来越容易。凯文给别人的建议是：不要着急，也不要安于现状。

在过去的 8 年里，达美乐通过建立一个世界级的软件组织，让开发人员自由地创造全新甚至古怪的软件体验，从根本上改变了比萨饼业务。其中包括使用语音识别或轻触表情符号下单。有些创意几乎是一时兴起之作。一天，帕特里克问他的开发人员："当我坐在车里等红绿灯时，我能怎么点比萨？"这就是他问的原话，是这位首席执行官在一次回家的路上冒出来的念头。"在等红绿灯时点餐"可能听上去有点奇怪，但事实上这是一个真正的用例：忙碌的职场父母不想做饭，可以在回家的路上点一份比萨饼。但这个简单的问题为一个长达数年的创新打开了大门，这些创新使得订购和跟踪订单变得更容易、更快捷。如果没有面向客户并准备好执行的团队，这一切都不会发生。

自主、精通和目标

丹尼尔·平克在他的著作《驱动力：在奖励与惩罚都已失效的当下如何焕发人的热情》（ *Drive: The Surprising Truth About What Motivates Us* ）[1] 中指出，薪酬并不一定是激励人们的动力。或者就算这是一种动力，其激励程度也有限。公司只需要向员工提供他们认为公平合理的薪酬（我将在本章后半部分进一步讨论这一点）。一旦你付的薪酬达到了公平的水平，员工就会把注意力集中在工作吸引他们的真正原因上，即：自主、精通和目标。我相信对于开发人员来说尤其如此。

---

[1]　中译名参考中国人民大学出版社 2012 年中译本。

自主意味着他们是否能够独立工作，而不是被指使做这做那。精通意味着随着时间的推移，他们的技能会不断得到磨炼。目标则是指感觉到自己所做的工作确实是有意义的。下面让我们更详细地分析每个因素，特别是从开发人员的视角对它们加以审视。

自主

每个人都希望拥有被授权的感觉，开发人员也不例外。但更重要的是，作为专业人士，他们带来的技术专长对他们服务的公司非常有价值，但却往往被忽视。自主的本质是让人相信自己能够做出决定。如果其他人可以否决你所做的任何决定，那么你并不具备多高的自主性。当然，如果你是一家公司的大老板之一，那么你总是能够成为做决定的那个人。但是，如果你是一位明智的领导者，希望自己的团队感觉受到了信任，那么你就应该抵制住否决团队决策的诱惑，不要在给团队自主方面犯错误。这就是我的想法。

但是，在现在的商业世界中，每个团队都要在诸多方面依赖他人，因此完全不加约束的自主可能会适得其反，而且放任成千上万的人在各自领域中争吵不休无疑也不是一件好事。对开发人员授权意味着你听凭他们自主地完成工作，并为他们提供工具，但同时你也会设置一些边界和规则。这比完全自主更为现实，尤其是对于规模较大的组织而言。或者，如果你需要一个完整的研发型组织，专注于减少事故、安全性、稳定性等方面，也需要这样做。

因此，自主并不是让开发人员乱冲乱撞、为所欲为，而是以规则为基础的。如果没有边界，人们将不知道如何做决定，而领导者也往往会事后诸葛地对他们提出批评。通过创建规则，你反而可以给予人们自由，让他们在规则许可的范围内拥有自主权。

说到规则，我最喜欢的一个例子发生在我读高中的时候。我是我所在高中的广播电台 WBFH 的一员，WBFH 被人们戏称为"The Biff"（欠揍）。我们以 360 瓦的功率进行广播，并自豪地成为底特律市最棒的高中广播电台。在学校电台工作意味着我们都有一份像在真正电台那样的工作，并且每个人每周都有两个小时的节目要主持。我在高中最后一年时担任电台的音乐总监，并且每周主持一个两小时的节目，名叫《七小时监狱实验》（*Seven Hour Prison Experiment*）。当时管理 WBFH 电台的老师名叫彼得·鲍尔斯，他满头金发，身材瘦长，颇有汤姆·佩蒂[①]范儿，他只对我们设定了 3 条规则，即我们所做的每件事都必须"安全、有趣、合法"。除此之外，我们可以完全按照自己的想法运营电台！例如，有一次，为了宣传碎南瓜乐队[②]的新专辑，我们想在校外的便道上直播一场砸南瓜大赛，鲍尔斯先生听到这个计划后只是回答说："嗯，听起来很有趣，而且合法。你们只要保

---

① 汤姆·佩蒂（Tom Petty，1950 年 10 月 20 日—2017 年 10 月 2 日），美国唱作人、多乐器演奏家、音乐制作人和演员。他是"汤姆·佩蒂与伤心人"乐团的主唱，也是 20 世纪 80 年代晚期的超级乐团 Traveling Wilburys 的创始人之一，是布鲁斯摇滚的传奇人物。
② 碎南瓜乐队（Smashing Pumpkins）是 20 世纪 90 年代美国著名的另类流行和摇滚组合。

证它安全就行。"我在 WBFH 的经历不仅是我高中时代最美好的回忆，而且那里还是一个令人惊叹的学习环境。鲍尔斯先生允许我们犯错误（只要我们保证安全、有趣和合法），并从中吸取教训。他的做法激发了我，并引导我思考如何创造一个环境，让大家都知道基本的规则，同时每个人都感到被授权，可以全力以赴地向前冲。

不过，这也意味着规则应该尽量精减，缩减到创建一个有效系统所需的最小值。作为领导者，你必须要创建一个系统，以便让团队能够成功地协作，让人才获得成功，让客户能够信任你。我们在这本书中谈到的很多内容（包括小型团队、平台、微服务等）都是这种系统的组成部分。

自主的另一个方面是影响力：邀请开发人员参与关键决策表明你信任他们，也重视他们的意见，而我认为你确实应该如此！

当我的朋友、特维利奥的联合创始人埃文·库克进入美国数字服务中心工作时，自主是他们最大的要求。他们不会像一群"程序猿"那样坐在某个密室里接受命令。他们希望能够在不受产品经理、管理顾问或其他各种非技术人员干扰的情况下构建系统，这一要求获得了批准。

他们还强烈主张能够参与重大决策。这些白宫的技术专家仿照智商和情商概念，提出了一个所谓技术商（technical quotient，TQ）的概念，并向各政府部门和机构的高级领导层表明，无论是五角大楼、白宫、小企业管理局、教育部、卫生和公共服务部，还是总务管理局和国土安全部，在"做决策时拥有技术商"

是至关重要的，埃文表示，"我们现在已经发展到这样一个历史阶段，那就是，技术专家几乎需要参与所有重要的决策过程。"

埃文和其他软件工程师们与内阁成员、部门秘书及穿着制服的四星将军肩并肩地参加各种会议。这种场景起初看起来很奇怪，但人们慢慢都适应了。毕竟，正如埃文指出的，"在公共政策方面，整个交付机制都是以技术为中介或完全由技术驱动的，在不参考技术人员意见的情况下制定公共政策，就像是在试图解决法律问题时，房间里却没有律师。"

创建一个规则系统还意味着你可以消除不必要的规则。你如何告诉开发人员他们拥有自主权？这涉及很多事情，其中一些可能看起来很小或很琐碎，但它们很重要。最近，我们在特维利奥遇到了一件事。我们有一个开发人员教育者团队，他们经常在正在进行数字化转型的大型企业内部举办编程马拉松活动。在一次这样的活动中，他们来到某家企业，为一个为期两天的类似活动做准备，在拟议中的编程马拉松活动的指定休息室里，房间后面有一台电视，上面有一个牌子，警告员工不要更换频道。这是让人们知道他们没有自主权的一种方式。有些人可能会想，"谁会在乎？这没什么大不了的。"我只能告诉你，当我们公司的人从那次编程马拉松活动回来后，他们都在谈论那个告示牌。对他们来说，这是一件大事，他们全都注意到了。正如一个伙计说的那样："如果你连更换电视频道这样的事都不许他们做，那么你又怎么能让开发人员自主创建软件呢？"

另外还有一个你可能会认为很愚蠢的问题，但它实际上在很大程度上激怒了开发人员，那就是衣着，即着装要求。要求员工穿着"商务装"或者其他类似的服装。这个规定就像上面讲的在电视机旁摆放的告示牌一样，虽然是很小的一件事，但是传递了一个很强烈（而且是错误）的信息，那就是："我们甚至不能允许你自己挑选穿哪条裤子。"

在白宫组建美国数字服务中心时，着装问题就成了一个闹得沸沸扬扬的大问题。我的朋友埃文和其他去华盛顿上班的人被告知，在白宫工作的女性要求穿长裤套装，而男性雇员则要穿西装和打领带。在硅谷，只有疯子才会这么穿衣服。从来没有人穿西装、打领带。

开发人员试图解释这一点，但被告知这里不是硅谷。这是白宫，而在白宫，你就是需要穿西装和打领带。大多数开发人员都让步了，尽管可能并不情愿。但是有一个重要人物保持了特立独行，那就是米奇·迪克森，一位来自谷歌的杰出工程师，他被招募来帮助挽救 HealthCare.gov 网站。

米奇碰巧是个暴脾气，一贯穿着邋邋随便。他告诉白宫工作人员他会来华盛顿修复他们的网站，但他不会穿西装打领带，"嘿，你们看着办吧，伙计们"。白宫工作人员坚持了一段时间，但米奇没有让步。最后他们达成了妥协。

米奇不必穿西装，但他同意穿带领子的系扣衬衫，尽管是皱皱巴巴的。

你可能认为米奇小题大做或是过度傲慢，但实际上，他做了一件重要的事。米奇用这种方式来评估他作为开发人员能否在这种环境中取得成功。如果他们不能自主决定穿什么，那么这将是一个糟糕的兆头，预示着他们也会影响其他更重要的决定。

他做出这一姿态的重点其实不是关于穿什么样的衣服，而是要测试自主权的行使边界。

如果不能提供真正的自主会发生什么？如果是那样，开发人员不太可能尽力而为，你也不太可能留住优秀的人才。"爵士小查"（查德·埃策尔）说："每当听到有人说，'你只需要做这三件事，不用担心其他，也不用操心大局，'那真的、真的会让我完全丧失动力并充满沮丧。"

查德说，作为一名开发人员，他最好的经历是在自己创业之时，而那仅仅是因为他拥有自主权。他说："我基本上拥有完全的自主权和对产品的控制，可以决定构建的方向和内容。这些我可以全部亲力亲为。"他和客户交谈，客户会告诉他，他们想要什么特性，然后他会去实现它们。"能够从无到有创造一件东西是最能点燃我热情和激发我能量的事。"他说。

他很难在常规工作中找到这种自主权。从 2009 年到 2015 年的 6 年间，查德换了 6 家公司。他说："我在很多地方工作过。对我来说，如果能找到一家公司让我感到如鱼得水般的自主或自由，我就会全身心地投入工作。"

自 2015 年以来，查德一直在苹果公司工作，因为苹果给了他足够的自主权和自由，让他觉得和经营自己的公司没什么两样。

苹果以没有产品经理拿着产品说明书颐指气使地提要求而闻

名。开发人员会直接拿到需要解决的问题，并以他们认为最好的方式来解决这些问题，这正是"快问开发人员"方法论的本质。这种对开发人员的充分信任会带来一个结果，那就是苹果可以构建出漂亮的软件，而这相应导致了它在市场上取得了其他公司难以企及的成功。

精通

2016 年，达特茅斯学院计算机科学专业本科生卡娅·托马斯发表了一篇直击人心的文章，震撼了整个硅谷。卡娅描绘了黑人和拉美裔计算机科学专业学生在应聘科技行业时令人沮丧的经历。她还描写了一些科技公司逐渐形成的一种文化，这种文化让她和其他许多人都无比反感。

"我对乒乓球、啤酒或其他吸引应届毕业生的花招不感兴趣。事实上，我不喜欢这些东西并不意味着我不适应这种'文化'。我只是不想在科技圈混日子，*我想创造出令人惊叹的东西，并向其他聪明人学习*。这才是你应该寻找的文化契合点。"卡娅写道（斜体部分是我标记的）。

我用斜体标出的这句话可能是我读过的最精辟的一句总结，一语道破了年轻的开发人员在雇主身上寻找的到底是什么。这两大因素（即创造令人惊叹的东西和向其他聪明人学习）基本上是我们所有人都希望能从工作中获得的。

卡娅追求的，正是精通之道。最优秀的开发人员，无论年轻与否，总是希望被推动，希望不断学习和成长。他们想在自己的工作中不断进步，并找到能帮助他们发展的导师。

毕业后，卡娅得到了一大堆工作机会。她最终选择了 Slack 公司，很大程度上是因为她相信自己会在那里学到东西。卡娅说：“我当然得到了导师的指导。我与来自各种背景的聪明人共事，他们曾在许多其他公司工作过。我学到了很多东西，也成长了很多。”

计算机科学专业的毕业生在离开大学校园时虽然获得了学位，但在如何编写产品级商业代码方面仍有很多东西需要学习。卡娅说：“公司有专门的工程师教我构建移动系统和移动框架，还有人教我更大的架构设计和软件开发原则。一切都棒极了。”

此外，卡娅还学习了一些与编程无关但同样重要的技能，比如交流、写作、演讲。你可能会认为这些只是“软”技能，但卡娅了解到，它们实际上是工程师工作的重要组成部分，也是影响工程师在组织内部取得成功的重要因素。她解释道：“一种常见的误解是，你既然受雇为工程师，那么只需要编写代码就好了，但沟通是工作的一个重要方面。你如何把一个非常技术性的想法讲出来，并让那些不是工程师的人能够理解？你需要了解代码评审（code review），知道怎么提出代码评审意见和如何接受评审意见，以及如何从这些信息中学习。你需要写作技巧来创建技术文档。你需要公开演讲以便在会议上发言，或者只是站起来向其他团队分享信息。”

每个人都希望能够感到自己在进步，不仅仅是在职称或薪水方面，而是要更精通自己所选择的职业。这就是为什么最优秀的员工往往会选择一个能促进他们职业发展的环境，而不是关注其他一切（包括薪资待遇）。作为领导者，我们需要采取正式和非正式的行动，以创造一个学习型环境，本书第七章将讲述应该如何创造这样一个环境。

目标

开发人员像所有人一样，也希望自己的工作很重要。他们希望开发出能够创造收入的系统，或是能够为公司节省费用，或是让公司能够提供全新愉快的客户体验。他们想创造新的业务线。向他们展示，你的组织将开发人员视为公司未来发展的关键，他们将负责解决会给数百万人带来影响的问题。

总部设在阿姆斯特丹的移动银行 Bunq 的首席执行官阿里·尼克南表示，尽管荷兰的软件开发人才严重短缺，但他的初创公司一直成功地招聘到荷兰最优秀的开发人员。此外，Bunq 甚至设法吸引了一些开发人员离开诸如优步、谷歌和微软等大型科技公司，尽管 Bunq 开出的薪酬不及那些大型科技巨头。他表示："他们全都降薪接受了工作机会。"

他是怎么做到这一切的？其中一个原因是使命感。阿里会告诉他们："我们正在改变金融行业的发展方向。你可以成为正在彻底改变整个行业的 130 人中的一员。"

当计算机科学家汤姆·比尔斯克从家乡澳大利亚移居阿姆斯特丹时，他抓住了加入 Bunq 的机会。他说，吸引他的是"一群酷酷的家伙正在创造他们真心热爱的产品，并为大众解决问题"。此外，他也希望挑战自己。他表示："我刚加入时被它的速度吓了一跳。太不可思议了。我们每周都发布代码，一转眼的工夫就开发出特性。我对这家工程型组织印象深刻。这里的开发人员都很优秀。我曾在其他一些组织工作过，他们也是很好的组织，但与这里仍然有着天壤之别。"这一切都是目标驱动的，因为比尔斯克相信公司的使命，也相信他有能力影响公司完成使命。

作为领导者，我们的工作是将公司的宏大使命与我们技术团队所做的工作联系起来。每个人都有自己喜欢的工作，也有自己厌恶的工作，开发人员也不例外。因此，在开发人员调试遗留代码、编写测试或是设法唤醒中断的网页程序时，如果有目标的支持，那么这些时刻是可以忍受的，有时他们甚至能从中发现乐趣。如果你知道客户和同事对你的依赖，以及你正在改变组织和周围人的方向，这将成为一个强大的动力。事实上，你的工作触及的人越多，其目标感就越大。软件的惊人之处在于它的规模。编写将被数百万乃至数十亿人使用的代码能够产生强大的动力。很少有职业具有相同的规模感或影响力。这就是为什么开发人员特别容易受到目标感的驱使。

还记得我在第四章中讲述的故事吗？奥巴马总统乘坐"海军陆战队一号"飞抵旧金山，亲自招募美国数字服务中心的首批开发人员？这是我所知最棒的招聘广告。一切都是为了目标服务。开发人员被赋予了一个使命，拥有巨大的意义和影响力。他们被要求解决那些世界上最有成就的技术专家也会觉得有挑战性的棘手问题。

请奥巴马总统亲自出马是一个天才的想法。为什么奥巴马要在那里？为什么他要费心从半岛上的另一个活动专程飞到旧金山，只是为了在房间里待上 10 分钟？奥巴马知道，他的出席向开发人员传递了这样一个信息：他们将得到组织最高领导的支持，数字化转型是他最优先考虑的事项之一。这就是为什么他会不辞劳苦地亲自飞过去。

招募

这当然好了，我可以想象你会说，但如果你不是为美国数字服务中心招募人员，也不能请出贝拉克·奥巴马做你的撒手锏，你该怎么办？如果你不是雇用顶尖计算机科学家，充实亚马逊新设立的绝密部门，以开发改变世界的技术，你又该怎么办？你如何让你的公司听起来充满诱惑力？你如何说服一个刚刚走出校门的计算机科学专业毕业生来你的公司工作，而不是去谷歌或那家很酷的初创公司？

首先，你可能请不来奥巴马，但你肯定有首席执行官和其他高管（你自己可能就是），当你招聘顶尖技术人才时，他们应该参与进来。理想情况下，你的首席执行官已经知道为什么技术对公司很重要，并打算与你找到的顶尖技术人员密切合作，显然他已经准备好参与招聘过程了。如果高层不出现，聪明的技术人员会意识到，他们的工作不是公司的核心，因此他们可能不会来为你工作。高管们往往会宣称"我们正走在数字化转型的道路上"，因为这听上去很不错，但要真正踏上这一征程，必须为这一过程注入领导力，更重要的是，还要引入使这一过程成为现实的人才。

当杰夫·伊梅尔特着手改造拥有 33 万员工的通用电气时，

他问了技术专家无数的问题，因为他真心希望了解他们所知道的一切。在他不明白的时候，他不齿于承认，同时他还在决策桌前给技术专家留了一席之地。这正是高层承诺的表现，表明数字化转型不仅仅是一个时髦的说法。

有时候，你需要帮助工程师们认识到，在那些非技术公司中，也满是重要且具有挑战性的技术难题，同时解决这些问题也可以很酷。正如沃纳·威格尔所说："我发现每一家大公司都拥有很多非常有趣的挑战。"沃纳的大部分时间都花在周游世界并会见亚马逊云的公司客户上。这些公司包括世界上几乎所有超酷的初创公司，以及来自非技术行业的数千家大型既有公司。传统公司正在借助物联网（IoT）和其他新技术开展大量工作。"这些公司的运营规模如此巨大，因此他们正面临着许多需要解决的非常有趣、也非常有意义的问题。"威格尔指出。

挑战在于如何让工程师意识到这些问题的存在，并激发他们对解决这些问题的兴奋感。这一切又回到了如何阐述使命任务上：记得让它听上去更有说服力。这就是为什么每一部谍战片都会出现下面的场景：英雄被召集开会，并被告知下一次任务。你会注意到，在说到任务时通常不会是"我们希望你在接下来的30年里每天都过来坐在办公桌前，做一些你并不真正喜欢的无聊工作。如果你失败了，也没什么大不了的，因为那不会带来什么恶果。"不！那些恶棍手里有核弹！时钟在滴答作响！如果你失败了，世界将会毁灭！讲故事的人将这称为"英雄之旅"，它始于主人公接到"行动召唤"，并开始一场挑战自己能力、迫使自己克服重重障碍的冒险之旅。洛奇·巴尔博亚^①得到机会与拳王阿波罗·奎迪比赛之时，就是他接到自己的行动召唤之日。

　　要想成为一名优秀的招募者，你需要展示属于你的英雄之旅。我们在这里做什么？我们面临哪些挑战？为什么我们的工作很重要？你为什么要关心你的工作？工作的价值和意义何在？怎样才能让你每天都兴冲冲地来上班？"你必须告诉他们你的团队是如何运作的。"乔希·霍伊姆说。他曾长期担任位于明尼阿波利斯的塔吉特百货公司（Target）的语音工程总监，目前担任利宝互助保险公司（Liberty Mutual）的网络工程总监。他还表示："我认为现在，特别是在科技领域，存在一个普遍的现象，那就是因为相信负责招聘你的老板而选择加盟。所以告诉他们你计划做什么，告诉他们你的愿景，这永远是成功招聘到人才的关键。这需要一定的说服能力。很多人并不认为塔吉特是一家科技公司。但在过去的 12 个月里，我雇用了 3 个下属，其中两人都拿到了其他好几家公司的工作机会。成功的关键是要能够讲清楚你想要改变的东西，以及你想要他们成为一个工程主导型组织的核心员工。"

　　当然，乔希坦率承认，他也有不成功的时候。三位曾在塔吉特实习的开发人员在毕业后分别加入了脸书、谷歌和 Zynga^②。但

---

① 洛奇·巴尔博亚（Rocky Balbon）是美国系列电影《洛奇》（Rocky）中的主人公，业余拳击手出身，凭借自身的努力，登上拳坛最高峰。
② Zynga 是一个社交游戏公司，总部于美国旧金山，主要开发基于网页的游戏，并发布在脸书及 MySpace 等社交网站上。在中国的分公司译名为星佳中国。

他表示，即便是那些收到了一流科技公司工作机会的应聘者，也有机会被说服。宁当鸡头，不做凤尾，即在一个小池塘里做一条大鱼，而不是进入一家科技巨头并泯然于成千上万和你一样的人，自有其吸引力所在。他说："你可以这么讲这个故事，'嘿，如果你能来塔吉特，我们希望你学习和成长，并能够推动技术决策。我不想由我来做出那些决定。我希望你可以自行做出选择。'对于很多年轻的工程师来说，这番话会引发巨大的共鸣。"

对处于职业生涯中期的开发人员来说，你可以提供一个成长和发展新技能的机会——进入那个阶段后，有些人可能开始感到停滞不前，或者因为所掌握的技术越来越落伍而难以再进一步。换句话说，你可以帮助他们在职业上更加"精通"。告诉他们，他们可以扩展自己的技能，学习新的语言，设计和编写新的应用程序，并将其投入生产。

在特维利奥，我知道我们已经招募到的很多人也已经拿到了谷歌、脸书等科技巨头的工作机会。我们最吸引他们的地方是我们的小团队方法，这种方法可以确保自主、精通和目标这三个方面都能够实现。我将在第八章中对此加以详细讨论。如果在一种情况下，你只是一台大机器中的一个小齿轮，而在另一种情况下，你是一个虽小但却重要的团队关键成员，面对这两种选择，许多开发人员会发现，后者是一个更有吸引力的机会。

薪酬

在本章前面，我曾提到丹尼尔·平克和他的理论，即薪酬并不是真正激励员工的因素，关键是要让员工觉得他们得到了公平的薪酬。然而，许多雇主过分关注奖金结构。他们最终向员工传达了这样的信息，即管理层将他们视为投币式机器，从而忽略了大多数员工想要工作的真正原因。一旦基本需求得到满足，大多数员工真正想要的是内在的驱动力，比如自主、精通和目标。

正是出于这种考虑，在特维利奥，公司不给任何人发奖金。我们用这种方式经营公司已经有 6 年之久，我认为这种做法比原来的方法要好得多。

大多数公司，甚至包括那些还在后院捣鼓的初创公司，习惯于根据一些莫名其妙的公司目标支付奖金。其中一类是与全公司的目标（如收入或盈利能力）挂钩，以便凝聚全公司的力量来共同实现这些目标。问题是，在现实中，没有任何一个员工拥有足够强大的影响力来实现或是破坏这些目标。因此，他们的薪酬（他们无疑对此十分关注）与他们的工作并不挂钩，而这基本上是随机的。另一个问题是，你可能做得很好，但就因为其他部门的同事没有做到他们该做的，结果每个人都拿不到奖金。真是太坑人了！

另一种分配奖金的方法所依据的是目标管理法（Management by Objectives，MBO），即将奖金与员工在个人或团队层面设定的目标挂钩。理论上讲，这种方法听起来更合理，因为你清楚地说明了团队需要做什么，而团队成员或个人如果成功完成目标，就会得到更多的报酬。然而，我看到许多公司为敲定目标管理法的具体内容而耗费了大量精力！有时，设定目标管理法需要很长时间，以至于到了目标管理法终于设定完成时，它们已经变成无关紧要甚至是错误的目标。然后，员工将专注于实现目标，而不是做正确的事情。此外，你还不得不进行艰巨的谈判，以确定到底是设定高远的目标（这当然对公司很好，但往往意味着员工可能拿不到奖金），还是设定容易实现的目标（这样人人都有奖金可拿，因而工作起来更有动力）。不管怎样，所有这些薪酬杠杆都可能成为导火索，让员工感到他们的薪酬并不公平。而且，回到丹尼尔的理论，最好的薪酬计划是那些让员工觉得自己得到了公平的薪酬，从而让他们把关注点从薪酬转向工作的计划。

你当然并不希望员工把大部分精力都耗费在能拿多少奖金上。你希望他们把关注点放在客户身上。你想要创造力。丹尼尔引用了一项研究的结果，该研究要求人们做一项需要创造性思维的简单任务。他们面临一个挑战，需要想办法把蜡烛贴在墙上，而且他们得到了一个装满推杆和其他一些奇怪物品的盒子。有两个小组同时面临这一挑战。一个小组只需要找出解决这个难题的办法，另一个小组则被告知，如果他们能解决这个问题，他们会得到一些经济补偿，比如 20 美元。正如前面所说，解决问题的最佳方法需要一些创造性的思考。大多数人在开始都试图用别针把蜡烛钉在墙上，但这种方法没有成功。经过一定的创造性思考，小组成员会注意到，盒子本身可以被用来制成一个不错的烛台，而他们可以把盒子粘在墙上。你猜怎么着？平均而言，在创造性地解决这个问题时，没有金钱激励的小组比有金钱激励的小组快了三分半的时间。

根据这项研究及其他一些研究，奖金和可变的薪酬结构实际上会抑制创造性思维，而不是促进创造性思维。我非常认同这种说法，因为这是我亲眼所见之事。在特维利奥的头几年，我们设置了管理团队奖金。当事情模棱两可的时候（这种情况在构建东西的时候基本上是常态），你很难设定目标。每年年初，我们都会就设定目标而展开激烈争论，年年如此。目标是否太难，根本无法实现？还是目标太低了？每年年底，我们又会争论年初设定的目标是否合理，是否应该拿到奖金。在有些年份，我们成功超越了目标，但董事会担心我们在一开始对他们刻意隐藏实力。在其他一些年份，我们未能实现目标，但团队认为这是因为在一开始目标就设定得不公平。不管结果如何，我们最后都支付了奖金。就是在那时，我开始觉得根本不值得把时间浪费在这上面。

　　我们的基本工资比大多数同类公司都高，基本工资是承诺的薪资，不受某些流行的管理方法或是设定的不当目标影响。此外，我们还会配发多一点的股份，以补偿员工奖金的不足，这种做法还有一个附带的好处，那就是它会将员工的注意力集中到长期目标，而非短期绩效上。我一直坚信应该向人们支付合理的报酬，让他们觉得自己的薪酬是公平的，但同时又不会因为相信薪酬是最大的激励因素而忽略了真正需要关注的重点，这一点对于要求创造性的岗位尤其重要。（我承认到对于销售岗位来说，情况是不同的。在销售行业，佣金是游戏的一部分。）

　　据说，Bunq 的创始人兼首席执行官阿里·尼克南相信，支付低于顶级水平的薪酬实际上是吸引最优秀人才的一种方式。他说："当你在 Bunq 工作时，你不是为了钱而在 Bunq 工作。你在 Bunq 工作是因为你真正相信我们所从事的事业。我们只付行业平均水平的薪资，并且坦率地告诉每个人这一点。工资不低，但也不高。就是平均水平。传统银行的薪酬高于平均水平，因为坦率地说，没有人愿意在那里工作。"阿里还表示："我认为对我和 Bunq 来说，重要的是人们不仅是为了钱而加入我们，还有其他的原因吸引了他们——因为他们是最优秀的一群人。"

我对额外福利也有同样的感觉。当然，我们为员工提供具有竞争力的医疗保健、牙科、视力、401（k）计划①和其他福利，我们在办公室也提供了一些零食和饮料。但我们不会过分到提供像三轮车、理发或一打啤酒之类的额外福利。虽然这些东西对可能加盟的候选人会很有吸引力，但我认为这会让你冒一个风险，即员工出于错误的理由而接受了这份工作。我当然更希望，优秀员工之所以加入特维利奥，是因为他们热爱工作，喜欢自己的队友，并且希望为我们的客户服务，因为这些才是持久的动力。我曾经拜访过一家硅谷的公司，他们的办公室摆放着 12 种当地酿造的啤酒。这真不错。但是，如果隔壁的公司安装了 13 个啤酒桶，会发生什么呢？

我认为，所有这些形式上的福利最多算是锦上添花之举，更有可能的情况是，它们是对自主、精通、目标等内驱力的严重干扰。

———————————

① 401（k）计划也称 401k 条款，它始于 20 世纪 80 年代初，是一种由雇员、雇主共同缴费建立起来的完全基金式的养老保险制度。——编者注

找出你的公司为什么能够吸引人才（或是为何吸引不到人才）的最好方法是……快问开发人员。我是认真的。问问你现有的人才，公司的哪些方面不错，哪些不好。问问你身边的开发人员，他们喜欢公司的哪些方面，又讨厌什么。他们考虑寻找新工作机会的频率多高，以及当他们这样想的时候有什么感受？上次他们拒绝一位招聘官时，脑子里在想什么？当你面试一位潜在员工时，问问他们希望在下一份工作中取得什么成就和学到什么。询问他们是否有雄心壮志，成为工作上的主人翁，并承诺帮助他们实现这一目标。当开发人员决定离开你的公司时，他们在离职面谈时对离开公司的动机做何解释？有时离职面谈是简单的多项选择调查，所以不要接受含糊不清且无法带来改进的回答，比如"更好的机会"。显而易见，如果新工作是一个更坏的机会，他们当然不会接受并离开了！找出他们为什么认为其他公司提供了更好的机会。单纯是因为薪酬？还是一个不称职的经理？或是更具文化色彩的东西：开发人员是否有机会脱颖而出，实现个人发展？他们是否能够做出贡献，是否能够日益精通业务、拥有自主权或目标，往往是某人决定离开公司的真正的根本原因。

第三部分

支持开发人员取得成功

读到现在，想必你已经基本了解怎样激励开发人员，以及如何在个人层面上与开发人员进行沟通并激发他们的潜能。

但是，创造一个世界级工程型企业文化的关键在于建立一个系统，使身处其中的众多开发人员、产品经理和高管人员可以一次又一次成功地构建软件。

本书最后一个部分所讨论的，正是如何构建一个合理的系统，从机制和实践方面支持大型开发团队，使他们能够专注于构建优秀的软件，提升自身技能，并为客户提供优质服务。这不是要让你过分纠缠于细节，具体的实施当然应该留给你的工程部门负责人去执行。

但重要的是，作为高层管理者和其他管理者，你必须了解打造成功创新文化所需的基本要素，因为你在其中也扮演着重要的角色。

第七章

创造一个开放的学习环境

如果你不再学习，不再倾听，
不再不停探索并不断提出新的问题，
那么你也到了该和这个世界说再见的时候了。
——莉莉安·史密斯 [1]

---

[1] 莉莉安·史密斯（Lillian Smith），19 世纪末到 20 世纪初美国旧西部时期的一位特技射击和特技马术表演者。

在大多数公司，"学习与发展"是人力资源部门的一个职能，它代指着培训（以面授培训课程居多，也有一些网络培训课程），帮助员工学习新的技能。这些课程当然也很有用，但我在这里所说的学习，是指植根于公司建设和文化当中的元素，而不仅仅是有追求的员工在工作之余自愿参加的学习活动。这是一种将"在工作中学习"发挥到极致的一种做法。其不变的目标是找到真相。这必须成为我们的北极星，指引我们前进的方向。

在第五章中，我们曾经探讨过实验。这是一种促进业务创新实现的方法，但它实际上也是一个学习的过程。"你学得越快，就能变得越好"的这种心态不仅仅是关于你需要学习的内容（例如客户的需要），还包括学会学习的方法。

这对我们来说应该是自然而然的，因为我们每个人在学校都是这么过来的。如果孩子们回答错了问题，他们并不会被学校开除，反而会得到帮助。与其说是在学校学习知识；还不如说是学会学习的方法。

每个孩子，从他们上幼儿园开始，都会经历这个学会学习的过程。然而，一旦我们毕业并进入职场，我们似乎忘记了这一切。"学会学习"的过程被抛到脑后。我们创造出刻板无情的文化，惩罚犯错误的人。这种方法可能在过去的某个时代有其作用（尽管我对此也表示怀疑），但在如今的经济环境下，这显然已经行不通了。在当今规则不断变化的世界里，企业陷入了达尔文式的生存之争。生存意味着精简、敏捷、快速，并且能不断适应变化。

作为一个领导者，你内心深处真正想要的是什么？是想让人们盲目地接受你说的话，还是想让他们自己思考，想出解决手头问题的最佳方案？在讨论或开会的那一刻，我们有时会认为，人们最好按照我们告诉他们的去做，因为我们很容易爱上与肯定自己的想法。例如，如果你是办公室里薪水最高的那一位，而且你确实想要人们听你的，人们就会这么做。但你在内心深处可能知道，为了赢得团队的胜利，你需要的是最佳答案，而不是谁的叫喊声最大或是谁的级别最高，就听谁的。你想要的是知识和真理，而不是具有政治风格的环境。你需要你的团队不断地学习，你希望未来接替你的领导者比你更好，你需要你面对客户的一线团队是最聪明的。如果你在内心深处认同我的这些信念，那么我所描述的开放的学习环境将帮助你达成这些目标。

一个开放的学习环境应具备下列特点，即：组织能够接受并不是所有问题都有答案的情况，因而能够在面对不确定时安之若素，并且每天都在努力变得更好。这意味着灵活而不是僵化，同时其所拥有的文化鼓励人们不断追求真相。

公司里从不缺乏指点江山之人。一种常见的现象是，谁的薪水最高，谁的意见往往最受重视。有时候这是一件好事，因为高层领导者可能拥有更宽广的视角和更高的智慧，团队可以、并且应该从他们身上学习。但有时候，年轻人，即那些刚刚离开校园的普通员工，反而是最贴近技术趋势、最能掌握新事物和拥有最好想法的人。

我一直很喜欢一段话，它来自《格鲁夫给经理人的第一课》（*High Output Management*）^①一书，作者是英特尔公司（Intel）传奇的首席执行官安迪·格鲁夫。那段话是这么说的：

一个人如果在大学里学习的是科技专业，那么在刚毕业的那几年里，这个年轻人会非常了解当时最新的技术趋势，而这些知识将使他在雇用他的组织中拥有一定话语权。如果工作出色，他会不断得到提升，随着时间的推移，他的职位权力会越来越大，但他对最新技术的了解会大不如前。换句话说，即使那位今天的资深经理曾经是一位杰出的工程师，他现在也已经不再是初入公司时的技术专家。至少在英特尔是这样，我们的管理人员每天都在"折旧"。

作为技术领导者，我们在职业生涯中走得越远，就越倾向于将掌握最新技术的能力置换成管理能力。面对两套都非常宝贵但迥然不同的知识体系，一边是更丰富的经验，另一边是对技术更深刻的了解，哪一方的观点更正确？

实际上，业务决策不应该依赖于任何一个人的观点。人们都拥有直觉和本能。但事实上，那只是一些想法而已，这些想法需

---

① 中译名参考中信出版社 2007 年中译本，书名直译"高产出管理"。

要加以验证。这正是你需要秉持开放心态去学习的地方，而且需要你能够快速地学习。

如果你仔细想想，大多数等级分明的公司（也就是说，大多数公司）的组织架构都大同小异：那些身居高位的人似乎知道所有问题的答案（尽管我们都知道他们并不知道），因此会由他们做出决定。这种组织架构完全不具开放性。人们充满恐惧，害怕做决定，害怕做错事，所以他们做事总是束手束脚。或者，领导者害怕给予他人任何决策能力，因为他们害怕那些人会做出错误的决定。毕竟，领导者是那些对结果负责的人，所以他们不愿意把自己的命运托付给别人。这很公平，但其结果是，没有人和别人分享问题，相反，他们只是委派任务。但我认为，要想获得理想中的结果，更好的办法是去问开发人员，而不是命令和控制。

在一个开放的环境中，你通过分享问题给予人们自主权，但这不单纯是抛出大麻烦，然后任由人们"在水中扑腾，自生自灭"。作为领导者，你仍然需要对结果负责，所以大家一起遭受灭顶之灾听上去并不是什么好事。相反，一个开放的环境可以提供护栏般的防护作用以及支持。我们，不是任由人们"在水中扑腾，自生自灭"，而是教他们游泳，并且如果他们需要的话，给他们戴上浮板。

与我们在小学时经历的学习环境相比，一个开放的学习环境有一个很大的区别：在学校里，老师们知道答案，但教学生自己求解；而在职场里，尤其是在科技前沿领域，你并不是在寻求别人已经知道的答案。企业及其员工面对的，是以前从未被人问过的问题，而他们需要找出答案。一个开放的学习环境正是找到这些难以捉摸的答案所需的环境。

开放式项目评审

自 2019 年加入特维利奥以来，我们的首席产品官周义提出了许多睿智的想法。他最重要的创新之一是被称为"开放式项目评审"（Open Project Review，OPR）的概念。

这意味着，每次周义与团队开会讨论项目时，他们欢迎任何人来做观察员。这些会议可能是有关某个工程师首次推销某个新产品创意，也可能是一个进展汇报会议，由某个开发人员团队汇报他们在一个已经启动并运行多年的项目上所取得的最新进展。

这些会议全都被列在一个公开的日程表上，任何人都可以订阅这个日程表。在会议开始前两天，与会者必须发布一份文件，介绍他们要在会议上展示的内容。参加会议的每个人都必须在会前阅读这个文件。

为了防止会议陷入混乱，只有少数主要参与者可以在会上发言，周义（作为一个软件人）将其称为"读写"权。其他人则仅有"只读"的权力，即只能观察。偶尔，拥有"只读"权的与会者可能会请求"读写"权限来提出问题或想法。但在大多数情况下，拥有"只读"权的与会者只是进行观察。所有这些会议都被录下来，人们可以稍后观看，文档也成为日后可以引用的工件。"只读"政策是开放的学习环境的一个重要组成部分，这种方式使人们在举行一次有效会议的同时，也能够让公司中的每个人都向他人学习。

我们的目标是解决"两张比萨饼团队"方法的一个缺点，即当你拥有为数众多的小型团队时（我们仅在产品方面就有 150 个团队），他们开始向上千个不同的方向前进，任何一个团队都很难知道其他团队在做什么。但有些计划需要多个小团队来贡献代码。每个团队往往又与其他团队相互依赖。所以他们需要密切地关注对方。开放式项目评审方法使团队得以快速查看其他团队的进展，并了解他们正在做的工作。

开放式项目评审会议还有一个附带好处，那就是它变成了一个课堂。拥有"读写"权限的人们能够学习，因为他们的工作得到了周义的检查，这可能会让他们感到很紧张。周义是软件方面的专家，因此他实际上有点令人望而生畏，特别是那些缺少清晰衡量标准的团队或者那些准备得不够充分的人，面对他的时候更是会惴惴不安。这些会议可能不容易过关，但这样人们才能有所学习。建设性的批评不是把人一棍子打死，而是为了帮助他们变得更好。这实际上是一种尊重，也是帮助人们学习的方式。

面向整个公司开放会议意味着有时候某个工程师会在众人面前遭到责问，这会让整个经历更不愉快，但另一方面，事先知道你的表现可能会被很多人看到，这确实也可能成为额外的激励，促使你在参加会议之前全力以赴地做准备。它还向所有拥有"只读"权的会议观察员传递了一个清晰的信息，让他们知道，轮到他们做汇报时，他们应该如何表现。这一切的最终目标是帮助每个人更快地学习。借助这种方式，拥有"读写"权限的人在会议中学习到的教训，现在也可以惠及其他与会的观察员。

另外还有一个好处，那就是开放式项目评审会议能够帮助人们承担责任。会议的决议是在公开场合、当着所有人的面做出的，而不是在秘密的会议室里私下做出的。在后者的情况，其他人只能通过小道消息间接了解这一切，因而信息可能会失真。而当公司里的每个人都确切地知道参加那次会议的人要做什么时，一旦做出决定，就不能够事后再反悔。

最后，请允许我坦率地承认，对一个组织来说，接受开放式项目评审方法是非常困难的。在特维利奥，这目前已经成了一种常规做法，但要让每个人都参与进来，需要付出大量的努力和内部沟通。如果你想要推行这一政策，那么你必须明白，你需要得到组织最高层的支持，同时这种支持必须明明白白并长期持续，这样才能带来真正的变化。

苏格拉底法

我们的开放式项目评审形式和策略源自亚马逊长期以来所采用的一种做法，称为每周业务回顾（weekly business review）。亚马逊云的掌门人安迪·杰西在亚马逊网络服务刚刚起步初期就已经开始这样做，我相信这是他们取得今天成功的一个重要原因。

所谓每周业务回顾，是每周召开、所有服务部门的总经理都需要参加的例行会议。我在亚马逊工作的时候，每次参加会议的有 10 来个人；今天，与会者人数应该已经增加到大概几百人了。在会上，安迪会检视每个团队的指标。当他发现某个指标出现偏差，例如某个指标朝着错误的方向发展时，他会停下来询问相关的团队领导者，为什么他们的指标出现偏差，以及他们正在采取什么措施来解决这个问题。

我想强调的关键是，有时候团队领导者清楚问题所在，并已经及时采取了有力的行动，显然这会让这位领导者在其他的团队领导者面前感觉良好，也很有面子。但更重要的是，在座的每一位团队领导者都见证了什么是卓越：指标发生偏离是不可避免的事，重点是负责人要能够掌控局势。

当然，也有相反的情况，即团队领导者不知道、或无法解释为什么指标偏离了轨道。那很糟糕。作为领导者，你必须清楚地了解你的业务。还有一种情况，领导者虽然清楚问题所在，但并没有强有力的计划来纠正。那也很糟糕。

安迪会花时间了解这些情况，指导这些团队领导者更好地运营其分管的业务（坦率地说，有时这种指导会非常强势）。这些会议在亚马逊云声名远扬，不仅因为你在开会前最好做足准备，所以每个团队都颇为紧张、严阵以待，也因为它就像一堂大师课，教会你如何对自己的业务承担责任。这是一种开放的学习环境，能够推动创新和成功。

这其中最困难的部分是如何达成平衡——在对打造开放的环境做出反馈的同时，又不造成恐慌。这就是"开放"可以大显身手的地方。领导者理应期待团队做出最好的表现，如果一位总经理没能做好充分准备，那么应该清楚地向其本人以及会议室中所有人表明，这是不可接受的。话虽这么说，但领导者不应该羞辱那个团队领导。羞辱他人很容易，但这样做只会导致每个人都封闭起来，不会带来任何成效。显然，更好的做法是设定卓越的期望，向那位总经理和其他人展示如何以强有力的方式支持其解决问题。

周义承认这种紧张感的存在，他经常说的一句话是："我们每天的目标就是比昨天少烂一点点。"这听起来很丧气，但实际上这是一种非常有效的表达方式，它说明："我们并不完美，但只要我们一直在学习和提高，我们就做得很好了。"

如果同一个人在下一周带着同样的问题和同样糟糕的答案出现在你面前，那么这对你而言是一个问题。这说明那个人没有学习。他们的状态和昨天一样烂。一再重复的失败当然是一个问题，需要好好进行一场个人绩效谈话。但那部分不会公开进行，而是私下进行的。

与安迪·杰西一起开的那些大型会议虽然使我们备受煎熬，但它们提供了一个很好并且是快速的学习机会。他的方法类似于研究生课程中教授们所使用的方法，尤其是法学院的教授们，他们使用这种方法已经长达一个多世纪。事实上，这种方法甚至可以追溯到公元前5世纪。因为这就是著名的苏格拉底法（Socratic Method），得名于希腊哲学家苏格拉底。

在这种教学模式下，在学生们进教室时，他们理论上应该已经读完了材料，教授会挑选出几名学生，并快速地和他们进行交锋。苏格拉底法的目的是教导学生如何批判性地思考并站起来论证自己的观点。我的法学院朋友称之为在全班同学面前遭到"连环诘问"（getting pimped）[1]。这很伤脑筋，但当着大家的面提出尖锐的问题，然后引导出正确的答案有助于大家学习。为什么苏格拉底法在 2500 年后依然被使用？在电影《力争上游》（*The Paper Chase*）[2] 中，由著名演员约翰·豪斯曼扮演的哈佛法学院教授查尔斯·金斯菲尔德解释说："我们在这里使用苏格拉底的方法。我点到你，问你一个问题，你来回答。我为什么不直接把答案告诉你呢？因为通过我的提问，你们学会了自学。"而这，正是我们公司所要寻找的。我们想教会员工如何自学。这就是学习型环境的核心。我们正在打造一种思维方式，一种分析和解决问题的方法。在处理商业问题时，苏格拉底法和处理复杂的法律案例分析同样有效。

需要强调的是，研究生院的这些课程往往臭名昭著，因为它们有时会把学生逼哭（甚至更糟）。在《力争上游》中，一位一年级新生在同伴面前被金斯菲尔德虐得体无完肤，直接冲进男厕所呕吐起来。我想说清楚的是：我绝对不主张走到那一步，但是，这种在复杂的研究生教育中所使用的方法同样也可应用到培

---

[1] pimping 一词在医学领域专指资深医师使用苏格拉底式诘问的方式来测试医学生的临床知识，通常在查房、诊所问诊时在病人面前使用，后也被用于法学院进行案例教学时对学生的连续诘问。

[2] 1973 年美国一部描写法学院学生生活的电影。

养商业领袖的过程中。这远比舒适地坐在研讨会上听讲或是看书要有效得多。

不带责罚的事后剖析

我们经常谈论在商业规划阶段如何学习做决策，但是出现了问题之后又应该怎么办？那时，问题已经发生，例如在技术型组织中，可能服务器出现了故障，或是产品出现了故障。当然，故障并不是问题出现时的唯一形式，也可能是某个并购整合进展不顺，或者是一个财务模型彻底失败，又或者是一个重要领导岗位招到了错误的人选。无论是个人，还是团队和组织，都经常犯下各式各样的错误。作为领导者的我们以及整个公司如何应对这些情况非常关键，因为它将影响员工如何对待错误，以及公司在应对问题方面是否真的会越来越好。或者，就像周义所说的那样，能否让我们每天都"少烂一点点"。

当出现问题时，我们可以去指责，也可以选择去学习。我相信，每一次失败都是一个机会，可以让我们更深刻地了解组织如何运作，以及可以从哪些方面系统地加强它，然后采取行动。因此，我们公司（以及其他许多软件公司）遵循一种被称作"不带责罚的事后剖析"（blameless postmortem）的传统。"不带责罚的事后剖析"的初衷是透过某些糟糕结果的表面现象挖掘出问题的真正根源，然后集组织之力加以解决。其工作原理如下：

我们可以设想一个常见的问题：某个软件开发人员不小心

编写了一段错误代码，这个错误"一路绿灯"地进入了生产服务器，并导致整个网站崩溃。首先，你的团队需要找出错误代码并恢复到早期版本，以便恢复服务。显然这是首要任务。但是，在完成这一任务之后，就需要花时间找出到底是什么原因导致了客户宕机。

责怪那位编写错误代码的工程师是很自然的一件事。这样做是人之常情，但它不会带来什么真正的收获。作为人类，即使是最好的工程师也会犯错，相信我，他们面对网站崩溃的结果时感觉糟透了。所以，责备他们不会得到什么，最多就是证明他们只不过是人类，并使他们更不愿意写代码而已（至少是更不愿意为你的公司写代码）。他们写出的错误代码是导致宕机的直接原因，但这不是问题的真正根源。相反，真正的根源隐藏在更深层次的组织运作方式中。所以，最重要的不是责怪某个人，而是应该找出：既然知道人不可避免会犯错误，为什么"系统"会允许这种错误存在，并影响到我们的客户？这种探究会带领你找到导致问题出现的根源，或者更有可能的情况是，找到一系列根源性问题。

要做到这一点，我们需要不停地问："为什么？"我们一般会先问一个简单的问题："为什么会出现客户宕机？"答案是显而易见的："一名工程师在生产服务器中引入了一段错误代码。"好吧，接下来你可以问："为什么生产服务器中的错误代码会导致宕机？"也许答案是软件编程的防御性不足（真正可靠的软件可能已经检测到问题，并能够以某种降级的方式维持运行）。或者，这段错误代码是任何软件（即使编程防御性十分出色的软件）都无法应对的，那么问题就变成了："为什么错误代码会出现在生产中？"一个可能的答案可能是："因为没有对问题代码进行充分的全面测试。"这将是一个很容易得出的结论，到这一步似乎已经可以停下来，并挥舞"任务完成"的大旗了，但这时候就停止探究可能为时过早。为什么？因为这仍然只是对软件开发人员一种略加掩饰的指责，其隐含意思是：如果软件开发人员（或是质量测试工程师）能够写出更好的测试程序，那么问题就可以避免了。所以你应继续追问："既然知道关键代码没有经过充分的全面测试，为什么会将它投入生产？"

现在，我们开始深入了。导致问题产生的根本原因很少是技术性的，它们往往是组织性的。我们的组织在哪些地方出了问题，从而导致个人犯错误，并使他们伤害到我们的客户和我们的业务？想象一下，假设一座核电站的控制台中央有一个很大的"熔毁"按钮。一个技术员不小心把午餐放在按钮上，接下来"砰"的一声，一切灰飞烟灭。你会责怪那个技术员吗？你更可能会问，这个按钮从一开始到底是怎么出现在这个地方的！我们的探究也是同样的道理。为什么"系统"会允许未经充分全面测试的代码投入生产？也许是因为测试基础设施太差，导致适当的测试路径很难完成，所以工程师为了赶进度而经常绕开编写好的测试。如果是这样的话，构建良好的基础设施将使正确的测试路径变得容易，使工程师能够使用经受了全面测试的代码来实现客户的特性要求。又或者，组织没有做出足够的投资来培训工程师，使他们能够编写好的测试代码，或是没有给予他们足够的教育，让他们充分认识到代码接受全面测试非常重要。最终，你会找到存在于系统内部的真正的问题根源，下一步你就可以解决它们了。

这一点很重要，因为如果你只解决了事故的表层原因，那么你所解决的，只是某个特定问题。也许通过某种严苛的机制，你可以确保特定的开发人员不会再引入错误代码，但其他工程师将一无所获。这就像去掉一个"熔毁"按钮，但在核反应堆的周围还分散着数百个类似的按钮，从而很可能会再次引发崩溃。通过找到问题真正的根源并加以解决，你不仅解决了本次遇到的问题，而且可能还避免了宕机的再次发生。如果你不断重复这个事后剖析的过程，并坚持足够长的时间，那么你将系统地建立一个越来越强大的组织。

在上面我用了一个技术方面的例子，因为在技术型组织中，"不带责罚的事后剖析"更为常见。然而，我已经看到这种方法可以成功地应用于我们业务的各个部分，其工作原理完全相同。

2010 年，一家名为优步——当时的名字叫优步打车（UberCab）——仅有 10 名员工的初创公司成了特维利奥的客户。过去这些年，他们经历了快速增长，到 2016 年我们上市时，他们已经成为我们的大客户，贡献了我们 10% 以上的收入，是我们在首次公开募股路演时重点讲述的故事。在整个 2016 年，他们在我们身上的支出继续飞速增长，年化支出达到了惊人的近6000 万美元。现在回头看，这根本不可持续，特别是他们已经开始将注意力集中在成本节约上，不再"不惜一切代价实现增长"。在优先节约成本的政策下，我们显然是一个富有吸引力的目标。2017 年初，他们表示将开始减少在我们身上的支出。在我们 2017 年第一季度的财报电话会议上，我们向投资者披露，我们高知名度的最大客户，一家一直占据我们首次公开募股招股说明书主要位置的公司，将减少在我们身上的支出。这是一个糟糕的消息。我们的股票一天之内跌去了 30% 多。我们的员工也无比震惊。现在再看，这很明显只是一个短期的小插曲，因为一家公司不会只有一个客户，到 2020 年第一季度，我们的收入增长了 400% 以上，同时我们的大客户集中度从 2016 年的 30% 降至 2019 年的 14%。尽管如此，对于我们这家初上市的公司来说，这是一个明显的失误，也是我们不想再犯第二次的错误。

于是，我让我们当时的首席财务官李·柯克帕特里克主持一次不带责罚的事后剖析。由于财务团队以前从未做过类似的回顾，我们请我们的技术基础设施主管杰森·赫达克来领导这个跨职能部门的流程（你们将在第十一章中再次遇到杰森）。这一次的开场问题不再是"为什么我们会出现客户宕机？"，而是"为什么我们会出现这次面向投资者的重大失误？"人们很容易会指责专门跟进优步的销售代表，但正如你所见，这并不是真正的问题根源。因此，通过面对问题时的答案——因为我们最大的客户计划开始减少针对我们的支出，我们向投资者披露了这一点；并经由再次提出问题使两个真正的问题根源最终浮出水面。问题产生的第一个根源在于，由于我们采用基于使用的定价模式，导致我们一小部分客户在我们的收入中占比过高，因此给我们带来了风险。我们需要更好地管理"客户集中度"，即使这意味着主动降价。更重要的是，我们发现了问题产生的另一个根源，那就是我们缺乏足够的销售人员来负责所有的客户。当时，我们只有大约 15 个配额执行销售代表，涵盖 36000 多个客户和潜在客户。正如你能想象到的，我们的销售代表根本无暇过多关注客户，哪怕是我们最大的，每年在我们身上花费超过 6000 万美元的客户。第二个真正的问题根源让我们意识到，我们需要更强的客户管理能力。从那时起，我们的销售代表从 15 人增加到了数百人，我们的收入也从 2016 年的 2.77 亿美元增长到 2019 年的 11 亿美元以上，与此同时，我们 10 个最大客户的收入贡献比率则降低了一半。

跳入深水区以学会游泳

一个开放的学习环境也是培养下一代领导者的好环境。当然，传统意义上的培训（参加研讨会或课程）自有其用处，但是真正的学习，即通过实践学习也是不可或缺的。只靠看录像和听讲座是学不会游泳的。你必须跳进游泳池里才能学会游泳。

在亚马逊，大多数项目都由某一位总经理负责。有些总经理负责重大业务，比如整个亚马逊的零售业务或亚马逊云，这两项业务的收入都高达数百亿美元。这些总经理全都精明强干，经验丰富。但亚马逊把总经理负责制发挥到了极致。在大多数公司，只有少数级别很高的总经理。他们的下属承担职能作用，总经理则对整体业绩负责。相比之下，亚马逊则在公司的各个层级都有总经理的职位。一些总经理会向其他总经理报告。一些总经理的薪酬等级为 7 级，还有一些则仅为 3 级。除了作为"单线程领导者"处理日常事务和推动各条业务线的员工保持紧迫感和专注力之外，通过设置这些低级别的总经理职位，亚马逊也为未来的领导者提供了成千上万的学习机会。

我经常想象有一个人（这个人可能是真实存在，也可能只是我虚构出来的）负责"亚马逊轮胎店"业务。（没错，亚马逊确实卖轮胎。）总之，在某个地方，可能有一个年轻人才被任命为总经理，负责经营轮胎店。这在亚马逊的总体业务中只占很小的一部分，因此，这是一个低风险的职位，可以交给年轻的领导者负责。然而，对于这位年轻的领导者来说，这是一个千载难逢的机会。我的意思是，这些刚刚从工商管理硕士（MBA）项目毕业的年轻人，被聘为曼尼摩杰汽配①或其他公司首席执行官的可能性有多大？然而亚马逊愿意冒这个险，为他们提供一个训练场。如果轮胎店经营不善（当然是指在短期内），这不失为一种很好的培训。当然，如果经营不善的情况持续很长一段时间，那么也许需要换一位新的领导人了。但是，如果你想训练你的未来领导人大军，难道还有比让他们实际执掌你的一部分业务更好的方法吗？你只需要认识到，将部分领导权和决策权放手给他们是

---

① 曼尼摩杰汽配（Pep Boys）是美国一家主营售后市场汽车服务的上市公司。

没有问题的。

我在亚马逊工作期间，有一段时间担任"简单队列服务"（Simple Queueing Service，SQS）的总经理，这实际上是亚马逊云的首个公开产品。在服务正式推出之前，简单队列服务的收入（当然）为零，即便在正式推出之后的一段时间内，这项服务每个月的收入也只有数千美元。这不是一个大数字，但如果想让它成功的话，仍然需要一个掌舵人。当然，不管它最终是成功还是失败，对亚马逊都不是什么大事，毕竟，几千美元对这么大的一家公司来说又算什么呢？同时，就算简单队列服务的规模呈爆炸式增长，它也不会成为决定亚马逊成败的核心业务。

既然如此，为什么还要费心任命我这位 27 岁的总经理来掌舵呢？实际上，那更像是一个训练场。在风险很低的情况下，我学会了如何成为一名总经理和业务负责人。如果我成功地学到了东西，我就会继续前进，并负责更大的业务。我不知道这是不是事实，但我怀疑，今天的亚马逊公司可能已经有成千上万名总经理。这就像一个很大的替补席，坐在席上的人可以接受训练，最终成为统领亚马逊未来商业创意的总经理。我相信这是亚马逊不断成功的一个重要原因。随着新创意不断涌现，亚马逊也有足够多的商业领袖可以驾驭它们。

在大多数环境中，那些在工程、销售或财务等某项职能工作中表现出色的员工会一路升迁，并最终成为某个大型业务部门的总经理。这个系统的运作基于一个假设，即某个领域（工程、销售、财务等）的能力可以转移到另一个领域，即有能力在该领域担任总经理。有时候这种假设成立，但在很多时候它往往并不成立。这种现象甚至有一个专门的术语，即彼得原理[①]。这种观点认为，人们最终会被擢升到不能胜任的高阶职位。只要认真想一想，这其实非常明显：成为某项业务的责任人需要一套独特的技能；它不仅仅是成为一个超级销售代表或超级工程师就能够胜任的。你应该训练人们去掌握这套独特的技能。

无论是在无法清楚方向的迷雾中打造成功产品，还是培养未来成功所需的领导人才，一个开放的学习环境都是至关重要的。当你把掌控权交给员工时，你实际上是在教他们如何掌控自己的工作。

在实践中学习

许多公司通过举办各种活动来帮助员工学习，例如午餐研讨会、非工作场地领导力培训课程或在线视频培训等。但我相信，最有价值的学习形式是在实践中学习，而这取决于领导者能否放手让员工掌控工作。你可以寻找一些风险较低的项目，这样接受训练的领导者即使搞砸了，也不会造成太大的危害，但他们在此过程中可以学习成为更好的领导者。还记得亚马逊轮胎店的总经

---

① 彼得原理（The Peter Principle）是美国著名管理学家劳伦斯·彼得（Laurence J. Peter）在 1969 年出版的同名著作中提出的一个原理。它是指：在组织或企业的等级制度中，人会因其某种特质或特殊技能，令他被擢升到不能胜任的高阶职位，最终变成组织的障碍物（冗员）及负资产。

理吗？期望正在接受训练的领导者能够神奇地把一切都处理得完美无缺是不现实的。出了问题也没关系。你不能创造一个人们会因犯错误而被"打入冷宫"或遭受惩罚的环境。你可以想象，下一次你再要求某个人带领大家完成一项任务时，这种环境会带来什么结果。他们肯定会记得上一个人在犯错时受到的待遇。

事实上，这些任务有时候更多是为了学习而不是为了短期产出。当我们与试图成为构建者的公司合作时，我们总是鼓励他们先从小处着手，选择一个不是关键任务的适度项目，即那些如果成功便能带来不错的回报，并且不会花很长时间完成的项目。最重要的是，在选择项目时要确保，就算你的团队失败或无法达到预期结果，也不会干扰正常运营。

有一个很好的例子，那就是塔吉特百货公司的乔什·霍伊姆和他语音工程部团队经手的一个项目。2018年秋季，塔吉特公司的人力资源部遇到了一个问题：由于南加州发生泥石流，塔吉特公司被迫关闭了一些门店，但是，门店经理没有一个很好的办法联系员工并告诉他们待在家里。这样，员工们可能冒着危险前去上班，结果却发现商店关门了。人力资源部希望向员工发送警报消息，同时人力资源部也希望能够与员工进行双向沟通，以便在紧急情况下可以核实员工的情况，确保他们是安全的。同时，员工在需要时也可以发回消息，请求帮助。显然，在沟通的时候能够即时收到信息至关重要，这意味着电子邮件在这种情况下不是一个可靠的渠道。

当时，塔吉特公司已经有了一个系统，但效果并不是很好。

在那个系统中，员工可以拨进语音信箱，然后通过点击菜单系统，收听事先录制好的商店状态消息，以确定商店是否开门。它的缺点是，员工们常常懒得打电话确认。因此，人力资源部希望能够主动通过短信向每个员工的手机发送警报。

人力资源部已经从一家商业供应商那里找到了一个软件包，并认为乔什最好购买它。但是那个软件包价格昂贵，而且并没有真正达到塔吉特的要求。乔什告诉人力资源部，更好的做法是让他的团队从头开始编写一个紧急警报应用程序。

对于乔什来说，这是一个很棒的项目，可以让他的工程师用来学习。这个项目相对较小，而且风险很低。如果乔什的开发人员没能开发出这个应用程序，塔吉特仍然可以使用原有系统作为后备。他们也仍然可以购买商业解决方案。只需几周时间即可了解塔吉特的内部工程师是否胜任这项工作。

这个项目可以为工程师们提供的学习是，该应用程序必须使用 Python① 编写，但分配做该项目的四位工程师中没有一个懂这种语言。他们也并不是真正的软件开发人员。他们的背景是管理思科、Avaya 和其他供应商制造的商业系统。这些技能过去需求量很大，但随着时间的推移变得越来越没有价值。

警报系统项目让这四位工程师有机会学习一种新语言，这将使他们在市场上更有价值。但棘手的一点是这些工程师不能先上 Python 课程来学习这种语言，然后再编写应用程序。他们会直

---

① Python 是一种广泛使用的通用编程语言。

接开始编写代码，并边干边学 Python，这显然是"在实践中学习"方法的一个经典例子。乔什说，人力资源部的人员怀疑内部工程师是否真的能够构建出一个应用程序。事实上，连工程师们自己都对此持怀疑态度！乔什回忆道："我花了好大的力气，才说服他们相信这的确是我们绝对应该做的事情。别的不说，这至少会是一个很好的实验。"

令人难以置信的是，他们最后成功了。在六个星期内，这四位 Python 新手开发人员打造出一个应用程序的工作原型。一周后，该软件在塔吉特公司遍布全美的 1800 家商店全部投入使用。那个小小的应用程序带来了巨大的改变。2019 年秋，当加州发生山火时，那个软件成了真正的救命软件，它使门店经理能够核实员工情况，并通知他们商店已经关闭，从而使员工无须再冒生命危险前去上班。同时，它也对这四位工程师的职业生涯产生了重大影响，并且如乔什所说，"给了他们编写更多代码的信心"。

塔吉特公司对培训和教育做出了巨大的承诺。每一位 IT 员工每年都要花 50 天的时间来学习，这是一个惊人的大数字！有些学习是通过读书、上课和参加研讨会来实现的，但大部分是在实践中学习。乔什自己就是在亲手建立了几个神经网络的过程中学习了人工智能知识，这些神经网络现在已经用在塔吉特公司的一些应用程序中。乔什表示："我们学到的很多东西都是因为我们敢于冒险，比如说，嘿，有没有什么方法可以让我不必押上全部身家，而是在赌注不那么大的情况试一试，看看到底会发生什么。"

孵化式训练作为招聘优势

在特维利奥，我们发现，在竞争激烈的技术人才市场上，投资于人才已经成为一种优势。特别是每年都有大批有才华、高潜力的开发人员从编程训练营（bootcamp）中脱颖而出，由于许多公司不愿意对招聘和继续培训进行投资，因此他们错过了这个丰富的人才资源库。编程训练营是一种短期培训项目（为期三个月到一年），培训处于职业中期的专业人士成为开发人员。人们之所以参加编程训练营，往往是因为他们认为编写代码是一份更有前途的职业，或者仅仅是因为这激发了他们的兴趣，使他们有意追求一份更技术性的职业。与四年制本科学习不同的是，编程训练营的毕业生会学习速成课程，并快速学习构建各种网站和应用程序所需的工作相关技能。这种训练营还有一个好处，那就是它们能够帮助弱势群体进入科技行业。

我对于编程训练营的毕业生一直颇感敬畏，因为他们克服了难以置信的困难来学习编程，不断积累职业转换的能力，他们经常需要从付薪工作中请假，以接受再培训和掌握新技能。我们在审查简历时，通常会衡量应聘者在职业生涯中所处的位置，如他们是否上过一流的学校，是否曾在知名公司工作，等等。这些只是位置的度量，但它们并未衡量一个人为了达到这些位置走了多远。我认为，假如一个候选人是家中第一个大学生，而不是像我这样父母和祖父母也都上过大学的人，那么他的成就充分说明了他的勇气和能力。这就是所谓的"走了多远"，而如果把一个候选人在生活中已经"走了多远"作为衡量其未来潜力的一项指标，那么编程训练营毕业生在我的名单上绝对排在前面。

许多公司对雇用编程训练营毕业生犹豫不决，因为他们只有3个月、6个月或12个月的编程学习经验，但这些公司很乐意大批雇用21岁的四年制大学毕业生。一些公司确实雇用了训练营的毕业生，但却把他们直接扔进深水区，指望他们能和团队中其他更有经验的工程师一起游泳。结果自然是许多人无法达到要求，并很快就被放弃了，这是一个双重损失。对公司来说，因为其无法从人才中获益，这成了一个损失，但更重要的是，这对员工而言更是损失，因为他们在新的职业生涯中的信心肯定遭受到了沉重的打击。

因此，我们创建了一个名为"孵化"（Hatch）的学徒计划，为编程训练营毕业生提供为期六个月的带薪培训，作为从学习到实践的过渡期。在前3个月，参与者将在一位负责教导和帮助他们培养技能的经理的带领下，与参加孵化的其他成员一起动手构建。他们会构建各种内部项目（这些项目的风险低于直接面向客户的产品）以及面向非盈利客户的产品。对许多人来说，这是他们第一次"真枪实弹"地编写代码，但他们学习的速度非常快，尤其是还有一位经理在旁边支持他们（那位经理的唯一职责就是帮助他们成功毕业）。

在接下来的3个月里，这些学徒将加入特维利奥的赞助产品团队。他们会作为团队中的全职工程师，但就像实习生一样，他们的经理知道他们仍在学习过程中，所以会投入时间帮助他们取得成功。经理们得到激励，对他们的成功进行投资，预算是支付这些学徒 6 个月的全额工资。学徒期结束后，经理可以选择给学徒提供一份全职工作。超过 90% 的孵化项目毕业生已经成为特维利奥的全职开发人员。我猜他们之所以能够成功，一个原因是通过加入孵化项目，他们已经自我定位为风险承担者和独立思考者，而这正是成为优秀开发人员必备的素质。

如果想衡量一个人未来能走多远，最好的标准就是看他们过去已经走了多远。我们希望那些想学习的人，以及那些在职业生涯中期转换过职业赛道的训练营毕业生们都能表现出这种意愿。这就是我们投资孵化项目和其他学习项目的初衷。

想象另一种选择

我相信我们企业文化的目标是建立一支由有能力、追求真理、决策能力强的领导人队伍。我们越能让一线团队提出正确的问题，抛开层级和头衔，找到最好的答案，我们就越有机会解决难题、为客户服务。设想一下，如果不是这样，情况将会怎样？请设想政府的情况，政府历来是大型项目、大型政斗和大型怪罪游戏的大本营。不管我们是支持小政府还是大政府，我们可能都同意，大多数政府并不以创新见长。这又是为什么呢？在政府部门，如果出了问题会发生什么？

如果政府中出了问题，涉事者不会采取快速和反复学习的方式，也不会把这当作学习的机会，而是会被拖到国会面前接受严厉的盘诘，并且全程面向全国电视直播。这会成为举世瞩目的大事件。你认为这会对组织的士气和冒险精神造成什么影响？显然，没有人愿意被拖到国会前遭受盘诘，所以人们肯定再也不会轻易出头。这就导致相关人员总是做出最安全的决策，并努力推卸责任。

我相信，大多数高管都希望自己的企业文化更像谷歌、苹果或脸书，而不是像美国联邦政府。但扪心自问：当人们犯错误时，你们是举行不加责罚的事后剖析，还是会将责任人拖到国会（在这里是高管团队）面前？你们是否鼓励人们快速学习，即使这会冒犯错的风险？你们是否提供相互学习的场所，甚至冒险让年轻的领导者掌控部分业务？我们公司也曾经犯过"把团队拖到国会面前盘诘"的错误，因为人们习惯于在出现问题时感到懊恼和质疑他人，这是人类的天性。过去，我的有些季度业务评估会议甚至被称为"调查会"（the Inquisition）。但这不是目标，而是失败。作为一名领导者，我的工作是营造一个环境，让公司的领导者们感受到持续而温和的压力，尽其所能地创出佳绩，并支持他们持续而迫切地探索自己出现问题的地方，而不是进行调查。

你的公司拥有什么样的环境？你可以通过下面的做法找到答案：询问你的领导者，如果出现客户宕机会发生什么。不是那个"尽快恢复上线"的答案，而是在那之后会发生什么？是找出某个人加以指责，还是找到一个需要改进的流程？询问你的领导者，是否可以将某些业务委派给新任总经理？如果你得到消极的回应，询问他们可能发生的最糟糕的情况是什么。如果你的某一部分业务不大并且陷入麻烦，很可能你会想结束它。但下次如果再遇到这种情况，你能否将它委派给一个专门负责的总经理，看看6个月后情况会怎么样？询问你的技术领导，他们是否愿意像周义所做的那样，公开进行项目评审。只要不会引发混乱，与更广泛的群体分享这些评审过程能有什么坏处呢？考虑询问你的团队（也许利用下一次大范围的公司调查），他们是否更看重成功的机会，而不是避免失败。这些问题可能会帮助你了解，你的文化是不是学习和求真导向型的文化。

我在本章描述的开放的学习环境旨在培训我们的领导者掌握这些技能。我们并不完美，但我们不断迭代我们的方式，逐步打造一个越来越开放以及更适合学习的环境。或者，借用周义所说的，每一天我们都"少烂一点点"。这个我完全认同。

第八章
小团队和单线程领导者

很多问题都难以自上而下地加以解决。
——梅根·史密斯，美国首席技术官

1998 年，我的朋友戴夫·查普尔（不，不是喜剧演员戴夫·查普尔）加入了刚刚起步的亚马逊，是该公司（大约）第100 名员工。他参与推出了亚马逊电商平台、亚马逊联盟伙伴平台（Amazon Associates）、亚马逊拍卖平台（Amazon Auctions）以及亚马逊的其他一些平台。他也是在 2004 年招我加入亚马逊云的人，那时，亚马逊已经发展到大约拥有 5000 名员工，而戴夫则离开亚马逊，创办了一家名为 TeachStreet 的初创公司。8 年后的 2012 年，亚马逊收购了这家初创公司，戴夫发现自己再次成为亚马逊的雇员，而那时候亚马逊的员工人数已经超过了75000 人。

　　在他 2012 年重返亚马逊后不久，我给他打电话，并问了他一个简单的问题：你认为亚马逊公司在下面三个时期有什么不同，即：拥有 100 名员工的亚马逊，拥有 5000 名员工和现在拥有 75000 名员工的亚马逊？他稍做思考，然后说："你知道，它们仍是同一家公司，有着同样的紧迫感，人们同样步履匆匆，同样充满智慧。这真是棒极了！" 1998 年，亚马逊的员工只坐满了西雅图办公室的一层楼，那里的空气中弥漫着初创公司特有的繁忙与活力。到 2012 年，办公室繁忙与活力依旧，尽管那时的亚马逊员工已经占据了分散在世界各地的上千层写字楼，但它依然像一家初创公司。想到亚马逊在扩张如此多倍的情况下依然成功地保持着自己的文化，实在令人叹为观止。

作为一名领导者，我们一直力图使团队承担的工作具有重要性和紧迫感。然而，随着公司规模变得越来越大，其节奏会变得越来越慢，人们会失去与工作的联系，办公室政治日趋严重，紧迫感也会因为缺少生存危机而不断减弱，这几乎已经成为一条不成文的规则。然而，至少按照我朋友戴夫的说法，亚马逊没有陷入这一魔咒。无论你是一家希望重现昔日敏捷作风的大公司，还是一家希望在保持优势的同时实现增长的小公司，有一个问题都值得我们思考，那就是，我们可以从戴夫所描述的亚马逊的成功扩张中学到什么？而亚马逊庞大体量的核心，是无数个由充分授权、任务驱动型领导者带领的小团队。从本质上说，它是无数个初创公司的集合。

你可以这样想：一家初创公司之所以行动迅速、勇于冒险，因为这是它生存和发展所必需的。由于规模很小，它不需要过多管理，并且沟通渠道通畅。只需创始人或是首席执行官个人，或者至多少数几个联合创始人和高管在场，就能够快速做出决策并对结果负责，这使得结果变得个人化：公司成功，个人就成功；公司失败，个人也失败。

对于大公司内部的小团队来说，情况也是如此，这就是它们至关重要的原因。亚马逊公司架构的基础是不超过 10 个人的小团队，因而它的成功证明了在扩大公司规模的同时，继续保持初创公司的紧迫性、专注力和人才素质的方法，那就是：将众多从本质上讲仍是初创公司的团队汇聚而成一家大公司。这种架构的好处很多，至少是消除了合作的复杂性。一般情况下，随着公司规模不断扩大，团队合作也越来越复杂，这意味着随着公司的发展，其内部合作的困难程度（几乎）成倍地增加。如果你在公司中遇到过这种情况，那么它绝不是你遇到的个例，而是普遍存在的问题。一个10人团队开展合作意味着需要协调45重人际关系，一个100人团队合作则会产生将近5000重人际关系，而要想使一个1000人公司实现合作，意味着你需要协调将近50万重人际关系。2012年，亚马逊已经拥有75000名员工，这意味着它可能需要28亿重人际关系才能实现合作，这意味着与它仅有100名员工的初创时期相比，合作的复杂性将增加50万倍，这真是一个令人抓狂的数字！然而事实并非如此。它给人的感觉是，它仍然像是同一家初创公司，而这无疑是建立在小型团队架构上的现代奇迹。

两张比萨饼团队的起源

在世纪之交，亚马逊还是一家快速成长的初创公司，但是其创新速度已经开始放缓。按照当时亚马逊的首席信息官里克·达泽尔（他现在是特维利奥的董事会成员）的说法，那时的代码库是乱糟糟的一大团，产品开发分属几个大部门，如浏览和搜索、订单履行和购物车。推出代码的过程越来越慢，越来越困难，因为同一套代码涉及了太多人的工作。除此之外，还有太多决策者也在不断插手每个人的工作，因为每个人的工作都紧密地相互交织在一起。正如你所想象到的，这种情况让那些努力构建自己想法的工程师和产品经理极其沮丧，而对首席执行官杰夫·贝佐斯来说，这尤其令人沮丧。

贝佐斯有一个多年的习惯，每年都会花上一个星期的时间闭关，并对业务进行深入思考。这些一年一度的"深思熟虑"让他有时间重新思考首要原则，并把这些想法写下来，这通常会形成一系列一页纸的文件，上面是他会带回给领导团队的新想法。里克回忆起在 2001 年，贝佐斯如何带着对公司创新步伐放缓的忧虑，开始了他的年度闭关思考。于是，他带着一个简单的想法回来了：如果团队被重组成像初创公司一样的规模，如果他们拥有各自的路线图并负责各自的代码，这样他们就可以快速行动，再次像一家初创公司那样行动（就像亚马逊创业之初），贝佐斯记得，那时候他们只需两张比萨饼，就能让整个团队饱餐一顿。不过，为了协同工作，他们需要构建一系列 API，以便可以彼此交互。这将使各个团队能够独立行动，团队之间的关系在技术上得以正式化。在这个一页备忘录的指引下，"两张比萨队团队"正式诞生了。里克回到他自己的团队领导那里，只用了不到一周的时间，他就把贝佐斯最初的想法变成了一个 6 页的可行计划，亚马逊很快采纳了这个计划。

一打贝果面包团队

在特维利奥，我们此前已经开始组建小团队。2012 年与戴夫·查普尔谈话后，我确信，要想在保持优势的同时扩大公司规模，这是最好的方法。

特维利奥创办之初，只有埃文、约翰和我这三位开发人员兼创始人。得益于这种超小的规模，整个业务全在我们的脑子中。在任何一天，我们都可能冒出一些新想法，编写一些代码，通过电子邮件或电话支持客户，支付账单，或者是去一趟开市客（Costco）购买办公用品。我们不断基于我们的 API 构建演示用的应用程序，因此我们知道我们的客户正在经历怎样的体验。当我们进行客户支持时，我们可以直观地了解客户想要实现什么，我们在哪些方面做得不够，以及我们需要在哪些方面继续投资。

我记得有一次，一位客户在推特上报告了一个代码错误，我在 5 分钟内就编写了修复程序，但实际上等了一天之后才部署它，因为我不想让我们看起来像一个小公司。这只是一个小小的错误修复，但我还记得有几次，我们采纳了客户的意见，在几天之内开发出一个完整的产品。其中有一个产品是我们的"子账户"系统，它使开发人员能够将他们应用的特维利奥再细分到多个不同领域，如果基于特维利奥进行构建的软件公司本身也有很多客户在使用他们的应用程序，那么这个"子账户"系统就非常有用了。我们意识到这个特性的巨大用处，于是我花了一个晚上构建完成，并在第二天部署了它。

当埃文、约翰和我需要做决定时，我们通常不用花多少时间。我们每天都在深入地与客户交谈，讨论我们软件的体系结构，以及所有部分是如何结合在一起的。我们可以很容易地设想出来，随着时间的推移，我们的决定会有怎样的结果。尽管我们每个人都有自己的专业领域（埃文主要负责基础设施领域，约翰负责核心产品服务，而我则专攻 API 接口、Web 端口和计费层），但我们都对业务足够了解，因此可以像一个人那样思考。一旦能够在脑海中纵观全局，并每天一起工作，你就能取得惊人的进步。这就是一个小团队的力量——没有中间人；你直接自己编写代码来解决客户的问题。

这就是让初创公司如此独特，又如此富有成效的魔力：管理成本极低，协调所耗费的精力可以忽略不计，人们往往拥有巨大的内在动力，因为他们离客户如此之近，因此充满了使命感。初创公司的成败取决于许多因素，但动力和速度通常不是致命的缺陷。在创业的过程中，又有谁不想拥有这样的能量呢？我还从来没有遇到过任何一位企业领袖不希望员工感受到这种内在动力和对成功的追求，然而，常规的公司架构剥夺了员工获得这种动力的基础。我们的组织架构将员工与客户割裂开来，我们的决策过程让员工感到他们无能为力，成功意味着在组织中游刃有余，而不是服务客户。几乎所有的公司在规模扩张的过程中都不同程度地陷入这种境况。

在创业早期，我们三个人每星期一的上午都会开例会，以此开启新的一周，我会在上班途中找地方停下来买上一些贝果面包①（确切地说是买 3 个贝果面包）。随着公司的发展，我们周一上午会议的参加者也越来越多，我买的贝果面包也越来越多。很快，我需要买半打贝果面包，然后是一打贝果面包，然后是两打贝果面包，再然后是三打。随着贝果面包购买数量的增长，我发现要把整个业务全都记在脑子里越来越困难（带着那么多贝果面包上班也越来越难）。更重要的是，我还注意到，我们一直以来经营公司的方式已经不再好用。人们无法看到全貌，所以他们也没有办法像我们还是一个小团队时那样直觉地理解计划。员工们开始孤军奋战。工程师们不再和客户沟通，因为那是支持团队的工作。有些人在开发我们的首个产品——特维利奥语音产品，另一些人则在开发我们的第二个产品——特维利奥短信产品，而其他一些人则在构建基础设施产品。每个人都知道自己在做什么，但并不了解全貌。我还意识到，新员工的经验与我们不同，许多新加盟的工程师没有处理支持请求的经验，我们新招聘的支持人员也不曾在特维利奥产品之上构建过应用程序来全面地了解产品。

　　随着团队壮大到约 30 个人的规模，我们所有人都越来越沮丧，不清楚为什么人们不能像埃文、约翰和我在一开始时那样纵览全局。一天，我参加了一个首席执行官会议，这个会议是我的早期投资者之一，联合广场风投公司（Union Square Ventures，

---

① 贝果（bagel）又被称为百吉饼，是一种圆形的面包，由发酵了的面团捏成圆环，在沸水煮过才放进烤箱，形成了充满嚼劲的内部和色泽深厚而松脆的外壳。

USV）的阿尔伯特·温格组织的。当我被问到公司发展情况怎么样时，我一如既往地诚实作答："实话实说，感觉糟透了，团队里没有一项工作进展顺利。"于是，联合广场风投公司的联合创始人弗雷德·威尔逊让我画出我们的组织架构图，这是我以前从未做过的事情。

我拿起一支记号笔，画出了下面这张图：

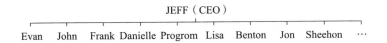

JEFF（CEO）

Evan　John　Frank Danielle Progrom Lisa　Benton　Jon　Sheehon　…

我画了好一会儿。图上是一条并列着 30 多人的大直线，所有人都向我汇报！

阿尔伯特一语中的："这是你的问题。"我以前从没想过组织架构图。我们一直在招人，新招的人和之前所有人一样，都向我汇报。一旦我们的人数超过十来个人的规模，直线型组织架构就变成了阻碍我们正常运作的根源。在我把架构图画出来后，问题变得一目了然。问题是，我们的规模已经过大，超出了团队将所做的全部工作内化的能力。因此，我计划把公司分成小规模的团队，但是应该怎么来划分团队呢？

一个显而易见的解决方案是从职能上进行划分，即把所有支持人员归为一个团队，所有工程师是一个团队，所有产品经理是一个团队，等等。但回想起埃文、约翰和我既做客户支持，又设计产品和编写代码的时光，我想找到一个办法，让整个团队在公司成长的过程中都能拥有这种体验。

首先，我们提出了一个想法，即所有员工都要做一些客户支持工作（不是作为他们的全职工作，但是足以让他们保持与客户的连接）。我们要求所有新员工在入职后的前两周内处理 50 份客户支持单，以帮助他们了解我们的客户、产品和客户服务方法。我们还开始要求所有新员工使用特维利奥来构建一个应用程序，这个要求不仅针对开发人员，而是针对每个人。很明显，使用我们的产品进行构建对销售代表和客户服务代表的工作大有帮助。但我们还要求律师、会计师、分析师（即公司的每个人）都使用特维利奥进行构建，以便他们了解我们的产品能让客户实现什么。这种做法的关键是要在我们的员工和客户之间建立更多的联系。直到今天，每一个新特维利奥人，不管职位是什么，都要学习编码的基础知识，并在我们的平台上构建应用程序。他们完成应用程序的构建后，将获得一件红色的特维利奥运动夹克——一个真正的荣誉徽章！

最重要的变化是，我们开始采用小团队的方式来构建团队架构。我们将当时 30 多人的一个大团队分为 3 个小团队，几乎每个人都只属于下面三个团队中的一个，即特维利奥语音产品（我们的现有产品）、特维利奥短信产品（我们即将推出的产品），以及特维利奥基础设施（我们的内部平台），每一个团队的规模都足够小，开会时最多买一打贝果面包就已经足够（我们坚持了特维利奥例会食物供应的传统）。

表面看来，这似乎并无出奇之处，只是当时构架公司一个显而易见的选择。但随着这些团队不断成长，我们重复了这一过程，不断将团队重新划分为小型初创团队。如果你只有两个产品和一些基础设施，拆分团队很容易。但是，多年来持续不断拆分团队比听上去要难，因为实现拆分的想法有上千种方法可以选择。

下面是我们在过去 10 年里通过这样做学到的东西，在此期间，我们已经从最初的 3 个团队扩张到现在的 150 多个研发团队。

客户、使命和指标

一个团队如果希望发展创业的内驱力，那么他们需要组织原则来阐明其目标。我通常从定义他们服务的客户开始，可能是传统意义上的外部客户，也可能是他们服务的内部客户。对于一个面向产品的团队来说，区分客户的类别或特性非常有用。例如，这个团队是为小企业做构建，那个团队是为消费者做构建。如果是针对新计划组建的团队，其定位相对而言非常清晰。但某个内部团队的定位则不一定清晰，而这实际上使得明确该团队的使命并加以记录更为重要。例如，我前面提到的特维利奥基础设施团队明确宣称：他们的"客户"是公司的其他内部开发人员。这个使命宣言有助于澄清他们每天工作的意义。如果他们需要方向，他们就会去询问自己的客户最大的问题是什么。如果客户缺席，那么谁喊得最大声，或是谁的职位最高，谁的意见就会决定人们下一步的行动。而有了客户之后，团队的工作就可以围绕客户说出来的实际问题来开展。

一旦定义了一个客户，你也就定义了一个使命。尽管公司的使命宣言很可能会变成一个营销口号，但这绝不是一种营销策略。相反，这是一个核心目标，团队上下可以就这个目标达成共识，并围绕它统一步调。对于一个基础设施团队来说，其使命可能是"为了最大限度地提高我们的工程师在构建、测试、发布和操作高质量互联网规模产品方面的生产力。"使命宣言应该简单明了，方便记忆和朗朗上口，并且要避免使用行话，这样团队成员才会真正相信它。

最后，为了衡量这个使命的进展，并了解团队是否真的正在全心全意为客户提供服务，还需要为团队设置衡量成功的指标。许多公司都会考虑目标设定，如通过目标管理（MBO）系统或目标和关键成果（OKR）系统。不管它们被称为什么，我相信这些目标都应该是相对长期的衡量指标，表明人们完成既定使命的进展，而不是每季度一改的短期目标。例如，在特维利奥基础设施团队组建后，我们的构建系统（将代码打包以部署到服务器）问题重重。构建和部署我们的软件可能需要半天时间，而一半的构建会因未知原因失败。它严重影响了开发人员的生产效率。因此，基础设施团队提出了"从代码签入到部署的时间"的衡量指标。从短期来看，很明显他们有一些修复工作要完成，但从长期来看，这是一个明确的衡量标准，使基础设施团队可以影响工程生产效率。请注意，这个衡量指标不是说"修复构建系统"或"将错误从 50% 减少到 5%"，后者代表的是短期项目，而不是推动任务实现的长期衡量标准。

对于面向客户的产品团队来说，这些相对简单。例如特维利奥短信产品团队知道，他们的客户是其他软件开发人员以及他们所属的公司。因此，他们的使命是成为"全球领先，并受全球开发人员和企业信赖的全渠道信息传递 API"，衡量他们成功与否的主要指标包括收入、客户数量、API 正常运行时间和延迟时间，以及客户净推荐值得分（net promoter score，NPS）。

拥有强大的客户、明确的使命和衡量成功的指标后，团队就做好了在内在动力驱动下开始执行的准备。这三大要素并不是由高管们坐在董事会上发明的，而是由团队自己创造的。这有助于让它们和团队的每个人息息相关。

小团队还有另一个好处，那就是没有人可以隐身。如果你只是一台大机器上的一个小齿轮，或者是一个几十人，甚至几百人的项目团队中的普通一员，你很容易觉得自己的贡献无关紧要，这对士气不利，也不能充分发挥每个员工的技能和才干。这还使得一个低绩效的人比较容易滥竽充数，或是让一些已经无心工作的人舒舒服服地混日子。但在一个 5 到 10 人的小团队中，这两种情况都不可能发生，因为每个人在团队中都承担着重要角色，那些没有全力以赴的人很难待得下去（相信我，在小团队中，每个人表现如何，大家都一目了然）。因此，明确客户、使命和指标是小团队的基础。

有丝分裂

随着业务增长，你的团队也会不断壮大。那么，在扩大业务规模的同时，如何保持规模较小的团队？如果你启动了一个全新的计划，或者产品与团队的比例为1：1，答案很简单：组建一个小团队来解决这个新问题。但假如你有一个产品不断成长，导致团队规模也不断增大，你应该怎么做？例如，我们的特维利奥短信产品团队在2010年启动时只是一个小型团队，但现在已经拥有数百名工程师。我们是如何将其拆分成多人小团队的呢？答案是：进行有丝分裂。

针对一个起步时规模很小的团队（例如只有5个人），随着团队不断壮大，人数接近超过10个人的两位数时，我们开始计划如何将其迅速拆分成两个团队。最大的问题是人员如何划分，而具体的做法要取决于具体情况，有时是根据产品的功能，有时是按功能层，有时则是按照服务的客户进一步划分，但是最重要的是，你需要将客户、使命、指标和代码库与团队捆绑在一起。最后一个要素，即代码库是最困难的部分，因为你必须提前计划。很可能你的系统是作为一个大型代码库构建的，为了拆分团队，你必须将系统重构为两个团队可以独立拥有的代码库。这需要时间；你通常需要提前至少6个月计划团队的"分裂"。但是一个好处是，这使得你必须不断地投资于你的代码库，将其重构成微服务，并在这个过程中修复之前的问题。这就好比进行定期的换季大扫除，当团队和产品快速成长时，这是一种良好的规范整理，能使你的代码库与团队保持一致，从而相应地与客户需求保持一致。

举个我们公司自己的例子：特维利奥语音产品一开始只有一个团队。但是，当团队人数达到15人时，我们知道队伍已经过大，到了该进行拆分的时候。这个产品主要分为两大块：一块是与世界各地电话网络的连接，另一块则是位于这些连接之上的API，这些API使客户可以构建动态交互，比如语音播放文字、回放音频以及组织电话会议等等。在连接层面，客户最关心的是全球范围的连接性和成本效益；在API层面，客户关心的是一些特性，比如可以扩展到数百人的会议桥，或者更自然的文本语音转换。这是将产品团队一分为二的自然方式。我们将两个团队分别称为语音连接和可编程语音。为了实现这种拆分，我们不得不将特维利奥语音产品的代码按照这两个部分进行拆分，而这样做最终使我们能够更快地搭载和测试新的运营商，并更快地扩展我们在世界各地的数据中心。此外，我们特性开发的速度也加快了，因为团队不再需要考虑运营商互联问题。同时，由于有一个专门的团队关注客户的语音连接需求，他们意识到连接本身也可以成为一个独立的产品。2014年，该团队发布了他们的新产品，特维利奥弹性SIP中继（Elastic SIP Trunking）——一种基于SIP协议的IP连接，这个产品现在独立于我们的可编程语音产品，为超过6000个客户提供服务。因此，团队的"分裂"不仅迫使我们重新思考如何保持一个健康的架构，还使我们的团队能够独立地关注各自的客户需求，甚至为公司带来新的收入流。

单线程领导和简化决策

毫无疑问，要成功扩展小型团队模式，最后、可能也是最重要的一个要素就是领导力。如果你希望保持小规模的团队，其成员专注于某一项任务，有权做出重要的决定，并致力于快速为客户服务，那么领导者是至关重要的。我们称这些领导者为"单线程"领导者，因为他们每天早上醒来时脑子里只有一件事，即他们的团队如何取得成功。（线程是计算机程序中的执行单元，多线程程序一次执行大量任务，而单线程程序则只专注于一个任务）。这似乎没什么奥秘可言，但大多数公司架构都无法支持做到这一点。最常见的架构是由公司高层管理人员，可能是一位副总裁，负责听取所有产品和工程的汇报。这位高管最终做出关键决策，指挥一线团队的工作，然后一线团队必须将这些目标"分解"到他们的计划之中。管理一个小团队的另一种常见方法是实行"双重"领导制，通常是由一个产品经理和一个工程经理共同领导。这种做法很普遍。例如，谷歌就是这样运作的。然而，在这种情况下，具体的责任人并不清晰，没有人能打破这种制衡来推动进展。一家初创公司可能有多位创始人和团队成员，但一定只有一位首席执行官来对业务最终负责。

很多公司都在谈论赋权，但最终都由于过分强调规避风险而无法给予领导者足够的自由。高管们过于担心自己的业绩，以至于不能向他们的下属真正放权。我们大谈赋权，但随后却对我们的团队充满猜疑。作为一个领导者，你可能会问：我如何才能给小团队赋权，将我自己的命运交付到他们的手中，并相信他们能够成功地履行使命？看到团队正在做出错误的决定，我又怎么能够不出手干预呢？我怎样才能退后一步，放手让团队工作而不是事无巨细地加以指导?

我们在特维利奥也遇到了同样的问题,当时我们雇用了一批工程和产品领域的副总裁,而他们要么过多介入团队工作,推翻了他们团队的决定,并在实质上剥夺了团队的自主权,要么正好相反,对问题坐视不管。因为,你可以看到,他们的团队被赋予了权利,想做什么都可以。显然,这两者都不是理想的情况。

我指导他们的方式非常简单,我告诉他们:"你瞧,我是公司的首席执行官,而我们是一家上市公司,所以我要对董事会和投资者负责。"如果我们某个季度业绩亮眼,我会和董事会以及投资者分享这个好消息,如果我们某个季度表现欠佳,我不会对他们说:"好吧,有一个产品总监做了一个错误的决定,你们应该去找他谈谈。"显然,公司发布的业绩不论好坏,都是我的责任。所以我要对我们的业绩负责,而我获得良好业绩的方法是雇用并赋权单线程的领导者,领导众多在业务一线冲锋陷阵的小团队。你能做的最好的事情就是训练人们倾听客户的意见并做出正确的决定。我相信这就是我实现目标的方法,但是,我肯定需要对结果承担责任。

也许团队会做出一些不太理想的决定,但你一定要权衡利弊,看看是推翻这些决定以及推翻你对你的领导者的信任成本更高,还是让这些决定继续推进的成本更高。如果这个决定会让公司破产,或者对客户造成持久的伤害,那么显然你应该介入。问题是,很多时候,领导者会介入一些无碍大局的决定,即所谓"抓小放大"(bikeshedding)。

"抓小放大"是高管和经理偶尔会做出的行为，它会让团队不胜其烦。这个术语实在是太精准了。你可以设想下面的场景：假设你是某个政府委员会的一员，这个委员会负责建造一个核反应堆。工程师们来到委员会征求意见，以决定建造哪种类型的反应堆，是压水反应堆、沸水反应堆还是轻水石墨反应堆。他们可能会向委员会提供专家意见和建议。因为你不是核反应堆设计专家，你可能不会深入探究细节，而是会接受专家工程师的建议。然而，如果他们问你应该把核反应堆外的车棚刷成什么颜色，一场大讨论就会接踵而至，每个委员会成员都试图凸显自己的价值并发表意见。因此，"抓小放大"实际上代表了一种趋势，即非专业人士在不重要的细节问题上耗费大量精力，因为他们缺乏做出最重要决定所需的背景知识。

话虽如此，团队领导者希望受到上级的委托也是一种非常自然的行为。这是检验其决定是否正确的明智做法，对于难以做出的重大决定，你的老板最后拍板通常更容易。但是这样做是一种逃避责任，不利于建立一个充分赋权团队领导者的文化。作为一个公司领导，我倾向于提出更多的问题，而不是直接给出答案。我的目标是让单线程领导者负责，但帮助他们应对自己遇到的问题。我并非完人，我也经常一步踏入陷阱：在听到请求后往往直接拍板，但我的目标是帮助团队领导者澄清他们自己的决策。

如果没有被充分赋权的单线程领导者，公司最终会建立其他在我看来效率较低的决策框架。也许你听说过 RAPID 决策框架，这是一个可以帮助组织理解"谁拥有决策权"的系统，这样的系统还有许多。RAPID 系统由贝恩公司（Bain）创建，是一个澄清决策责任的工具，它可以确定决策过程中的 5 个关键角色，即：推荐（recommend）、同意（agree）、执行（perform）、输入（input）和决定（decide）。

在特维利奥，我们曾在公司的一些部门中实验过 RAPID 决策框架，但我们意识到，一旦部门中存在另一个沉默的角色，即否决——V（veto），决策效率就会崩溃。你可以顺畅地走完 RAPID 的决策全过程，但是如果总是有那么一个经理可以否决整件事，那么理论上拥有决定权的人实际上并没有权力。这与赋权单线程领导者恰好相反。你口头上说他们有权做出决定，但如果你不断猜疑，或者更糟糕的是，否决这些决定，那么你实际上只是在名义上而非在实际上给予了他们代理权。他们会害怕做决定，并且会把大部分决定权委托给你。我认为这是对内驱力的巨大破坏。

那么，解决办法是什么呢？那就是要让人们觉得自己被赋权并且充分"知情"，这取决于他们与决策者关系的密切程度，具体可以分为下面几类情况：

第一，如果你是决策者本人，你拥有完全的自主权。

第二，如果决定权在你的经理手中，你可能了解他们做决定的过程，他们会当面告知你有关决定，你可能会同意这些决定。

第三，如果你某个身在远方，并且你不熟悉或根本不认识的人做出了影响你的决定，你就会采取受害者的心态。你认为这些决定是强加在你身上的，没人征求你的意见。你会开始相信自己只是整个过程的一个被动接受者，而不是一个被赋权和得到信任的参与者。

所以，小团队及其单线程领导者有助于最大限度地减少下列情况的发生，即人们认为自己处于第三种位置，面对他们并不认同的决定无能为力，只是一个受害者。

更好合作的谬论

在不断拆分出越来越多自主运作的小团队的过程中，你很快就会遇到一个问题，那就是如何协调他们的工作。很多领导者都会感叹，拥有的团队越多，团队的自主性越强，他们进行合作的可能性就越小。事实上，每当一家公司的业务发展不顺利，领导者们通常都会高呼"我们需要更好的合作"，以此作为解决问题的答案。虽然这么说听起来不错，但只是高呼口号，呼吁人们更好地管理与其他人和其他团队千头万绪的关系并不现实。公司的整个系统和敏捷性都会在重压下崩溃。毫不奇怪的，最终结果将是各种会议层出不穷，大多数员工不再全力以赴。

这就是我所说的"更好合作的谬论"。小团队有可能需要更少的合作，因为像初创公司一样，他们理想的情况是把时间和注意力集中在客户和他们周围执行任务的少数人身上。但是当然，团队必须相互沟通，才能完成任何有意义的工作。

因此，有一点非常重要，那就是要将团队之间的关系通过

"服务合同"加以正式化。设想每个团队都是一个真正独立的初创公司，如果你和他们做生意，他们的产品定义明确，定价清晰易懂。设想另一个团队拥有自己的网站，上面有其产品的详尽描述，如果你需要他们的某些产品，可以使用"联系我们"或"开始使用"按钮。在与不同的公司打交道时，这些正式的合同是必要的：产品必须定义明确，价格必须事先协商清楚。但在公司内部，一切都是松散的。如果每个团队都向其他团队正式地说明"这就是我们所做的"，以及"请这样与我们互动"，那么协调成本将大大降低。采用这种方式，此类互动可以标准化，因而成为一个易于理解和可扩展的过程。你甚至可以给每项服务贴上一个"价签"，以便进行内部会计和资源规划。

在技术团队中，这些界面的形式通常是 API 和高质量的技术文档。当可编程语音团队需要拨打世界上某个地方的电话时，他们会向语音连接层发出 API 请求以发起电话呼叫。团队之间定义明确的服务合同提供了一种稳定、可预测和记录在案的团队间交互方式，甚至可以对基础服务进行计费。同时这种做法不只适用于技术团队。你也可以在其他部门采用类似的组织原则。例如，你的法务团队可能会花费大量时间与你的销售团队合作来协商客户合同，但是否有明确的"API"来说明如何与他们合作？新的合同如何提交？如何跟踪进度？聘请内部律师的"成本"是多少，是否已计入销售成本？设想一下，假如一个法务团队能够提供一个自助服务平台，销售人员可以登录并从那上面下载预先审批过的模板文件，无须再去麻烦法务部的律师。那将是一个多棒的产品啊！许多销售人员一定会喜欢这个，因为这既可以让他们更快地达成交易，又可以不必再与法务团队进行过多的"合作"。

再举一个颇具创造性的例子：几年前，我们办公室里突然出现了一台自动售货机，里面装满了键盘、鼠标、笔记本电脑的电源适配器等等。要拿到所需办公设备，你无须支付现金，只需要扫描自己的工牌即可（出于会计和节俭目的进行追踪）。这是我们的 IT 团队与员工建立新的服务合同的一种方式。他们不再让无数员工每天走到 IT 服务台去求助，而是制作了一个定义良好的界面（自动售货机），一个清晰的过程（刷工牌，你需要的鼠标就会从出货口掉出来），甚至每个设备还有标价。这是不同团队之间交互的新方法，它提供了团队间合作的一个标准接口。

遵循上面的逻辑，你会发现，团队甚至既可以选择内部团队提供的"产品"，也可以选择外部供应商。这些外部供应商也许能以更优惠的价格提供相同服务，也许能提供更好的功能或更好的服务。一旦每个团队都建立起出色的交互界面，团队就可以挑选最好的工具来完成自己的工作，同时这也会迫使所有团队都不断提升自己的产品和服务，以"赢得"内部客户业务。团队如果选择外部供应商，则需要满足某些条件，例如满足安全性或可靠性的最低阈值。但假设这种情况真的会发生，它将使每个团队都拥有更大的自主权来服务其客户。这就是为什么在团队交互界面中包含财务因素十分重要。如果没有内部定价，内部产品和服务表面上看是"免费"的，但实际上它们当然也是有成本的。如果你希望一个小团队像一个初创公司一样运作，那么把"收入"作为衡量成功的标准相当简单明了。否则，一个团队的产品和服务被更多团队所需要，对其而言只是意味着更多的工作，而不是成功。

这实际上就是让每个团队都把自己的产出视作一种产品，像为公司的外部客户提供服务一样服务于内部客户的需要。如果你是一个公司的法务团队，你的产品就是完成法律合同，在保护公司的前提下促使公司茁壮成长，你的客户是你的销售团队和最终买家。如果你能设计一种方法来为这些客户服务，并快速迭代，从而不断提升服务质量，那么这就是一种软件或产品型思维模式，而不是简单地投入更多人力来解决问题，因为很显然，投入人力越多，情况就会越复杂（请回想一下我们前面所说的理论，人员增加将导致复杂性呈指数级增长）。

我坚信，更好的合作并不是目标；更少的合作才是目标所在。伟大的公司不会说："我需要更好的客户支持。"他们会说："我们应该努力降低客户寻求客户支持的需要。"同样，伟大的公司通过使团队之间的互动实现标准化或生产化，借此减少团队和个人的合作需要。这使得团队可以花更多的时间进行创新，而不是把时间浪费在内部协调会议上。做到这一点的关键是将公司的其他部门视为客户而非合作方。

STRIPE ATLAS：打造一心一意的团队

还记得我在第四章中说起过的"Patio 11"吗？对于打造成

功的小团队，他有一个很好的类比，即：打造一个由所有必要功能组成的单一大脑。他认为，以这种方式创建团队有助于避免许多公司面临的一个主要问题（尽管这也是一种标准做法），那就是将开发人员孤立于业务流程之外。他指出："这在很多方面都是一个组织设计问题。典型情况下，公司会说，'好吧，我们在这儿有一个业务部门，在公司里还有一个工程团队，他们之间有一个沟通界面。'"他怀疑，所谓"沟通界面"，就是指产品需求文档（PRD）、看板①工作法，或者其他不加沟通直接把工作扔过来的系统。事实上，这常常会导致团队间产生一种敌对的关系，因为就在软件人员排好自己的时间表并开始工作后，经常会发生的情况是：需求发生了变化。于是，各种指责开始横飞。用 Patio11 的话来说，"一直努力工作的软件开发人员会说，'你们单方面改变了游戏规则，我不得不舍弃已经完成的工作从头再来，现在我计划完成的工作已经落后进度了。业务部门那些一窍不通的蠢货完全不知道软件是怎么写出来的！'而业务部门的人员则会说，'天哪，那些一窍不通的愚蠢的开发人员向我们保证，系统将在 3 月前完成。现在已经是 2 月，但我们离完成系统还差得很远。'"

一言以蔽之，他总结道："开发人员来自火星，需求分析人员来自金星，这一对永远也不会相遇。"任何一家公司，只要决

---

① 看板（Kanban）一词来自日文，本义是可视化卡片，指一套可视化的工作流及任务管理系统和方法。它最早由日本的丰田公司于 20 世纪 40 年代采用，并被用于汽车制造业。

定将构建产品的人员归入一个独立团队，给予其独立的激励，并将其与那些了解客户需求的人员分割开来，势必会面临这种对立的结构及其所导致的可想而知的结果。

然而，这一切本可以避免，这正是小型跨职能团队可以大展身手的地方。

Patio11 目前所在的公司 Stripe 一直擅长将开发人员和商业人员放在同一个团队中，共同构建项目。但在组建 Atlas 开发团队的过程中，他们在职能组合方面更进一步。Atlas 是一款令企业家只需点击几下鼠标，就可以创建一家特拉华州离岸公司的产品。在这个项目中，他们不仅将开发人员和业务人员集中到同一个团队中，还在团队中增加了客户服务、法务和营销人员。不仅如此，所有团队成员还全部坐在一起办公。

仅就效率而言，这种做法就带来了巨大的好处。Patio11 只提到了一个成果，他说："Atlas 的法律顾问坐在工程团队的旁边。法律规定会对这款产品造成极大的影响。如果有人在上午 11 点提出这样一个问题，'我不确定我写在屏幕上的这段文字是否合适。'他们可以直接转头问旁边的律师，'嘿，麻烦看一眼行吗？有个法律方面的小问题请教你。这段内容我想如此这般地说，从法律角度看这么说可以吗？'律师会回答说，'好吧，你先退到一边，给我 1 分钟让我看看。我们为什么要这么说呢？我们能换一种表述方式吗？'"然后，他们会花 5 分钟讨论，并想出最佳的表述方法。

这与通常呈现的过程形成鲜明对比。通常情况下，开发人员会埋头工作大约 12 周，然后项目才得到审查。到那时候，"你根本无法再改变已经出现在众多页面上的想当然的内容以及它们之间的逻辑流，"Patio11 解释说，"你已经被禁锢在其中，你所能做的，只是试图调整语言表述，设法解决对法律环境理解不足的问题。"这就是为什么让不同职能的人员集中在一个团队中，消除他们在物理空间和组织架构上的距离，是一个如此强大的工具。它可以帮助你在过程的早期就发现错误的假设和错误的决定。

这样做还能提高士气。在 Stripe 的 Atlas 团队中，每个人首先都认为自己是团队的一员，而不是职能部门的一员。他们不会自我介绍说，"我叫苏珊。我在用户操作（User Ops）团队工作，现在我被分配到 Atlas 项目"，而是会说，"我叫苏珊，我在 Atlas 团队负责用户操作工作"。（用户操作是 Stripe 的术语，指客户支持。）简而言之，对于苏珊而言，她所属的不是 Stripe 公司，也不是用户操作团队，而是 Atlas 团队。用户操作（客户支持）是一个很好的例子，因为公司经常会人为地拉大一线客户服务代表和产品构建团队之间的距离。这就造成了人们认为自己只是机器上一颗小齿轮的情况。Patio11 指出："人们会觉得，'我在这里的工作没什么附加价值。'一段时间后，他们会感到厌倦，因而这一类职位的离职率通常相当高。"

Atlas 团队的情况则正好相反。人们觉得与 Atlas 的联系如此紧密，以至于有些人拒绝了工作调动，甚至包括有职业发展机会的调动，因为他们想留在自己所属的团队。更好的是，他们还感到与客户有着紧密的联系，因而正如 Patio11 所说，创造了一个"可能是我加入过的最好的团队"的反馈循环。

Atlas 团队模式带来的成果，即紧密的反馈循环和跨越职能部门的主人翁责任感意味着他们的工程师能够提供客户想要的东西，而且能够以很快的速度做到这一点。这里还有一个例子。在最初，推出 Atlas 服务的目的仅仅是为了帮助创业者成立公司，通常是在特拉华州。这种服务当然很好，但你应该能够想象得到，成功建立一家公司只是第一步，在创业的过程中，企业家们还需要与多个政府部门打交道，并应付各种错综复杂的局面。因此，Atlas 的客户在与政府官僚机构打交道的过程中，当他们遇到困难时（这几乎肯定会分散他们的精力），他们再度转向 Atlas 寻求帮助。

2017 年 11 月，大约是 Atlas 发布一年后，在一次定期的团队会议上，用户操作团队提出了一个问题：为什么他们突然从客户那里收到大量关于"税"的问题。Patio11 对此很感兴趣，并追问客户询问的是哪种税，这个问题很自然，因为公司要缴纳销售税、所得税、工资税等各式各样的税费，而用户操作代表回答说，"那是一种叫作特许经营税的东西。"

作为一名经验丰富的连续创业者，Patio11 立即回忆起每年计算和支付特拉华州特许经营税给他带来的痛苦，这是每家公司每年都必须提交的一种税。怪不得他们从客户那里得到了一大堆问题，因为当时又到了特拉华州特许经营税委员会（Delaware Francision Tax Board，令人闻风丧胆的 FTB）发出年初提醒的时候，他们提醒的对象是那些根据记录有欠税行为的公司（有些还是数额巨大的税款，虽然往往是根据错误的计算）。因此，客户转向 Atlas 寻求帮助，因为是 Atlas 帮助他们成立了公司，并承诺会帮助他们处理所有的复杂问题。

团队首先快速开发出一个应急方案来帮助客户，从而使他们不必写信求助。"我们在概要面板（dashboard）上构建了一个东西，用来帮助人们支付特拉华州特许经营税，但人们必须遵循特拉华州的官方指示进行计算，这对于许多互联网企业家来说并非一件易事。"

不难想象，一个颇具诱惑力的想法是为客户解决这个新问题，即实际上替他们报税，免去他们在令人眼花缭乱的特拉华州政府官网摸索的麻烦。开始听到这个提议时，房间里的工程师们本能地回答说："报税超出了服务范围。"不过，作为团队领导的 Patio11 提出了他的见解：这提供了一个绝佳的机会。如果 100 万家公司每年花 2 个小时计算如何申报特拉华州的特许经营税，而 Atlas 团队可以花几个星期的时间在软件中进行构建，那么他们每年将为企业节省数百万小时的工作时间，并从根本上提高人工效率。

Patio11 本人曾经多次申报过特许经营税，他在这方面很有经验，因此他可以描述为客户简化流程所需的软件应该是什么样的。但他们面临一个问题。半自动地为客户填写表格可能遇到麻烦。计算税款有两种方法，方法 A 和方法 B。基本上，初创公司全都应该使用方法 B。Atlas 开发人员想知道他们是否可以直接告诉客户使用方法 B，但团队中的律师认为这样太接近于提供法律建议。工程师们提出了一个折中方案，软件自动默认客户使用方法 B，但同时提示客户，如果律师建议他们使用方法 A，他们应该直接与特拉华州政府联系。这个方案通过了法务团队的审查。

就这样，他们发现了一个原本没有预料到的客户需求，同时尽管这在法律上并不简单，他们仍然成功地开发出了一个解决方案，既为客户节省了大量时间，又得到了法务团队对构建它的签字同意。你可以想象，如果法务人员不在团队里，或是不在同一间办公室里，他们一定会收到一个更坚决的否定回答："不行，你在想什么？我们不能给我们的客户提供法律建议。"如果是这样，他们又该如何回应？现在的情况是，法务人员理解问题所在，并且和开发人员共同踏上解决问题的旅程。于是，团队可以开始构建这个软件，并且拥有充足的时间，可以在即将到来的报税季推出产品。工程师们迅速开发出报税功能，并在下一个版本的 Atlas 中发布，及时赶上了报税季。程序会向客户发送消息，提醒他们按时纳税，并帮助他们计算出需要缴纳多少税款。一个过去需要两到三个小时的过程现在只需不到一分钟即可完成。"我们创造了良好的体验，"Patio11 表示，"而这一切的实现全都有赖于用户操作人员告诉我们，'还有 6 个月就要报税，人们已经在问我们该怎么办了'，如果没有他们，这一切都不会发生。"

如果 Atlas 团队的工程师与其他人隔离开来，这种情况就不会发生。这正是得益于整个团队都坐在一起，所有人都参与了每个决策。工程师不是关起门来开自己的工程会议，然后营销人员开自己的营销会议，客户服务人员开客户服务会议，法务人员开自己的法律团队会议。Atlas 团队开会时，每个人都会参加。因此，每个人都与客户保持密切联系，并可以为他们提供需要的服务。所有人都一心一意，共同为客户服务。

当团队中的每个成员都对客户负责，有着为客户服务的深刻使命感时，团队才会尽其所能。小团队使得这种联系和目标得以实现，其使命感来自团队内部，驱动力来自和客户及客户亟须解决问题的紧密联系，而不是来自高管。

你需要做的是，让团队的每个成员以及团队作为一个整体都相信他们所做的事情是重要的。这种内在的驱动力并不是来自鼓舞人心的演讲或丰厚的薪水，而是源于认定自己的工作对人类同胞的生活会产生真正的影响。

在大多数公司中，指令沿着组织结构图自上而下流动。但是在特维利奥、Stripe 和其他许多信奉小团队架构的公司，情况恰恰相反。人们（通常是投资者）经常问我，为什么我们要给小团队如此大的自主权，让他们全权负责其优先事项和发展路线图。我的回答是："谁是最懂得如何为客户提供服务的人？我现在坐在这里与投资者交谈，而我的团队正忙于与客户交谈。你认为谁更了解我们今天需要为客户做些什么？"

我认为，小型、跨职能团队和单线程领导的最大意义在于，这使得团队与客户保持紧密的联系，对其决策负责，并知道其工作可以直接转化为进展。为了了解团队的感受，你可以询问他人决策是如何做出的。例如，询问开发人员近期的某些决策是由谁做出的，以及他们是否参与了决策。在决策做出之后，即使有人不同意，他们是否仍会对此有承诺并作为一个团队共同前进？你可以问问他们，在做决策时是否更多地考虑客户需求，而不是在组织中的地位。要了解团队是否对进度负责，可以询问他们使用什么衡量标准，以及他们是否觉得能够合理地控制进度。询问团队之外有多少人可以决定他们能做或是不能做什么。最终，你会清晰地感受到团队的责任感和内在动力如何。询问你的团队领导者，如果他们在某项任务中成功或是失败，他们是否觉得这基本上是在他们的控制范围之内？如果不是，你就需要考虑如何重新组织你的团队，以便使每个人都感到他们能够对决策和结果负责。否则，人们将很快变得不再全心投入。

第九章
穿上客户的鞋子

人们会忘记你说过的话，忘记你做过的事，
但他们永远不会忘记你带给他们的感受。
——玛雅·安杰卢

在以小团队为基础搭建公司的组织架构，并用客户、使命和成功指标来对其加以界定之后，这些小团队就应该开足马力，服务于你的客户了。但这一切到底是如何实现的呢？几乎每家公司都声称自己"以客户为本"或"以客户为中心"，但为什么在实践中，作为客户的我们很少感到自己是"根本"或是"中心"？事实证明，"以客户为中心"是一句主观的口号，非常难以落地。即便某家公司未能全力以赴地为客户提供服务，在大多数情况下，他们也并不是有意这样做的。几乎没有员工会在早上醒来告诉自己："我简直等不及要去把客户惹毛了！"一般情况下，在面试和人才评估过程中，你很快就能发现并排除这类不擅交往、没有人情味的人。在绝大多数情况下，问题之所以出现，是由于领导层没能明确地规范，怎样做才算是"以客户为中心"，并建立机制来强化这种规范。你必须为口号增添实质性内容，因为实实在在地做到为客户服务远比空喊几句口号困难得多。

每个领导者都乐于觉得他们的公司已经"深谙此道"，他们的团队不会犯得罪客户这样愚蠢的错误。然而，随着公司的发展，我们构建了如此复杂的组织架构和层级，以至于作为领导者，我们常常已经无法了解客户的真实体验。当然，我们可以借助净推荐值（NPS）这样的调查来发现，我们长久以来的行为对客户造成了什么影响。但老实说，花时间参与调查的客户大多数都是我们的铁杆客户，他们并不能代表典型的客户。同时，调查结果还受到客户最后一次与我们互动的强烈影响，不管那次互动是好是坏。总之，这些调查只能告诉我们客户在某个时点上的感受，但它们不能真正揭示我们是否已经创建了理想中的组织，能够内化并优先解决客户问题，而不是受制于办公室政治和组织架构图。作为高管和经理，我们了解公司客户服务质量的主要窗口是通过领英（LinkedIn）、推特和电子邮件系统收到的众多客户邮件和消息，这实在是一种可悲的现象。

顾名思义，以客户为中心就是要创建一个不断自我修正的组织，让客户成为我们决策的中心。就像一个能够抵御离心力的陀螺仪一样，一个以客户为中心的组织也应该能够抵御那些会降低客户优先级的力量。不过，真正做到这一点极其困难，而这正是我们可以从大师那里学习的地方。

我有一个偶像，那就是纽约联合广场餐饮集团（Union Square Hospitality Group）的首席执行官丹尼·梅尔。30多年来，丹尼一直经营着多家纽约最受欢迎的餐厅，包括联合广场咖啡馆（Union Square Café）、蓝烟餐厅（Blue Smoke）和格拉梅西小馆（Gramercy Tavern）。他还创办了昔客堡（Shake Shack），并担任其董事会成员，这家企业从麦迪逊广场花园的热狗车起步，最终发展成为一个广受欢迎的快餐连锁店。我并不住在纽约，也不是什么美食家——那么，为什么丹尼成了我的偶像呢？丹尼曾经写过一本名为《全心待客》（*Setting the Table*）① 的著作，解释了全心待客和服务的概念为什么适用于任何一家企业。在特维利奥发展早期，他的想法对我产生了难以置信的影响，并且在很多方面指导了我们如何构建公司。他认为，服务性行业不只包括传统意义上的酒店餐饮行业、游轮公司和旅游业等，而是涵盖了每个行业、每家公司、每笔交易。

值得注意的是，丹尼认为全心待客与服务不同。公司经常谈论优质服务的文化，但对丹尼来说，这不是重点：

> 全心待客成为我经营理念的基础。事实上，在任何商业交易中，再没有什么比个人感受更重要。全心待客的真谛是让对方相信，你和他处于同一阵线，全心全意地考虑他的利益。反之亦然。如果你感到某件事是专为你而做，这时你感受到的是全心待客。而如果你感到某件事只是发生在你身上，此时你并不会感觉受到了全心全意的对待。这个微小的差异正是问题的关键。

我非常喜欢丹尼的书，所以我邀请他来公司，对特维利奥的员工分享他关于全心待客的理念，尽管这个词通常不会出现在软件公司中。丹尼认为，全心待客意味着让你的客户觉得你和他们处于同一阵线。这是一个放之四海皆准的事实，并不仅限于餐馆

---

① 中文名参照台湾《天下》杂志 2007 年中译本。

或传统的酒店服务业。但这是否意味着服务不重要？当然不，良好的服务是必要的，但只有服务并不足以让你成为一个以客户为中心的卓越组织：

> 服务是产品的技术交付。全心待客是产品的交付带给接受方的感受。服务只是一种独白，即：我们决定如何做事情，以及我们如何制定自己的服务标准。而与此相对，全心待客是一种对话。与客人处于同一阵线意味着你需要有意识地倾听对方的意见，然后做出周到、亲切和适当的回应。要想成为顶级公司，既需要周到的服务，也需要殷勤的全心待客。

这两个不同的概念在我们思考如何在特维利奥应用小团队方法的过程中帮助颇大。因为如果你像丹尼和我一样，认为你需要与客户进行对话，那么你就需要你的团队与客户保持足够的密切联系。你当然需要倾听。但是，你应该如何创建一个架构，让你的小团队能够有效地倾听？

在餐馆里做到这一点很简单，只要给每张餐桌都派一名专门的服务员照看就行了。但是在一个技术组织中，你可能要为数百万客户提供服务，而且你的成功看起来与客户是否与你交谈无关。因此，如果一个构建者提供以技术为中介的客户体验，他应该如何接近客户，以便客户能够在每一次互动中真正体会到他们受到了全心待客呢？

在创业初期，往往所有员工都与客户保持密切的联系，因为你很难不这样做。但随着公司的发展，人们往往会扮演专门的角色，将"面向客户"的角色与"不面向客户"的角色区分开来。支持人员、销售人员和产品经理与客户交谈，工程师们则埋头干活。虽然这种安排自有其实用性，但它也创造了一种"守门文化"（culture of gatekeeping），这无论是对开发人员，还是对客户（即他们所构建产品的服务对象），都是有害的。正如丹尼·梅尔所写：

> 在每一家公司中，都有员工是与客户的第一接触点（如机场登机口的空乘人员、医生办公室的接待员、银行出纳员、行政助理）。这些人既可能是代理人，也可能是守门人。代理人会让事情为了别人而发生。守门人则会设置障碍，把别人挡在门外。我们寻找的是代理人，而我们的员工要负责监督他们自己的表现，并不断反思：在那笔交易中，我是一个代理人还是一个守门人？在服务性行业里，你很少能找到这二者之外的情况。

在软件团队中，这些面向客户的角色可以充当双向守门人。他们既阻止客户与开发人员接触，也阻止开发人员与客户接触。产品经理常常把自己看作"守门人"，把自己的角色描述为"保护"工程师不受客户的影响。在某种程度上这样想是有道理的。你当然不希望你的工程师不得不面对每一位客户和处理每一个投诉，深陷其中无法自拔。工程师们需要大块的时间来专心工作。但是，把他们和客户完全隔离开来是错误的。

公司面临的最大风险（尤其是在其成长过程中）是变得越来越向内看。员工在内部相互竞争，而不是在市场上与对手竞争。人们把更多的时间花在内部政治上，或者只是想办法解决问题，而不是为客户服务。你应该确保你的小团队保持目光向外的状态，为他们创造机制，让他们把重点放在客户身上，而不是办公室政治上，这是本章的主旨。当然，这说起来容易做起来难，但如果你能够做到，那么你的团队将获得宝贵的速度和直觉，并成为你竞争优势的真正来源。毕竟，哪家公司不希望客户喜欢他们呢？

穿上我们客户的鞋子

大约在 2012 年，我们开始了阐述公司价值观的过程。以我的经验，价值观可以是墙上的空话，也可以是指导员工每天做各种决定的行为准则。把价值观从墙上贴着的口号转化为实践的，是以下两大因素，即：便于记忆和保障机制。如果公司的价值观令人过目不忘，那么员工更有可能记住它们、引用它们，并希望在日常互动中使用它们。

"以客户为中心"并不容易记住，因为它毫无个性。每个公司都会这么说，所以它就成了墙上的一句口号。"以客户为中心"并没有表达任何关于如何为客户服务的理念，它只是表明你应该这样做，这一点很明显。我想大多数政府机动车管理部门的价值观中都包含某种"以客户为中心"的表述，但很明显，如何做到这一点往往是它们所欠缺的，对此我想任何排队换领驾照的人都深有体会。

我们认为，以客户为中心的前提是共情，而与某人建立共情的最佳方式，正如俗话所说，是"穿着他们的鞋走上一英里"。因此，我们决定，将我们的核心价值观之一表述为"穿上客户的鞋子"（Wear the Customer's Shoes，即设身处地为客户着想——译者注）。我们随后又进了一步：我们委托生产了一批特维利奥标志的红色匡威满天星鞋（Chuck Taylor Converse），在鞋侧和匡威标志相对的地方，印上了特维利奥的圆形标志。我们将这些运动鞋命名为特维利奥匡威，并和客户达成了协议。如果他们给我们一双自己的鞋，我们将换给他们一双我们的鞋。很快，我们就收集了数百双客户的鞋子，我们把它们挂在办公室的四周（是的，当然我们给这些鞋子喷洒了消毒剂，谢谢你们的询问），并配上一个写着客户名字的小牌子。从破旧的运动鞋到皮革休闲鞋，每间会议室都会不断提醒员工，要"穿上客户的鞋子"。当然，我们并不是真要穿上这些鞋，但我已经记不清有多少次人们（特别是新员工、面试者或潜在客户）向我发问："这些鞋子是怎么回事？"这个问题成为讨论我们以客户为中心方法的最佳切入点，它使我们的价值观一直保持着活力，并成为我们日常谈话的一部分。是的，这很俗气，但它很有效。

然而，拥有一个围绕客户，并经常被讨论和容易被记住的公司价值，并不能神奇地使公司可以自动地为客户提供优质服务。多年来，我与许多其他领导者讨论过这个问题，我观察到许多以客户为中心的公司开发了各种机制，或者说是可重复和可衡量的实践做法，以使他们的开发团队与客户保持密切联系。

第一步是确保接近客户。让制造产品的人与客户保持密切联系非常重要，几乎没有必要解释公司为什么应该这样做，以及应该如何做到。但是在许多，也许是大多数软件公司中，开发人员根本不与客户交谈。他们好像被隔离在一些泡泡中工作，根据业务部门人员拟定和下发给他们的产品需求书开发软件。有一个接近客户的好方法，即公开的"创意论坛"，Bunq 就使用了这种方法。

BUNQ 的故事

还记得我在第一章中介绍过的荷兰手机银行 Bunq 的应用程序吗？它与一位名叫勒罗伊·菲隆的人建立了一个客户反馈循环，从而收获了一个忠实的拥趸，尽管后者从未想过自己会爱上一家银行。菲隆是一名 32 岁的摄像师，在阿姆斯特丹以东大约一小时车程的小城市阿珀尔多伦经营着一家小型创意机构。勒罗伊非常喜欢 Bunq，并开始向他认识的每个人大力推荐这家银行。但有一个问题一直困扰着他：他没办法在不暴露自己银行账户余额的情况下给他们展示如何浏览 Bunq 应用程序。因此，他在应用程序内置的 Bunq 在线用户论坛上发布了一个建议：如果我可以向我的朋友展示应用程序，但不让他们知道我的财务细节，那不是很酷吗？很快，其他用户开始附和，建议发布没多久，勒罗伊的建议就收获了 77 个"击掌赞同"。

建立一个客户论坛固然不错，但往往并没有人倾听客户在上面所说的话。不过，Bunq 不是这样的，相反他们要求开发人员参与论坛的讨论，因此一位开发人员很快就看到了勒罗伊的建议，也看到了其他客户对此十分支持的态度。他也很喜欢这个建议，因此 Bunq 开始开发这个功能。不久之后，在阿姆斯特丹的一家剧院，Bunq 推出了应用程序的更新版本，其中就包括在不透露个人信息的情况下演示应用程序的功能。他们在演示过程中把勒罗伊的照片投放在屏幕上，Bunq 的创始人兼首席执行官阿里·尼克南亲自对勒罗伊的贡献表示了感谢。正如你能想象到的，得到自己银行的首席执行官亲口说出的赞美让勒罗伊欣喜若狂。但更重要的是，Bunq 向其他客户表明，它善于倾听，是一家值得打交道的公司。

不过，对我来说，这个故事最有趣的部分是这些论坛所带来的效率。软件开发人员开发隐藏账户余额信息的功能也许不需要费多少事，但是，如果由客户支持团队在这些论坛中筛选客户的想法，然后汇报给产品经理，则意味着巨大的工作量。同样，产品经理再对这些内容进行筛选排序，决定哪些内容有用，哪些内容没有用，并为工程师制订冲刺开发计划和用户案例，这很可能需要花费几个月的时间。同时，在这样的过程中，每一步都有可能丢失来自原始客户意图的信息。就算到了最后，工程师拿到了一个"隐藏账户余额"的规范文档，但是开发人员可能完全不了解其背景情况。设想一下，如果开发人员能想出一个比"隐藏账户余额"更好的方法来实现客户的需求，即展示应用程序如何使用，是不是更棒呢？但更有可能的是，在前面的过程中，这种方法肯定不会受到重视，而不得不让位给更能"带来可观成效"的东西。这就是为什么客户需求常常被忽视。在软件开发中，任何一个单独的特性都太微小，不值得组织对其进行优先排序。然而，如果你能去掉这些干扰因素，让开发人员直面某个很酷的客户问题，并花上几个小时解决它（几乎是一鼓作气地完成项目，因为他们可以做到），那么你的客户就会把你看作一个反应迅速、以客户为中心的组织。

正如我之前提到的，大多数代码实际上并没有那么难以构建，大部分精力往往是耗费在了计划管理上。通过将工程师直接纳入客户反馈的流程中，你可以实现两件事。

第一件事，你将客户需求变得活生生了。开发人员不再面对一个冷冰冰的需求文档，而是可以直接从客户那里听到他们需要什么，以及他们为什么需要它。客户很可能会对此进行深入而详尽的表述，这种深度和细节难免会在转换成规范文档的过程中大量丢失。当你直接与客户交流时，需求变得更加真实而人性化，工作也变得更有意义。勒罗伊的经历使他更喜欢 Bunq。事实上，这个经历把他变成了 Bunq 银行的宣传大使。他到处告诉他的朋友和同事 Bunq 有多好。想象一下，这会对构建这个特性的开发人员带来什么影响？当他们看到自己的一点点工作能够产生如此巨大的影响，他们无疑会兴奋不已！相信我，作为一名开发人员，我自己就曾有过这样的经历；这是一种不可思议的感觉。一旦你感受过一次，你就会想再次感受到它。Bunq 的开发人员会备受鼓舞，并努力找到更多的客户，把他们也变成狂热的粉丝。

第二件事，你让开发人员在工作量与回报的平衡之间做出了本能的决定。产品经理可能会将"隐藏余额"的特性归为非优先级别，因为在总体方案中，它似乎并没有那么重要。坦白说，这可能确实是事实。但是如果他们知道构建这个特性只需要花费 90 分钟，而不是 90 天，他们的想法会不会改变？我想他们一定会的。开发人员通常可以做出这些快速的估计，因此他们的直觉能够很好地帮助他们做出最优选择。

通过消除层层管理，与客户关系密切的工程师可以做出有利于客户的低风险决策。客户变成了更加立体的形象，而不是数据库中的条目或是统计数据中的集合。不要相信有关开发人员的那些刻板印象，诸如他们全都是讨厌人类的反社会人格，那些纯属一派胡言。开发人员和大多数有创意的专业人员一样，希望看到人们使用和喜爱他们的工作成果。而这些"紧密的反馈循环"不仅让开发人员和客户感到温馨亲切，它们还会推动公司的成长。

Bunq 于 2016 年正式开业，2017 年增长了 800%，然后 2018 年规模又翻了一番，当年末的客户存款额即达到了 2.11 亿欧元。2019 年，其规模再次翻番，存款额达到 4.33 亿欧元。这家位于阿姆斯特丹的小公司与客户建立了一种极度密切和充满激情的关系，这无疑是世界上每一家公司都梦寐以求的。不仅如此，他们在实现这一切时，完全没有开设任何一家实体网点，也没有雇用任何一位销售人员。取而代之的是，他们依靠像勒罗伊·菲隆这样满意的客户把其产品卖给他们认识的人。

我非常喜欢开发人员直接从客户那里了解需要构建什么内容的故事。然而，我并不认为每个客户的想法都应该被构建。客户并不总是知道他们想要什么。不过，客户非常善于表达他们的问题。甚至连最推崇客户至上的丹尼·梅尔也在书中承认："商业界最古老的一句箴言就是'客户永远是对的'。但我认为，这句话已经有点过时了。我会主动为我们的客户创造机会，让他们觉得自己的声音被听到了，哪怕他们说得不对。为了做到这一点，我总是积极鼓励他们，只要觉得有什么地方做得不好，就让我们知道，无论是在我当班的时候当面告诉我，还是通过我们的客户留言卡，或是给我们写信或发送电子邮件。如果他们这样做了，我会感谢他们。"

与了解客户的一手想法相比，更为重要的是，将开发人员纳入客户问题的反馈流中对他们也有极大的帮助。当开发人员贴近客户的问题时，他们可以借助自己对客户问题及可能解决方案的直觉理解来帮助审视问题。

在客户面前露露脸

当开发人员本身也是客户时，帮助他们建立对客户的同理心相对容易，Bunq 的例子正是这样，甚至特维利奥的情况也大同小异。然而，如果你的开发人员不会亲自使用其创建的产品，你又该怎么做呢？如果只是从外部观察某个问题，你显然更难发自内心地理解它。这时，与客户建立深层次的联系，并更深刻地理解其需求尤为重要。

但是，颇具讽刺意味，同时也很残酷的是，这类公司往往最有可能将客户与生产产品的人员隔绝开来。例如，企业对企业（business-to-business，B2B）公司通常会雇用大量销售人员、客户成功代表、客户支持代表和"领域专家"产品经理，作为客户和开发团队之间的缓冲。这种做法的依据是，这些角色中的每一个都有服务客户的专长，这显然既有利于客户，也有利于为开发人员创造一个缓冲地带。虽然你希望开发人员每天都能够集中精力完成工作，不必受到客户不断的打扰，但将开发人员一直处于缓冲地带的想法并不明智。然而，人们很容易陷入这种思维模式，并假定这样会提高效率。

在特维利奥，我们的销售团队一直笃信"你必须亲自露脸"的准则，这是受到 Salesforce 前高管大卫·鲁德尼茨基的销售方法论的启发。这个准则的意思是，销售代表必须走出办公室去拜访客户。这对于销售团队来说显然非常必要，但是对于开发团队来说并不是那么明显。但这正是定期与客户建立人际间的联系所需要的。

谈到客户连接的价值，我听过的最好的一个故事来自本·斯坦，他是特维利奥公司的高管，领导着我们的开发人员体验团队。他和他的团队专注于那些正在使用特维利奥产品的开发人员客户，确保他们对产品满意。

本曾在康奈尔大学学习电气工程，毕业后曾经加入过金融科技和媒体公司彭博公司（Bloomberg），从事软件开发工作。当时，他的工作是为公司的终端编写代码，这些终端安装在华尔街的每个交易大厅里。

"我之所以能够得到这份工作，是因为他们愿意雇用任何一个聪明的开发人员和工程师，哪怕那个人对金融一无所知。他们的说法是，'不用担心，你需要知道什么，我们都会教给你，'"本回忆道，"我告诉他们，'我甚至不知道交易大厅是什么样子的。我看过电影《华尔街》（Wall Street），这就是我了解的全部了。我对自己在这里所干的事一无所知。'"

在他加入后不久，本问他的经理，他是否可以去参观一个交易大厅，并和一个真正的交易员见个面。毕竟，如果他要编写交易员使用的程序，那么和他们谈谈，并看看他们是如何使用彭博终端的应该是有意义的。"我的经理的反应是，'哇，这真是个好主意。我希望自己有一天也能这么干，'"本说道，"而我的反应是，'天哪，原来你也从来没亲自见过交易员。'这实在是太奇怪了。整个团队中没有人去过交易厅。甚至从来没有人提过这种要求。而我们却在开发交易软件。"

本和一位服务美林银行的销售代表交上了朋友，后者带本去拜访了那里的交易员。本表示："我是我们团队中第一个这样做的人。我们和一些交易员见了面，并和他们聊了会儿天，然后四处转了转。"

他立刻有了一个重大的发现。在软件开发部门，本和其他人在编写程序时一直假设，他们的应用程序会占据交易员终端的整个屏幕。但事实上，"我们的应用程序只是缩在窗口的一个小角落里，窗口上还有 9 个其他程序在运行。他们只能在这个小窗口查看我编写的东西，所以那看起来效果极差，根本看不清楚。我意识到字体大小和对比度是很重要的东西。这让我意识到，我作为开发人员所做的选择是错误的。这真的很有启发性。"

这一顿悟改变了本编写软件的思路。他在 2015 年加盟特维利奥时，带来了这个以客户为中心的世界观，并一直不遗余力地在我们的组织中得到推行。

他团队中的工程师在每个季度必须至少与一位客户进行沟通。完成这件事并不像你想象的那么容易。一种方法是参加一个由特维利奥为客户举办的编程马拉松或是聚会。另一种方法是工程师加入客户经理与客户进行的电话会议。但最好的一个办法可能是在销售代表做销售拜访时，除了销售工程师之外，也带上开发人员。本说："他们可以在拜访客户时带上真正构建产品的人。当然，开发人员不会像销售代表那样能说会道，但聪明的销售代表能够将这变成他们的优势。"

有时候，开发人员不愿与客户见面，这通常是出于社交上的尴尬。"让他们脱离了自己熟悉的环境。这会让他们觉得很难。也许他们以前从没这样做过。很怪异，也很不舒服。他们不知道该如何行事。"本说。

即便如此，大多数开发人员在开完会回来后还是会感到兴奋。"让我的团队最兴奋的一件事就是，他们知道了自己所做的工作很重要。我们并不总是告诉他们，为什么他们的工作很重要。还有一些时候，虽然我们这样说了，但这些信息被过滤掉了。虽然从来不会有立竿见影的效果，但知道你所做的工作能够影响某些人，这一点真的很重要。"

这种事并不需要每天都去做。开发人员不需要亲自接听每一通愤怒的电话，并亲耳听客户大喊大叫。他们也不必参与每一笔销售交易。"但是每个月一次，或者每个季度一次，去发现你做出了一些很酷的东西，从而让某个人每周节省了 30 个小时的手工劳作，这种感觉相当不错，不是吗？"本说。

开发人员甚至不必一定要带回某个新功能的新想法。本表示："有时候，出去见客户的结果只是，你回到办公桌前后感觉很好。我们并不一定要从中得到什么。这只是一种情感连接。就像把他们从黑暗的地洞中弄出来，对吧？他们并不是无法沟通的类人猿。你得让他们和别人交流。"

从新闻稿开始

在许多公司，产品创意或评价都是以战略文档、竞争分析，或者线框图为中心。在特维利奥，定义新产品或功能的第一步是撰写新闻稿。这听起来可能有悖常理，因为新闻稿通常是发布产品前的最后一步。但我们的做法遵从了从客户需求出发的"逆向工作法"（working backward），这种方法源自亚马逊公司。新闻稿是产品沟通的基础，但它很容易被误解。我们的目标并不是将新闻稿通过网络发布出去。相反，新闻稿在格式正确的情况下，会按照重要性的顺序说明为什么客户会喜欢你正在构建的产品，这正是从头构建产品的一个良好基础。

初出茅庐的记者们都会学习一篇撰写文章时应遵循的格式：要有能吸引人们注意力的标题，导语应担起到点睛的重要作用，而文章的其余部分则应按重要性进行降序、铺陈细节。几乎你读过的每一个新闻故事都是这样组织的。新闻稿也是如此。想想新闻报道或新闻稿的格式：它们的标题被用来传达最重要的信息，有效的标题通过挖掘读者关心的内容来吸引读者。对于客户来说，这是他们需要解决的问题。副标题则会对核心信息略加充实。开篇段落再提供更多的细节，等等，直到最后一句，用来表达最不重要的细节。

如果你把读者想象成你的客户，那么新闻稿的形式迫使你从对你的客户而言最重要的内容开始，并解释你所做的东西为什么对他们有用；否则他们根本不会往下看。强制做到这种清晰是一件好事，因为它使你将客户置于中心。

尽管我们将撰写新闻稿视作我们早期的关键工件，但新人在完成这项写新闻稿的任务时，仍然经常会抓不住重点。写一篇不以客户为读者的新闻稿很容易。作者可能会以他们的经理或首席执行官为读者撰写一篇新闻稿。或者他们会把记者想象成读者，然后把产品与竞品进行对比。通常，描述产品的角度并不是从客户需要出发，而是从战略的角度出发，或者是从公司其他产品的角度出发，又或者是从公司领导者一直大力宣扬的公司愿景的角度出发来做描述。管理者通常相信，如果从首席执行官的愿景的角度出发来阐述自己的计划，那么他们就会得到批准。然而，在以客户为中心，而不是以战略为中心或以首席执行官为中心的组织中，讨论应该从客户的角度出发。优秀的产品开发新闻稿首先要理解，客户才是读者，新闻稿的内容必须能够让客户爱上产品。

正如我前面所说，我们的做法脱胎于亚马逊的实践。杰夫·贝佐斯将其称为"从客户开始逆向工作"，这意味着开发人员不再只是去构建他们认为很酷的东西。取而代之的是，他们从客户想要的东西开始进行构建，而这二者并不总是一回事。在撰写新闻稿时，通常有许多互动，以确保从一开始就能够围绕客户的问题进行协调。这个过程看起来非常耗时，但总的来说，它会节省时间，因为开发人员不需要花费数周、数月甚至数年的时间去开发一个没有客户需求的产品。很多产品在早期阶段就遭到淘汰。

"你是在为你的客户制造产品。这不像是'让我们天马行空地构建一些技术，看看会发生什么，'"沃纳·沃格斯表示，"你需要一个非常强大的机制，以确保你明确知道你要为你的客户构建什么。"我们的新闻稿就是这样一个机制，它确保客户从最早的阶段就处于产品计划的中心。

开门而不是建墙

许多公司的架构在客户和服务客户的员工之间竖起了一堵墙。与其"建墙",不如想想如何打造"开门"的机制,以便可以打开一扇门,让客户和开发人员进行交流。

当你这么做的时候,魔法就会发生。以 Bunq 的例子来说,他们建造并打开沟通之门的一个方式就是要求开发人员参与客户论坛,并在客户对其软件做出贡献时大举庆祝。对此,客户则回报以超乎寻常的客户忠诚度和企业的快速成长,Bunq 持续不断地从陈腐的传统银行那里吸引客户,这些银行的开发人员可能从不与客户交谈,甚至可能不了解客户到底如何使用他们开发的软件。

你应该可以看出,我对"战略"这个词非常谨慎,因为它可能被误解,认为是需要执行高管的命令,而不是倾听客户的意见。在特维利奥,我经常说"我们的策略很简单:制造客户需要,并且愿意付钱给我们的东西。"当然,我们有长期商业计划,但我不想让团队将其与公司为客户服务的目标相混淆。我们实现公司商业计划的唯一方法就是为客户服务。要想了解团队是否穿上了客户的鞋子,我最喜欢的一个方法是四处走走,并询问开发人员他们正在处理什么客户问题。如果他们告诉我,他们正在开发一个特性,那么我会问它解决了什么客户问题。如果他们回答不上来,那么这就表明团队可能没有与客户建立足够的连接。你也可以这么做,这非常简单。另一个方法是询问你的开发人员:

在产品审核期间，以客户问题来开启对话。不要直接谈论策略或功能，而是先问客户为什么会关注产品。询问你的团队领导者，哪些客户面临着这些问题，以及他们如何证明这个客户问题代表了广泛的市场需求。这个过程远比答案更重要。团队是否建立了正确的机制，从而能真正了解客户？通过提出这些问题，你将开始了解你的团队是如何思考的。一旦他们知道将会被问到这些问题，那么我敢打赌，这会让他们穿上客户的鞋子，走上以客户为中心的正确道路。

第十章

揭开敏捷的神秘面纱

我们一直在实践中探寻更好的软件开发方法，
身体力行的同时也帮助他人。
——敏捷宣言（Agile Manifesto），2001

在商业和软件领域（也包括在本书中），有很多关于敏捷的讨论。所谓敏捷（agility），是指针对不断变化的环境做出快速反应的能力。在构建软件的过程应用敏捷方法就是所谓的敏捷软件开发（Agile Software Development）方法论。今天，作为一位领导者，你至少应该听说过敏捷原则，而且很可能你的软件团队在构建软件的过程中已经实践了某种形式的敏捷。然而，许多企业领导者既不知道敏捷是如何发挥作用的，也不清楚它为什么会优于任何其他已知的软件开发系统或是如何避免落入敏捷的陷阱。

在和你的技术团队一起工作时，你可能已经感受到敏捷带来的一些影响，也很想知道开发人员的领地内到底发生了什么。例如，也许你的开发人员告诉你，他们无法确切知道某个产品何时上市，或者上市后会有什么特性。这很令人沮丧，对吧？你可能会建议在这个产品上投入更多资金和人力，以加速开发，结果却被告知，不管投入多少人力，也不会改变开发速度，而且再多的钱也改变不了开发所需的时间。

如果你曾经心存疑虑：开发人员到底在做什么？为什么事情会是这样？为什么有时候你会得到这些超乎想象的丧气答案？那

么，大概了解敏捷是如何运作的会有所帮助。但同样重要的是，你还应该了解，敏捷已经遭到滥用，并走向另一个极端，而这并不一定是好事。在一些公司，无论是对于高管、经理，还是对于开发人员而言，敏捷可能会让他们非常沮丧。创建一个敏捷的公司固然十分重要，但是要实现敏捷，高管们应该先了解敏捷方法的优劣，而不是盲目地全盘接受这种方法。

为什么要采用敏捷方法

回到 20 世纪 80 年代和 90 年代，软件开发产品饱受失败的困扰。即使在大型软件公司，由于螺旋式上升的复杂性、不断变化的需求和拉得极长的时间战线，这些项目注定面临失败的命运。上述挑战困扰着大大小小的组织，无论是初创公司还是大型公司。例如，成功的软件企业家米奇·卡波尔在 20 世纪 80 年代创建了莲花开发公司（Lotus Development Corporation），并开发出 Lotus 1-2-3 和 Lotus Notes 等出色软件，他在 2002 年启动了一个雄心勃勃的项目，准备构建名为 Project Chandler 的下一代协作软件。6 年后，由于未能交付一个能够远程实现最初目标的产品，该项目最终被终止。就连那个时代最杰出的软件公司微软也在交付这些庞大的软件项目时举步维艰。2001 年，微软启动了一个代号为 Longhorn 的项目，对其主导的 Windows 操作系统展开了最雄心勃勃的升级。这个软件花费 5 年时间才完成，中途进行了一次重大重置，最后在 2006 年被命名为 Windows Vista 发布。当 Vista 进入市场时，它的许多功能已经被开发人员削减掉，并未能实现比尔·盖茨和史蒂夫·鲍尔默在项目开始时所设想的创新。令人惊诧的是，上述例子并不鲜见，而是一个普遍现象。

问题的关键在于，对于大多数软件项目而言，第一步都是进行详细的需求收集，然后做出数月乃至数年的工作规划，再由多个团队密切合作、相互依存，最终交付工作成品。无处不在、令人抓狂的甘特图显示了随着时间的推移，所有工作过程将汇集在一起，最终为客户提供价值。由于甘特图的形状，这个过程被称为"瀑布式"开发（Waterfall development）。

杰夫·萨瑟兰是一位计算机科学家，他参与了敏捷软件开发宣言的起草。他是传统"瀑布式"开发方法的著名批评者之一。自 20 世纪 60 年代以来，"瀑布式"开发方法是构建软件的标准方法，但萨瑟兰将瀑布法称作"一个巨大的错误"，其"仅在美国，就因项目失败而导致了数千亿美元的浪费"。萨瑟兰声称，以瀑布法开展耗资 500 万美元以上的项目，项目失败的概率高达85%。2004 年，一项对 250 个大型软件项目的研究发现，70%的项目出现了重大延期和成本超支，或是在未完工的情况下被迫终止。

澳大利亚的澳洲航空公司（Qantas）在一个由 IBM 牵头的开发项目上浪费了 2 亿美元，并在项目启动 4 年后取消了这个十年协议。但那只是它的第一次惨败。2008 年，澳洲航空又终止了"Jetsmart"（智能飞机）零部件管理软件系统，该系统耗资4000 万美元，但是极为难用，以至于澳洲航空的飞机工程师称之为"Dumbjet"（愚蠢飞机）系统。

萨瑟兰在其著作《敏捷革命：提升个人创造力与企业效率的全新协作模式》(*Scrum: The Art of double The Work In Half Time*)①中，讲述了一个庞大的政府项目被司克兰（Scrum）②和敏捷方法拯救的故事。2000年，美国联邦调查局（FBI）启动了一个为期五年的项目，名为"虚拟案件档案系统"（Virtual Case File），旨在用数字档案取代调查局陈旧的纸质记录系统。合同开发商采用了传统的瀑布式方法，到了2005年，在花费了1.7亿美元之后，联邦调查局不得不放弃这个项目，并重新开始。新的尝试被称为"哨兵"（Sentinel）项目，外包给洛克希德马丁（Lockheed Martin）公司，预算为4.51亿美元。洛克希德公司也采用了瀑布法，经过5年的辛勤工作，到2010年，项目已经花费了4.05亿美元，但只完成了一半。该公司预计还需要再投入3.5亿美元，然后在6~8年内完成这项工作。此时，两位创新的技术主管将这个项目收回，由内部自行开发，他们把开发团队的人数从数百名开发人员削减到50人，并把这些人全部安置在联邦调查局大楼的地下室里，然后只花了1200万美元，在20个月内就完成了这项任务。他们是怎么做到的？他们没有采用瀑布式方法，而是使用了敏捷方法。

敏捷运动开始解决一个重要的问题，即软件开发缺乏许多

---

① 中文名参照中信出版社2017年中译本。

② Scrum是橄榄球术语，意为"争球"，指团队目标一致，协同前进。萨瑟兰博士沿用这一概念，创建了一种团队高效协作的迭代式增量软件开发过程。

其他工程学科那样的工作流程。如果你要建造一座摩天大楼，将会由测量员测量土地，建筑师在图纸上做出设计，客户核对设计图，然后建筑师再把它交给总承包商。承包商将施工细分为不同的专业，并协调各方的工作。在过去的几百年间，我们不断打磨这个模式，它一般来说也会奏效。

然而，在软件开发中，需求在整个构建过程中不断变化是很常见的现象。想象一下，你刚刚建完了一座新摩天大楼的第五十层，这时候客户却要求一个全新的地基。这种情况以前经常发生在软件工程师身上。但是，如果说所有人都很容易就能理解，拆掉一座摩天大楼并从头再建的代价有多大，这一点在软件世界里却往往并不那么一目了然。在开发进程的后期，一个相对不大的变化可能会对某些基础部分带来巨大的影响。因此，软件项目常常会由于需求的变化而偏离正轨。造成这种现象的主要原因是，在软件领域，需求往往在项目开始时并没有被真正地理解，因此所有精心编制的依存关系和假设往往是错误的，同时业务需求发生变化的速度过快，软件项目往往难以跟上变化的步伐。

此外，由于团队之间存在僵硬的依存关系，如果一个团队出了问题，往往会导致整个项目失败。考虑到需求的不断改变，这种失败是常态而非例外。因此，即使项目经理精明能干、思虑周详，在计划中加入了缓冲，但这种无法预测并且像多米诺一样层层传递的失误也将很难应对。于是，数十亿美元就这样被浪费掉了，开发人员和企业高管都感到无比沮丧，从这个角度出发，大多数公司认为他们无法成功地构建软件也是有道理的。

解决这个问题的一个方法是在做计划时更加细致，或者一旦项目开始就完全禁止变更。然而，如果足够明智，你就将意识到，这些做法听起来不错，但是并不切合实际。

正是在这个背景下，萨瑟兰和其他一些顶尖软件开发大师在 2001 年举行了一个为期三天的会议，旨在寻找替代的方案。他们敲定了一份只有一页的文件，将其命名为《敏捷软件开发宣言》(*Manifesto for Agile Software Development*)，该宣言旨在创建一种更好、更高效、基于现实的软件构建方法，以增加组织如期，并且在预算内成功交付业务价值的机会。宣言很短，所以我把它放在这里：

敏捷软件开发宣言

我们一直在实践中探寻更好的软件开发方法，身体力行的同时也帮助他人。

由此我们建立了如下价值观：

个体和互动高于流程和工具

有效的软件高于详尽的文档

客户合作高于合同谈判

响应变化高于遵循计划

也就是说，尽管右项有其价值，我们更重视左项的价值。

著作权为上述作者所有，2001 年。
此宣言可以任何形式自由地复制，但其全文必须包含上述申明在内。

"敏捷宣言"的作者在上述四大核心价值观的基础上发展出12条原则，这些原则为价值观增加了实质内容，实际上成为现行许多敏捷实践的基本指导原则。很有可能你的公司已经在实践某种敏捷做法，但是敏捷没有一个单一的定义。敏捷的旗帜涵盖了许多实践，它们构成了一系列更好的软件开发方法。你可能听说过一些比较流行的方法，比如司克兰（Scrum）、看板（Kanban）或极限编程（Extreme Programming，XP）。在这些实践中，又存在着各种各样的派别，以及对"规则"不同程度的遵守。在过去的20年中，敏捷软件开发已经风靡全球。在2019年的"敏捷状态"（State of Agile）调查中，97%的受访者表示他们的开发组织在实践中采用了敏捷方法。不管具体实施方法如何，它们都有着相同的目的，即构建有效的软件。鉴于你的公司很可能正在实践某种敏捷方法，所以让我们深入研究一下。

敏捷的要素

敏捷的核心是敏捷性（虽然听上去像是废话），即快速轻松地移动、快速改变方向以及响应不断变化的输入内容的能力。正如"敏捷宣言"的作者所指出的那样，问题之所以出现，是因为依赖了围绕错误假设做出的事先规划，同时业务所有者和开发人员之间缺乏协调。敏捷软件开发旨在通过解决上面这两个核心的问题，使构建软件的行为更加敏捷。虽然实施敏捷开发的方法有很多，但它们都围绕着三个主要构想展开，即：预测变化、分解工作以及保持业务与开发人员的密切合作。下面我来详细阐述这三个关键的构想。

预测变化

第一个观念是预测需求会发生变化，因此不会在变化发生时感到惊讶和不安，而是创建一个随时根据变化进行调整的系统。敏捷有几种方法可以做到这一点。首先是控制当前进行工作的范围。如果你同时推进 100 件事，它们全部都完成了 10%，那么变化出现并中断其中至少一个工作流的可能性非常大。但是，如果你将全部精力集中在百分百地完成一件事上，那么你就不太可能把已经完成的工作推倒重来。敏捷通过将工作分成短时间的冲刺来控制正在进行中的工作的范围，每个冲刺周期通常只有两周，目标是在周期结束时交付一个工作产品。这并不意味着项目在两周内完成，但每次冲刺结束时，都会交付一小部分项目的工作产品，而不是长时间保持整个项目未完工的状态。

这些时间很短的周期创造出极大的适应性。当变化出现时，它们可以纳入未来的冲刺计划，因为团队不会接受超出当前冲刺内容之外的任务。即使在冲刺过程中，对正在进行的工作做出更改也更便捷。大多数冲刺团队每天都会举行站会，以讨论变化和调整当天计划。这种由包括产品经理在内的小团队开展的紧密合作促进了对变化的适应。在这种情况下，如果一个需求发生变化，新的工作不是被硬邦邦地扔过来，并因此导致开发团队充满防御，相反，团队会带着对工作的共同理解开展工作，因此他们更倾向于支持变化，而不是抵制变化。这是一个围绕敏捷性（即做出改变）而设计的完整流程。

分解工作

第二个观念是将工作分解成可管理、可预测和可实现的单元。瀑布式方法是根据一组不完善的假设，在（有时跨度长达几年的）甘特图上将工作提前划分成一行行线条，敏捷则与此不同，它专注于创建可管理的工作单元，这些工作单元可以快速地实现，并且只是针对当前的冲刺。此过程旨在使每个工作项在实施范围和时间上都具有可预测性，从而增强工作的可把握性。就其本身而言，这种做法并不一定能让一个跨年度的大型项目具备很高的把控性，但它可以使你借助多个小型和具有高度把握的工作单元作为基础，进而构建一个大项目。这听起来可能没什么出奇之处，但它大大优于另一种选择，即在许多小型高风险项目的基础之上构建一个大型高风险项目。

如果你要跑完一英里，你应该确保每一步都稳稳地落地。每一次冲刺所交付的工作软件非常重要。出于这种考虑，许多团队在一个冲刺周期的最后一天会进行"冲刺演示"来展示他们的工作结果，从文化上加强对敏捷这一核心价值观的认同。这些演示让他们能够庆祝自己将工作分解成小单元，并通过冲刺完成它们的技能。如果他们未能在冲刺中完成一个工作软件，显然也就不能进行演示了，这会从文化的角度给团队以压力，促使他们在接下来的冲刺中不断改进。

不难想象，准确地估计实现某种功能所需的软件编写工作量是一门艺术，但我们试图通过敏捷实践将其转化为一门科学。这需要团队共同的努力。当团队刚刚形成时，他们通常不太擅长准确地预测自己的生产力。他们对代码库（如果是一个现有项目）或问题域（如果是一个新项目）的了解通常不够完善，因此可能会错误地估计实现一个功能所需的工作量。但随着时间的推移，团队对代码库和软件所涉及领域的专业知识不断增长，估计的精确度也会随之提高。

团队经常使用虚构的指标，比如"故事点"（story points），用来衡量并不断提高冲刺的可预测性和生产力。这些指标描述了实现给定功能的工作量，以及团队在冲刺中可以完成的工作量。随着他们越来越准确地预测故事点的工作成本，以及他们相对于故事点的生产率，团队工作的可预测性将随之增加。一旦他们建立了一个基线，他们就可以专注于在冲刺中完成更多的故事点，以此来提高效率和生产力。请注意，故事点是一个虚构的指标——它们不是基于任何硬指标，如编写出的代码行数——因此它们不能在公司或团队之间转移（多说一句，编写出的代码行数是一个可怕的指标，你永远不应该在意这个指标，因为对于好的代码来说，行数越少越好）。作为一个局外人，你只需关心一个故事点指标能否给团队带来更高的可预测性和生产力，而不用费心追问，为什么一个团队完成了 100 个故事点，另一个团队只完成了 50 个故事点。除非他们校准了他们对故事点的定义（这种情况非常罕见），否则这种对比就是苹果和橙子之间的比较。但是，你应该观察随着时间的推移，每个团队是否在达成其故事点方面变得更有效率。如果他们一年前平均每个冲刺能够完成 100

个故事点，现在则可平均完成 150 个故事点，这显然意味着他们的效率已经提高了 50%，这是一个良好的迹象，表明团队的表现出色。更好的团队会交付更可预测和更高质量的工作，而故事点则为领导者提供了一种评估团队进展的方法。

将工作分解成小单元，并在每次冲刺中交付一段完成的代码还有一个好处，那就是你可以在整个过程中持续向客户交付增量价值。设想一下，虽然你已经完成了一个项目的 10%，但你却要等到项目彻底完成时才会将成果一并交付给客户。这意味着，在剩下的 90% 功能完成之前，这 10% 的功能将保留在你的手中。通过分解工作和频繁的交付，你实际上可以立即将这 10% 的特性在客户面前展现。

敏捷团队通常通过创建工作待办事项（backlog of work）来分解复杂的任务。在工程师实施当前冲刺的工作待办事项时，产品经理的工作是尽可能地消除歧义和不确定性，从而拟定下一个冲刺的待办事项。在下一个冲刺周期之后，可能还有一大批工作等待处理（分别处于定义的不同阶段），只有不断进行冲刺，这些工作才能得到越来越清晰的定义。这并不是敏捷的失败之处，这恰恰是其核心优势。把决策点不断向后推，直到将要实施它们之前再做决策，到那时，你已经可以了解大部分信息。这将大大减少无效工作量。

保持业务与开发人员的密切合作

在大多数敏捷团队中有两个角色：产品所有者（product owner）和开发团队（development team）。在司克兰中，还有第三个角色：司克兰大师（Scrum Master）。产品所有者的工作是理解和支持客户，编写描述客户需要软件做什么的"用户故事"（User Stories）。产品所有者和开发团队将通过这些用户故事进行互动。这听起来颇像是一个"扔出需求"的系统，但是在一个运作良好的敏捷团队中，产品所有者和开发人员在构建和迭代用户故事方面存在着密切的合作关系。

你可以把用户故事想象成一个工件，它描述了需要完成的工作，所有这些全都是从客户角度出发的。这与过去的产品需求文档不同，后者更关注软件需要做什么，而不是客户需要什么。这种差别看起来很微妙，但极其重要。在一个运作良好的敏捷团队中，创建工件的过程以及相关的讨论更关注的是客户，而不是软件本身。

一个糟糕的用户故事会描述一个庞大的复杂系统，而一个好的用户故事则会控制其叙事范围。也可以增加可预测性，并使误解或巨大的开放性问题被限制在一定范围之内。不过，一个好的用户故事也必须能够全面地描述客户需要实现的功能，以便开发人员可以内化和理解客户的问题。这使开发人员能够做出良好的实施决策，并充分发挥他们的直觉，而不仅仅是"别人说什么就做什么"。

如你所料，产品所有者通常是产品经理。他们的工作不是保护开发团队不受客户的打扰，而是促进团队其他成员了解客户的需求。他们应该充当桥梁的作用，并根据需要在客户和团队其他成员之间进行对话。当然，一个好的产品所有者应该善于对需解决的客户问题进行恰当的提炼和总结，以便其能够代表最广泛客户群的需要。

产品所有者负责管理团队的工作待办事项。待办事项听起来像是一件坏事，类似某种阻塞或是堆积，但事实并非如此。待办事项代表了未来的工作，产品所有者不断地对其进行重新排序，以实现令每个冲刺都能最大限度增加客户价值的目标，确保团队目前正在努力完成的用户故事具有高度可实现性，同时也是客户急需的。如果一个给定的用户故事在客户需求或实施方面仍然存在很多未知数，那么产品所有者应该把它推出去寻求答案。这是"整理待办事项"过程的一部分，是产品所有者的主要职责之一。在每个冲刺中，开发团队主要关注于构建本次冲刺涵盖的一组用户故事，而产品所有者主要关注的是为接下来的冲刺最终确定一组用户故事。虽然拟定待办事项主要由产品所有者负责，但用技术细节充实故事需要密切合作，而不是一个"扔出需求"的过程。

如果你觉得这一切听起来有点复杂的话，那么你的感觉完全正确。你可以请擅长敏捷训练的教练帮助团队实现良好的敏捷实践，比如故事点计算或待办事项整理。如果一个团队在每一次冲刺中都难以交付有效的工作软件，教练可以帮助团队分析判断他们的范围界定是否有误，他们的生产力是否有所下降，合作是否不够顺畅，用户描述是否过于模糊，或者以上所有问题全部存在。如果敏捷教练听起来有一点奢侈，那么你也许是对的，不过，敏捷教练一般可以由几个团队共享。关于教练的角色，我不想说太多细节，我只是想强调，他们就像任何教练一样：当一支球队需要通过学习来改进时，一个好的教练是无价之宝。

敏捷的问题

所以，如果敏捷是我们为构建软件而设计的最佳系统，为什么还会有那么多不尽如人意的结果出现？下面，我们将深入探讨几个问题，这些问题往往让管理人员在应对敏捷产品团队的模糊性时感到沮丧。

问题一：为什么你不知道产品什么时候能够发货，以及将具备什么特性？

有一件事经常让高管和经理们感到沮丧，那就是，工程团队无法承诺严格的最后期限（至少如果他们诚实的话）。在我看来，软件开发有 4 个属性：特性、最后期限、质量和确定性。一般来说，你可以随便挑 3 个来实现，但不能 4 个都选。你可以确定地按照最后期限构建特性集，但质量可能会受到严重影响，因为为了赶上最后期限，到处都在偷工减料。你可以在可预测的期限内构建质量可靠的产品，但随着各种现实问题的出现，你必须在构建过程中削减一些特性。你也可以在确保高质量和确定性的前提下构建一组已知的特性，但你将不知道这会花多长时间。或者你可以拥有特性、质量和期限这三个属性，这听上去是否还不错？但这样你可能缺乏确定性。

作为一名高管，如果你一定要求上面 4 个条件都满足，那么请自行猜测团队到底在哪一点上没有讲实话。你也可以从你的团队领导者那里得到真实的报告，他们会根据现实情况告诉你，他们认为会发生什么。如果你面对一个难以妥协的最后期限（可能是一个大型用户会议或一个将要全面铺开的营销活动），他们可能会建议你牺牲一些特性。或者他们会告诉你赶上最后期限的概率，这个概率很少十分准确，也不会增进你的信心。因此，他们很可能会致力于实现特性、确定性和最后期限。从表面上看，这似乎是高管们所期待的。然而，这意味着他们很可能牺牲了质量。这样做的恶果在一开始可能并不明显，但一旦客户使用了该产品，他们肯定会在某一天回过头来找你算账。如果你宝贵的产品发布确实成功地赢得了市场，那么客户在使用了产品后将遭遇程序错误、扩展受限、安全隐患等诸多问题。到了那时，团队将忙于回溯以巩固基础，所有进展都会停止，这显然会更令人沮丧，因为现在你的门口还挤满了愤怒的客户，并背负着未能实现的需求。

这就是为什么许多敏捷产品在一开始时并不拥有强大特性的原因。在很多时候，强大的产品特性不如迅速实现一个创意并摆到客户面前那么重要。所以最后期限胜过特性，而质量是一个基本假设。许多早期产品团队都会选择功能有限，但更有把握的构建路径。只要你对核心问题的看法是正确的，你总是可以在未来迭代并构建更多特性。

作为一名高管，你最好能够进行理性的对话，探讨哪些属性应该坚持，哪些属性可以牺牲。在特维利奥，我们一直强调将质量和信任放在首要位置，所以我们划出了清晰的界限，将质量视为宝贵的属性，并永远不会牺牲质量。当然，我们也犯过错误，但我们努力让大家明白，质量永远不是能牺牲掉的属性。和许多公司一样，我们每年都会召开一次大型的用户会议，名叫SIGNAL，这是我们发布产品、获得新闻报道和让客户惊叹的一个平台。所以一旦我们的营销团队预定好场地并开始售票，最后期限便已经确定。然后，我们将在特性和确定性之间再做选择。一般来说，不确定性对事情毫无帮助，所以在满足最后期限要求的前提下，特性是我们允许团队控制的变量。我们在 SIGNAL举办前的几个月内不断衡量确定性，但到了大会前一个月，确定性应该已经是很明确的"是"或"否"，此时特性将成为满足最后期限要求前提下的唯一变量。这是一个很好的权衡方法。作为管理人员，我们通常非常关注特性，但客户很少基于某个特性做出购买决策，他们往往对整体更感兴趣，我们以后可以再随时添加特性。因此，管理人员和产品所有者有责任尽早协调好，明确哪些特性对于赢得早期客户和建构市场认知至关重要，哪些特性仅仅是锦上添花。

问题二：为什么投入更多开发人员无助于尽快解决一个问题？

通常情况下，经理们会因为获得更多的资源而感到兴奋，因此，如果管理层向工程经理提出，给他们更多的人员或预算以加速项目，但却遭到他们的拒绝，这往往会让管理层困惑不已。居然有人不想要更多的预算和人员！？其原因是，在某一个项目上投入更多人员可能不会有帮助，特别是如果这个项目正在进行中并且已经落后于进度。事实上，这样做反而可能会导致项目进一步延迟。为什么会出现这种矛盾的结果（特别是在短期内）？显然，招聘任何一个职位都需要花时间，其中包括开发人员的时间，也就是说，招聘会占用工作时间，从而影响项目进展。对于一个新加入的开发人员来说，还需要一个适应期。即使你今天雇用了他们，除非他们很了解代码库和团队的工作风格，否则他们不能立刻就高效地投入工作。这个磨合过程通常需要几个月。这些都是可管理的，与为任何职能部门配备人员的行为没有什么不同。以销售为例，如果你雇用了一个新的销售代表，他们需要时间来了解产品集并签单。因此，如果你眼看将无法完成本季度的收入目标，那么在今天雇用更多销售代表对你来说并没有什么帮助。开发人员也是如此。在新人能够高效产出之前，你要投入很高的前期成本。不过，如果可以从另一个团队中引进开发人员，自然可以省去许多这样的成本。那么，为什么不这样做？这是因为软件还有其他一些独特的挑战。

1975 年，早期软件业先驱小弗雷德里克·布鲁克斯出版了一本关于软件开发的论文集《人月神话》（*The Mythical Man-Month*）[①]。这本书的书名即是该书的核心思想之一，即："人月神话"（在本书中我把它改为了"开发人员工作月神话"），它是指在一个项目上投入的开发人员越多，项目的进展就会越慢。为什

---

① 中译名参照清华大学出版社 2002 年中译本。

么会出现这种违反直觉的结果呢？原因有二：首先，新加入的开发人员需要时间适应。其次，更重要的一点是，这些新加入的开发人员带来了极高的沟通成本。所有这些新加入的生力军都需要问很多问题，以便能融入工作，而这些问题打断并扰乱了当前高效率工作的开发人员。相互抵消之后，与继续依靠现有高效率的开发人员完成工作相比，尽管落后于计划，但新人的加入会使进展更慢。这就是一个开发人员工作月神话。

　　当然，有时候你可以通过扩展团队来加快进度，但是项目已进行到中期，最后期限迫在眉睫的紧要关头并不是这样做的好时机。显然，在布鲁克斯的《人月神话》出版后，情况已经发生了巨大变化，但这个概念从根本上讲仍然是正确的。

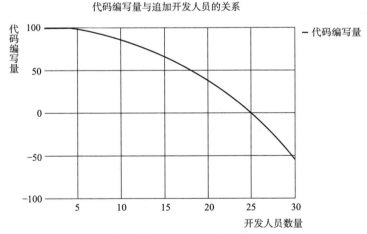

代码编写量与开发人员增加量的关系图

这张图表基本反映了我自己观察到的有趣现象。它依据的是我自己编写的公式 *，所以它远远谈不上科学。不过，如果你询问你的开发人员，他们是否认为这接近事实，他们可能会给出肯定的答复。

如果增加的开发人员数量超过 10 人，不仅会带来递减的回报，甚至还会带来负回报。因此，重点应放在小团队上。但这也解释了为什么不能期待通过在现有团队架构中添加更多的人员来获得更多的输出。观察图表你会发现，如果团队从 10 个开发人员一下子跳到 20 个开发人员，那么你的生产力会减少一半以上，工作进展将会放缓，而不是期望的加速状态。在团队人数达到大约 25 人时，代码编写量将变为负数。我不知道这到底意味着什么，但我肯定这不是一个好现象。同时根据经验，我颇为怀疑这是一个准确的推测。

如果不能依靠投入更多人力来解决问题会让你感到沮丧，这完全可以理解。预算是我们作为高管必须处理的问题。但在短期内，不要把你的挫折感转嫁给团队。这只会让（可能）已经精疲力竭的团队士气更加低落，而且它于事无补。这就像因为有引力而对地球发火一样。当然，如果你的降落伞坏了，你可以随心所欲地诅咒地心引力，但这并不会有任何帮助。

在比较长的阶段内，好的领导者可以通过更好地分配工作来解决问题。将问题域、代码和人员拆分为多个较小的团队，这

---

* 谨供感兴趣的读者参考，我的公式是：$100-(N*0.35)\wedge(2+N*0.005)$，其中 N 表示开发人员数量。

样你就可以进行人员备份并追加更多人员。你可以回想一下我在第八章中描述的有丝分裂过程。不过你要记住，这些重组需要时间，以便对人员以及代码做出清晰的划分。预计至少需要 6 个月的时间才能够重新调整问题，通过追加预算来加快进度。否则，这只会让一大堆开发人员在工作中相互干扰，事倍功半。

我最近和一位高管进行了交谈，他当时正在审批一个计划用 3 年时间完成的项目。这是一个重要的项目，尽管工程部门领导已经明确表示，现在他们做不到通过追加预算来加快项目进度，但看到他们不能"再投入 1 亿美元来尽快搞定问题"，并在一年内完成项目，还是让这位高管感到非常沮丧。他接着说："我敢打赌，如果你给 ×××（某家大型咨询公司）1 亿美元，他们一定能搞定此事。"我回答说："我相信，如果你在他们面前挥舞着 1 亿美元的支票，他们的销售肯定会说他们一定能完成项目，但他们最终一定会失败。"这就是为什么那些大型咨询项目总会超出时间和预算的原因所在。值得注意的是，这位高管并没有反驳我的观点，可能是因为他自己的亲身经历让他知道我所言非虚。有时候，完成困难的事情就是需要时间。不过，我也确实建议那位高管去问问技术部门的领导，他们在今天和未来几个月内可以采取什么行动，以便使他们可以在 6 个月内增加预算，并用一年半的时间，而不是 3 年的时间来完成项目。这是一个合理的问题，在良好规划和强大架构的支持下，一个出色的工程部门领导应该能够回答这个问题。

即使在现代的敏捷环境中，工作仍然会以某种方式分解到各个团队中。为了加速工作进程，团队管理者可以选择扩大团队规模，增加更多的人员，但这样一来，一旦团队人手充足，布鲁克斯描述的所有问题就会凸显；或者管理者也可以选择重新分解工作，组建新的团队，并增强项目的并行性，但这会造成大量的管理工作量，主要包括合理地分拆两个团队的工作，然后根据分拆情况重新构建代码库、任务和职责。俗话所说的"磨刀不误砍柴工"（即欲善其事，必先利其器）就是这个道理。然后你需要给团队配备人手，提高工作效率。在一个项目中，你最好让团队在短期内不受干扰地持续工作，由工程部门领导人花些时间来仔细规划如何重新设计团队结构，以便加快进度。在一些自然出现的停止点重新评估和分解问题域是非常必要的（正如我在第八章中所讨论的那样，有丝分裂可以让你随着时间的推移不断拆分和发展团队），但如果项目正处于关键期（特别是如果项目已经落后于进度），那么最好先别这么做。

敏捷的陷阱

尽管听上去很好，但敏捷并不像其拥趸有时候声称的那样是包治百病的灵丹妙药。与任何组织系统一样，敏捷也有其优点和缺点。我最近曾和一家上市公司的首席执行官进行过一场对话，当我询问他们的敏捷转型进展如何时，他说："那就是一群叼着烟斗的人指手画脚，告诉我们如何经营企业，一点用处都没有！"我惊得差点从椅子上摔下来。敏捷到底是在什么地方出了问题？

有时候，敏捷非但没有释放，反而压制了开发人员的创造力。为了使软件开发也能实现规律性和可预测性，敏捷的早期实践者将目光投向了制造业，并思考："我们怎样才能给软件开发带来装配线那样的可预测性？"于是，看板工作流方法论（Kanban workflow methodology）就此诞生，它脱胎于丰田汽车的生产系统。

　　在看板工作法中，产品所有者将一周的工作分解成小任务，这些小任务写在便签上，然后贴在看板上。工程师从看板上摘下任务便签，完成工作，然后把便签移到"已完成"的一堆中，并重复这一过程。一周结束时，他们会报告完成的任务数。将复杂的问题分解成较小的任务是必要的，但是看板方法有可能把开发人员当作装配线工人对待。读到现在，你应该已经能猜得出来，我并不赞同这种思维方式。汽车装配线不需要工人具有创造力，因为生产出的每辆车并不需要去解决不同的问题。恰恰相反，你会希望每一辆下线的汽车都是一模一样的。同时你也不想让装配线工人过分发挥创造性。（比如这样的建议："嘿，让咱们把这辆车的方向盘做成三角形的吧！"）

　　这种流水线对于装配汽车来说非常有效，但任何有创造力的人都绝不想要这种工作方式。事实上，看板工作法让我想起几年前读到的一篇文章，这篇文章很有趣，但也有点恐怖。这篇文章描述了一个叫大芬村①的中国村庄，这个村庄出产了全世界60%

---

① 指深圳市龙岗区大芬村。大芬村是中国最大的商品油画生产和交易基地之一，也是全球重要的油画交易集散地，被国内外的艺术同行誉为"中国油画第一村"。

的油画，其中许多是大师作品的复制品。村里全都是一家家艺术品工厂，在流水线上生产凡·高、达·芬奇、安迪·沃霍尔等人的手绘复制品。画家们分队工作。每个人走在画架的过道上，在每幅画布上画上几笔，然后换下一位艺术家再加入另一个元素。共有8000多名艺术家在大芬村工作。他们每年创作300万到500万幅画。靠画笔"画"钱是一个相当巧妙的把戏。当读到关于大芬村的报道时，我极度震惊。这些艺术品工厂雇用富有创造力的艺术家，但却完全抹去了他们工作中所有的创造力，这一点让我感到很不舒服。

然而，一些公司正是这么对待开发人员的。他们雇用富有创意的人才，然后把他们塞进一个个小隔间，在那里他们从看板上取下任务便签，并按图索骥，机械地开发软件程序。人们经常向我抱怨难以雇用到优秀的开发人员，我往往告诉他们，如果你把他们当作流水线工人对待，肯定很难招到人。

每天的站会是敏捷的另一个基本要素。团队每天都会召开一次会议，让每个人都知道自己昨天完成了什么，今天要做什么。问题是，许多开发人员讨厌任何形式的会议，这倒不是因为工程师天生讨厌人际交往，而是因为会议占用了编写代码的宝贵时间。和任何会议一样，每天的站会既可以高效顺畅，也可以毫无节制和重点，纯属浪费时间。

作为高管，我们已经习惯了整天开会，我们经常误以为公司里所有人的日程安排也都大概如此。这就是YC的联合创始人保罗·格雷厄姆所说的"管理者时间表"（manager schedule），它非常适合那些主要工作就是与其他人沟通的人。如果每天都需要和许多人沟通，那么以 60 分钟为单位把一天分解成多个时间段不失为好办法，你只需要把不同的人和事件添加到自己的日历中即可。

但是从无到有地创造某种东西通常无法在一小时内完成，它需要集中注意力，也就是遵循格雷厄姆所说的"创造者时间表"（maker schedule）。你可能听说过"心流"状态，在这种状态下，我们的全部精力专注于某一个问题之上，并充分发挥出自己最大的创造力。作家、艺术家、音乐家，甚至厨师都在谈论心流。这是一种身心合一的精神状态，而要达到心流状态，需要持续地保持专注，即使开一个短会，也可能会破坏这种状态。格雷厄姆说："每种类型的日程安排本身都可以很好地发挥作用，但当它们交汇在一起时就会出现问题。由于公司中最有权势的人都按照管理者时间表工作，如果他们愿意，他们可以让每个人都遵循他们的节奏。但如果他们知道，为他们工作的一些人需要长时间地专注于工作，更明智的管理者会克制自己。"

如果说每日站会也可能打断心流不足为奇，那么要想在创造心流状态与会议之间达成平衡，到底什么样的时间表最适合你的组织呢？你为什么不……快问开发人员？

许多开发人员希望能够拥有了解客户、深入思考业务，并发挥他们全部才智的自由，而一个过于僵化的敏捷系统可能会促使开发人员相信，理解客户或业务不是他们的工作，因此他们会约束自己并扮演系统期望的角色。重要的是，我们不能让产品经理和开发人员落入这个陷阱。如果开发人员真的让自己陷入这种境况，在短期内可能会让他们的工作变得更简单："告诉我该怎么做吧。"但很快，他们就会感到没有成就感，并希望找到一份更好的工作。敏捷本身对开发人员来说并不坏，事实上它非常好。但实施这一系统的管理需要注意确保开发人员始终参与业务，并将开发视为合作，而不是一种任务分配。

一切皆需适度

我父亲最喜欢的一个口头禅是"一切皆需适度"。只要不过度，你可以尝试大多数事情，无论是酒精、电视，还是性。我想这就是我对敏捷软件开发的看法。一些公司并没有聘请培训师和顾问，并遵循一系列严格的规则和程序来推出完整的敏捷实践，而是采用了其中一些合理的原则，并放弃了其他内容。Breaker联合创始人兼首席技术官利亚·卡尔弗（我在第四章中曾谈到她）表示："我已经很久没有使用过任何正式的方法论了。"她说她的工程师一直在采用快速冲刺的工作方法，但从不执着于其他的敏捷实践，例如每日站会。

在整个特维利奥，我们并不严格遵循某个特定的敏捷方法论。我们允许团队选择他们自己的工作风格，有些团队采用更正式的敏捷元素，另一些团队则不太遵循敏捷原则。不过，我们确实严格执行了一些关键的敏捷想法。我们最虔诚遵守的准则是依赖小型自主团队取得工作进展。我们将团队限制在 10 人或更小规模。我们没有将工作强加给团队的计划系统，而是要求他们根据从客户那里获得的信息，每季度起草自己的工作目标。当他们对需要做什么的想法与领导层认为的重点不符时，我们也不强求他们盲目地接受领导层自上而下的命令，而是会进行充分地讨论来解决冲突。我们目前共拥有约 150 个产品工程团队，上面这些是所有团队都需要遵循的一些必要准则。

一旦架构已经确立，我们通常会让团队选择他们的工作方式。大多数（如果不是全部）团队会以两周冲刺为周期开展工作，目标是在每次冲刺结束时取得明显的进展。有些团队比其他团队更擅长这种工作方式。所有这些都是为了控制正在进行中的工作的范围，这是司克兰法和看板法的目标，尽管其成功的程度各不相同。有些团队在一起办公，而其他团队则分散在全国各地甚至多个大洲。不过，将团队成员所处的时区差保持在 4 个或 5 个时区之内似乎是一种最佳实践，因为这样可以让他们有足够的重叠工作时间。大多数团队都试图用故事点来衡量他们的工作效率，这样他们就可以跟踪他们是否随着时间的推移越来越有效率。虽然每个团队对故事点的定义不同，但这没关系。这种做法是许多敏捷团队工作流程的一部分，我非常喜欢它。在某个销售人员结束一项销售任务时，你需要衡量他的工作效率，而衡量一个工程团队的工作状况也同样重要。

我们的团队在不同层面上一直奉行着"快问开发人员"的原则。在一些团队中，工程师经常参与有关他们在构建产品中面向客户的部分，共同探讨客户"需要解决的问题"。通常情况下，这些团队与开发人员共享客户问题，而不仅仅是用户故事。

我自己也经常在特维利奥办公室内走动，并询问工程师他们在做什么（非常礼貌地，并且只在他们未专注于工作的情况下）。我接下来最喜欢问的一个问题是，询问他们正在解决什么客户问题。然后，我们经常就那个客户展开一场深入地讨论。不过有时候，我得到的也可能只是耸耸肩膀，表示事不关己，外加下面的回应："我不确定，这是项目经理让我做的。"这种时候，我就能看出团队可能已经过度使用了敏捷分工，并知道与团队进行后续对话可能是一个好主意，这不仅对于团队领导者有帮助，让他们可以从他们的团队中获得更多，而且对于那些满足于不知道客户问题所在的开发人员来说，也会大有帮助，因为我相信，这种心态最终会限制他们的职业生涯发展。

如果你想了解敏捷工作法如何实施，以及它是否会有助于你组织的敏捷性，那么我建议你与你的开发人员和产品经理好好谈谈。你将了解他们的工作方式，敏捷的流程和以客户为中心的践行。特别是，你可能也有兴趣了解产品经理和工程人员之间的相互关系如何。快问你的开发人员，他们是希望产品经理成为客户沟通中的守门人，还是促进者。快问你的产品经理，他们对自己的角色定位是否有类似的看法。你可以询问你的团队，他们是否通力合作，共同制定路线图（源于他们对客户的共同理解），还是他们"分而治之"，由项目经理负责了解客户，工程师负责了解代码。我相信在一个团队中，如果项目经理能很好地了解代码，开发人员也能很好地了解客户，那么团队能够生产出更好的产品。通过每一次冲刺，团队创造可交付价值的效果如何？团队是否可以经常展示工作进展？实施敏捷并没有绝对的正确方法，但是确实有一些方法可能会影响敏捷的有效实施，并在过程中忽略了客户。理解敏捷的价值并了解你的团队如何实施敏捷工作法，会帮助你理解为什么当你希望从产品团队那里寻求确定性时，你有时会得到与直觉不符，而且常常是令人沮丧的答案。

第十一章
投资基础设施

快速行动，打破陈规。
——马克·扎克伯格，2009

快速行动，稳定架构。
——马克·扎克伯格，2014

马克·扎克伯格著名的口号"快速行动，打破陈规"（Move fast and break things）非常精彩，但归根结底并不实在。因此，不出所料，他最终在2014年将其更改为远远不那么令人过目难忘的"快速行动，稳定架构"（Move fast with stable infra）。这两种陈述呈现出的张力，正是本章的内容。

　　在大多数公司，高管们希望他们的团队进行创新，他们希望产品昨天就已经能够交付，他们希望他们的团队跳出固有思维模式。产品是精彩的！伟大的！颠覆一切！

　　与此同时，他们还想要一个不犯错的环境。如果出现错误、中断或安全失误，他们就会召开问责会议，找出到底是谁搞砸了。如果媒体或客户对某个新产品做出负面反应，这个产品很可能会被淘汰，团队将在职业发展上遭遇负面的影响。

　　这两种考虑是完全对立的。高管们说他们想要创新，但却不明智地因为创新的自然后果而惩罚他人。由于人类善于逃避痛苦，避免惩罚的欲望很快就压倒了创新的指令。结果自然会出现一个行动缓慢、规避风险、缺乏责任感的组织。

　　这就是扎克伯格最初座右铭的精髓所在："快速行动，打破陈规。"他承认，快速行动会付出代价，即难以达成完美的结果，但他对此没有意见：如果你打破了什么东西，我会支持你的，只要你在为我们的客户发明东西。通过这样做，他确保创新指令将占上风。

但问题是：他所传达的其实并不实在。如果你是那个不论出于什么原因打破了一台价值数十亿美元机器的开发人员，没人会真的过来祝贺你。但幸运的是，速度和质量二者之间只能选其一的想法是一种错误的二分法，因此用这种方式来表达人们面临的选择是不可持续的，扎克伯格后来显然明白了这一点。

脸书公司和许多公司一样，在基础设施和平台方面的支出通常占据总体开发预算的 30% 以上，很多时候甚至超过 50%。考虑到你的客户实际上看不到这项昂贵投资的结果，高管们常常对这笔巨额开支提出质疑。本章旨在帮助你了解平台团队的重要性，以及他们如何能让其他团队变得更强大、更高效。在脸书，这一切始于一个名叫查克·罗西（Chuck Rossi）的人。

罗西在 2008 年进入脸书公司，成为其首位"发布工程师"，他的工作是管理软件在生产环境中的推出，并确保开发人员试图部署的任何东西都不会破坏网站。他执行了一个非常严格的流程，包括每周的部署，其中包含重大的改版（总是在工作日进行，以确保在出现问题时工程师随时在岗），还有用来解决小问题的每日更新。他密切关注哪些开发人员编写的代码没有问题，甚至对公司里的每个开发人员都进行了声誉评分。如果你破坏了脸书网站，你会得到"一击"。如果获得"三击"，你将被"三击出局"，即暂时禁止输送代码（请注意，并不是永久性禁止，因为尽管会给予惩罚，但错误是可以容忍的，并假设你可以从中吸取教训。）作为脸书公司及其客户的守门人，罗西实施了测试、代码评审、"金丝雀"发布 [1] 等最佳实践。

简而言之，罗西通过提供平台和流程，帮助开发人员更快地构建软件，同时也设立了防护栏，保证客户和公司免受真正灾难性结果的影响，从而确保了在开发人员快速行动时，不会破坏太多东西。事实证明，强大的基础设施是创新的基础。

这种方法与许多高效和创新公司的做法没有太大区别，这些公司都是既能使所有员工充分发挥潜力，同时也能确保其遵循某种程度的统一标准。

如果你雇用一个销售团队，你可能会竭力让他们能够达成目标。你有专门的产品开发团队来对销售代表进行产品知识的培训，以便使他们在面对客户时已经掌握了足够的相关产品知识，以提高其销售效率。你为他们购买销售自动化软件，帮助他们跟踪销售交易，并帮助他们了解销售渠道状态。

同样地，你也尽力使你的财务团队能够完成他们的工作。你安装了企业资源规划系统，帮助财务团队结账、跟踪费用，并有效和正确地向投资者报告你的财务状况。如果没有这些关键的基础设施，很难想象销售、财务或其他许多职能部门能够正常运作，更不用提能够取得任何成功了。

软件团队也不例外。为了支持你的开发人员成功，你需要

---

① "金丝雀"发布（"canary" deployments）是一种发布策略，和国内常说的灰度发布是同一类策略，指从未发布逐渐过渡到正式发布的一个过程。

在基础设施上做出投资。你不需要提前安排好一切。事实上，随着你的软件团队变得越来越大、越来越复杂，这些系统往往会有机地发展，但你必须积极地为它提供支持。有一些方法可以让你的开发人员感觉到自己的需求被重视，从而让他们相信，公司正在对他们进行投资，并表明公司关心他们这样的创造性专业人员。

将 50% 以上研发资金投入基础设施中的优秀软件公司并不少见，但人们很容易质疑这些投资。每一个预算周期，你都会看到围绕这些基础设施团队产生的大量开支，人们会怀疑这是否真的有必要。那么，为什么我们要雇用工程师来管理内部基础设施，而不是为我们构建客户产品的团队分配更多的人员呢？这是因为，软件基础设施可以让你所有的开发人员更高效、更成功。一旦你对基础设施弃之不顾，你才会意识到基础设施团队本来能给你带来多大的优势。大多数公司发现，基础设施投资带来的生产率提升通常比你投资的金额高出 20%~30%。

你有没有想过，为什么工程师们会涌向谷歌这样的公司？当然，这些公司薪水丰厚。但不要忘记，它们的支持性基础设施也是世界一流的。用免费午餐和接送班车来取悦开发人员固然有一定帮助，但谷歌真正吸引到开发人员的，是其强大的基础设施。如果你的基础工具能够帮助你将几乎所有精力都投入手头的工作（服务客户和发挥创造力），那么将带来神奇的效果。相反的情况也是如此，如果开发人员不得不与基础工具时刻搏斗，那么这对于士气来说将是沉重的打击。

我也是经历了惨痛的教训才领悟到这一点。考虑到特维利奥是由 3 位软件开发人员所创建的，你可能会认为我们自然而然地就会有这种理解。但在我们发展早期的某个阶段，由于我们在软件基础设施上的投资不足，几乎要了我们的命。

基础设施的艰难发展

2013 年，特维利奥正处于快速成长的阶段。我们的年收入从 2010 年的约 100 万美元增加到 2012 年的 3000 多万美元。我们已经筹集了 4 轮风险投资，总计 1.03 亿美元，公司从只有 3 位创始人发展到拥有 100 多名员工，其中一半以上是负责开发我们产品的软件开发人员。

但我们面临一个问题。我们的"构建系统"，即我们的软件基础设施，开始显示出力不从心的迹象，而这个基础设施支持着大约 50 名开发人员向我们的存储库提交代码，开展运行测试，并将其打包和部署到我们的主要生产服务器。我在 2008 年创建公司时就建立了这个系统，它从来没有设计成拥有能力去支持 50 名工程师全天提交代码，然后部署到数百台服务器上。当我构建它时，我可以提交我的代码并在 5 分钟内让它在服务器上运行。到 2013 年，由于代码库的增长以及测试和构建日趋复杂，这个过程有时长达 12 个小时！不仅如此，构建实际上会失败很多次，在最坏的情况下，多达 50% 的构建无法成功，开发人员被迫从头再来。我们经常失去好几天的生产力，只是为了等代码出来。这与快速行动相反。

编写代码并不是最困难的部分，与我们老旧的系统做斗争才是。这个自戕之举导致我们最好的工程师纷纷辞职，因为他们为不能胜任工作而灰心丧气。开始时只有几个人，但在我们意识到问题的严重性之前，已经有将近一半的工程师辞职。一半！这绝对是一场灾难，它几乎毁了公司。

因此，我们开始了一个快速而痛苦的计划，重建我们的开发平台，以支持我们的增长。我们的第一个行动是雇用了一个叫杰森·赫达克的人来领导平台团队。杰森在雅虎工作了十多年，为成千上万的工程师建立了基础设施。杰森的形象可能与你心目中典型的软件工程师相去甚远。他是得克萨斯人，面庞红润，曾当过海军陆战队队员。他大学在得州理工大学（Texas Tech）学习商科，而不是计算机科学。因此在软件方面他或多或少是自学成才的。20 世纪 90 年代，杰森在一家科技公司找到一份工作后，他潜心向认识到其潜力的工程师学习，并学会了编写代码。杰森业余时间喜欢在得克萨斯州浮潜、骑自行车和猎杀野猪。他也是一位颇有造诣的抽象派画家。他曾送给我两幅他的画作，现在被我自豪地挂在办公室中。他喜欢穿着 T 恤、踩着人字拖和戴着卡车司机帽来上班。但在他随和的态度之下，有一种他在海军陆战队新兵训练营学到的坚韧和纪律感。

当我们开始采用一种被称为 DevOps 的方法来构建开发人员平台时，他这种整合的特质发挥了至关重要的作用。即便你不是直接从事技术工作，你可能也听到过 DevOps 这个术语，虽然你可能并不真正理解它是什么。

一个尖酸刻薄的人可能会说，就像早年间的敏捷和精益创业公司那样，DevOps 已经成为软件开发行业最新的"本月红星"。亚马逊网站上可以查到 1000 多本关于这个主题的书籍。你可以花很多年的时间来学习关于 DevOps 的所有知识，但是针对我们的情况，我只想提供下面这个非常简单的解释：

从前，软件开发组织将生成一段代码的过程分解为多个角色。编码、构建、测试、打包、发布、配置和监视等任务由不同的人处理。开发人员编写代码，然后交给质量工程师，由质量工程师检查错误。发布工程师负责为生产准备代码。在人们真正使用程序之后，保持它顺利运行的任务就落在了站点可靠性工程师（SREs）身上。站点可靠性工程师是那些"佩戴寻呼机"的人，意味着他们在晚上或周末随时待命，一旦程序出错，他们会放下手头的一切来修复代码。

把工作分解成专门的角色有一定好处，但也会减慢速度。开发人员会把写好的代码扔给质量工程师，质量工程师会对代码进行粗暴的攻击测试，然后将其发回进行修改。这个过程会反复进行多次，并通过几种不同的测试。然后，代码会被交给发布工程师，他们可能又会把代码扔回去，这一关过了之后，代码会被交给站点可靠性工程师，他们又可能会把代码扔回去（你显然已经很清楚，我非常不喜欢像这样把工作扔来扔去）。在上面的每一步，都可能出现延迟，因为开发人员要等待质量工程师或发布工程师先完成手头的其他项目。把所有这些潜在的延迟整合到所有流程中，你就能看出事情是如何一步步陷入困境的。

DevOps 的理念最早在十多年前出现，它代表着一种尝试，通过让一个开发人员处理所有的步骤来加快开发速度。这个概念反映在名字本身：不再有编写代码的"开发人员"和做其他事情的"运维人员"，所有的职责都集中在一个人身上。在 DevOps 环境中，同一个开发人员会编写代码、测试代码、打包代码、监控代码，并在代码投入生产后对其负责。

最后一句话传达了现代软件开发中最重要的一点，也是我们在特维利奥几乎奉为圭臬的一个价值观，即：编写代码的人在代码投入生产后还会为其"佩戴寻呼机"。

这是你的代码。如果它崩溃了，你负责修好它。我们喜欢这个想法，因为它促使开发人员交付更高质量的代码。对半夜接到电话的恐惧给你提供了额外的动力，让你在交付前再检查一遍你的工作。

这并不是说我们允许团队发布不断崩溃的代码，就算他们自己是那个被半夜叫醒来修复代码的人。因为客户仍然会受到影响。因此，杰森和他的团队创建了一个名为操作成熟度模型（Operational Maturity Model，OMM）的最佳实践清单。它由 6 个卓越类别组成，包括：文档、安全性、可支持性、可恢复性、可测试性和隐私性，总共分成 41 个步骤。模型的关键可以用一句话来总结：团队要想认定他们的产品进入普遍可用（generally available，GA）状态，即它已经针对关键任务客户做好准备，就必须证明所有类别都达到卓越。而全部取得满分代表最高水平的成就。我们称之为"钢铁侠"。

在传统模型中，开发人员只是执行了其中一些实践。也许他们编写了一些测试，但不是完整的端到端测试。也许他们以文档记录了他们的代码，但是从支持团队工作的角度来看做得还不够。也许他们有良好的安全措施，但缺乏隐私保护的措施。不是他们不在乎；他们只是不懂什么是卓越。当然，对于团队来说，最好的方法就是实现自动化。然而，让每个团队成为领域专家，并为每一个类别建立自己的自动化显然是一个永远无法完成的任务。这就成了杰森团队的切入点。

杰森界定了他的工作以及平台团队（一个由大约100名工程师组成的团队，分布在13个小团队中）的职责，即：提供软件，使传统的软件开发人员能够在DevOps文化中取得成功，而不必在所有这些专业领域都具备深厚的背景。杰森的团队不会开发交付给客户的软件。他们制作软件供开发人员用来编写、测试、部署和监控面向客户的软件。在我们所有的流程中，这可能是最接近流水线的部分。平台工程师是设计和优化"流水线"以加速创新的人。

我们的初衷是让开发人员更容易和更快地编写代码，以尽可能少的工作实现运维成熟。我们的解决方案是构建一个平台，提供所有这些功能。杰森把它比作一个大的彩色玻璃窗，一块有许多元素的玻璃。开发人员可以通过这个单一窗口访问他们需要的所有工具。他们的标准很高。杰森表示："软件工程师是地球上最愤世嫉俗、最挑剔、最乖戾的一群人。我之所以可以这么说，因为我也是他们中的一员。从理性角度看，他们十分坦诚，但你得到的往往是最简单粗暴的反馈。我构建平台的原因是，如果你能构建出让其他软件工程师满意的软件，那么你就可以构建出任何软件。"

杰森的原则

杰森加入特维利奥后，起草了一份原则和价值观清单，广而告之他构建和运行平台的方式。他不得不像走钢丝一样努力达成平衡，在给予开发人员自由和自主性的同时，又说服他们坚持一套标准化的做事方式。这些标准帮助我们在代码库的几乎所有部分都拥有内聚性（正如我在第六章中所述，只要恰当地建立起防护栏，人们便可以在其中自由活动）。我们不希望因过度僵化而扼杀创新。我们一直在努力保持着这种平衡。

以下是他提出的原则：

以铺好的道路为基石

我们的 Admiral 开发人员平台包含了开发人员所需的所有工具。但是我们并不强制要求开发人员使用它们。如果你喜欢某个特定的测试工具，而它不在平台上，你仍然可以使用它。杰森称这是"越野路线"与"铺好的道路"的差别，其意思是，如果你想使用我们选择的工具，你的工作将很容易，就像在铺好的道路上开车。但是，你也可以自由地驶离大路，开车穿过灌木丛和泥土路。你仍然会到达你想去的地方，只是可能需要更长的时间。

不过，如果它对你来说非常重要，或者如果某个特殊的工具能够给你某种优势，那么就大胆去用吧。杰森最喜欢说的一句话是"我们没有规则，但我们有防护栏"。当然，即使你选择了越野路线，你仍然需要确保在安全性和可恢复性等方面达到标准，而这将使得铺好的道路看起来更具吸引力。

自由选择编程语言

另一条原则是，我们不强迫开发人员只使用一种语言。相反，我们支持 4 种语言：Python、Java、Scala 或 Go。开发人员可以使用这四种语言中的任何一种，并得到平台的完全支持。同时与工具一样，开发人员也有权选择其他语言。不过，这再次面对了到底是在铺好的道路上开车，还是越野的选择。"如果你想用 C 语言或其他语言构建一些东西，请这样做吧，因为我们不会来告诉你，你能做什么或不能做什么，"杰森解释道，"只不过你需要知道，这可能意味着你会面对更繁重的工作，因为你无法使用平台上所有那些工具。"

提供自助化服务

这条原则的目标是为开发人员提供一个清单，让他们在任何时候都可以随意挑选自己想要的工具，而不必经过任何守门人的筛选。他们也不需要知道这些工具的工作原理，只需要选择他们想要的即可。整个过程就像在自动售货机上按一个数字，然后得到一杯健怡可乐。你不必关心机器是怎么做到这个的。"开发人员只需告诉我们他们的需求，我们不希望他们还要考虑这个需求如何实现。你只要告诉我们你想要什么，我们会帮你解决所有问题。"

选择加入复杂性

Admiral平台的设置使得每个工具都有一种特定的工作方式，杰森称之为"固执己见的工作流程"，这意味着平台工程师对使用此工具的最佳方式有自己的见解。但是，开发人员仍然不是必须遵循这些规则。"我们允许开发人员配置软件来执行更复杂的活动，甚至可以使用软件来做我们在构建软件时没有考虑过的事情。我们的信条是'通用功能尽可能简单易用，但同时也可以支持复杂功能'。"

通情达理，但严格区分轻重缓急

"我们从不喜欢说不，"杰森表示，"但是，如果一个团队要求我们做一些很酷的工作，另一个团队则有一个可以为公司带来9000万美元经常性收入的项目要完成，我们将优先解决后一个问题，并将另一个请求放在待办工作单中。"

注重组合性而非整体性

我们的软件是基于数百个微服务组成的微服务体系结构。每个微服务执行单一的功能或性能。微服务的优点是我们可以绕过或吸收某个故障。例如，假如某个服务崩溃，并不会导致整个特维利奥语音系统瘫痪。这些服务都是松散耦合的。它们由不同的团队构建，这些团队可以独立工作。一个微服务可能是版本1或版本2，另一个则可能是版本5。只要它们都能与连接它们的API"对话"，就没有问题。

构建生产软件的软件平台

在影片《极速车王》(*Ford v Ferrari*)中有一个著名的场

景。这部影片讲述福特公司历经努力，终于赢得了勒芒 24 小时耐力赛的冠军。在福特凭借 GT40 这款令人惊叹不已的赛车，终于在勒芒世界锦标赛上成功击败了法拉利后，车手肯·迈尔斯告诉它的设计师卡罗尔·谢尔比："它真是部好机器。"。然后，迈尔斯和谢尔比并没有沉浸在荣耀中，而是立即开始讨论如何让 GT40 更快。

这也是软件行业的风气。每个人都感受到了无情的压力，要走得更快、用更少的人、在更少的时间里做更多的工作，以防止落后。英特尔的首席执行官安迪·格罗夫有一句口头禅"只有偏执狂才能生存"，这也是他回忆录的标题。我们每个人都难免会陷入偏执。

在特维利奥，我们花了好几年的时间逐步打造出"那部机器"（即杰森·赫达克和他的团队设计的 Admiral 平台），以此来生产我们的软件，力求在各个环节都能节省一点时间，以期能够摆脱这种偏执。我不想在这里太过深入地探讨，但我想花一些时间来描述这个过程的工作方式，因为它对任何现代软件公司都非常重要。一个好的平台将从根本上减少开发人员将新代码投入生产所需的时间，从而让更少的开发人员在更短的时间内产出更多的代码。

Admiral 平台的运作基于"管道"（pipelines）概念，开发人员一旦提交了新代码，流程即会启动。每个团队都能根据其产品的特有属性或是团队特有的工作方式定制"管道"，从而确保为团队提供自主性。不过，团队也可以从几个预先配置好的默认

"管道"开始。这些"管道"代表了标准工作流（如网站、微服务或数据库集群）最常见的"铺好的道路"。典型的"管道"是从运行单元测试开始的，单元测试是开发人员编写的最基本的代码测试。然后平台可以运行更复杂的测试，比如集成测试，测试软件如何与它所依赖的其他服务交互。通过这些测试后，代码将运行"故障注入测试"，模拟计算机发生故障时的真实场景，例如网络中断或硬盘故障。然后是负载测试，测试当请求量激增时会发生什么，还有耐久性测试，通过模拟持续的高负载来发现内存泄漏或其他只有在长时间压力下才会出现的问题。通过所有这些测试后，代码将转移到"暂存"环境中进行另一组测试，那将是真实系统的完整副本，但仅用于内部测试。最后，如果一切顺利，代码将转移到"生产"集群，即客户实际使用的系统。不过，部署并非一次完成。通常，代码通过"金丝雀分布"分阶段进行（就像过去"进入矿井时带上金丝雀"[①]一样），最初只有一小部分请求被发送到新软件，如果没有问题出现，发送比例会随时间推移慢慢增加，直到由新代码处理100%的生产请求。如果在任何一点上检测到问题，将恢复使用旧代码，并通知工程师，以便他们可以调查什么地方出了问题。

对于大多数团队来说，整个过程目前已经实现自动化。可想

---

① "进入矿井时带上金丝雀"为一句英文俗语。由于金丝雀呼吸到有毒气体后会迅速死亡，因此煤矿工人过去带着金丝雀下井。如果金丝雀死了，矿工便知道井下有危险气体，需要撤离。这句话通常是指潜在危险或失败的早期征兆。

而知，手动完成这项工作将极其缓慢、乏味，并且很容易出错。实际上，在没有实现自动化时，大多数团队会忽略很多步骤，而这会带来风险。"铺好的道路"是一个威力强大的想法。因为基础设施中已经有许多部分准备完成，静候使用，所以做好上面的工作变得相对容易。这使得团队能够快速而自信地行动。

然而，尽管我对 Admiral 平台赞誉有加，但这并不意味着团队必须要使用它。小团队自主意味着如果团队不希望使用特定的工具，他们就不必那么做。相反，他们完全自主地选择使用某个工具。因此，像任何需要"推销"产品的人一样，杰森必须赢得他的客户，即特维利奥的内部开发人员．这就是他的原则真正发挥作用的地方。

通过预先配置的"管道"，Admiral 平台可以方便地构建和部署标准化的服务。然而，采用这个工具的团队必须深入研究平台，并在需要时对其进行更改。否则，他们将不得不在 Admiral 平台之外构建自己的工具，并因此失去可以使用现成平台的优势。这就是杰森的另一个原则，即"选择加入复杂性"发挥作用的地方。团队既可以使用默认设置，也可以深入 Admiral 平台内部，并根据自己项目的具体情况重新布局。如果不喜欢默认的单元测试框架怎么办？开发人员可以在这个部分加入自己的工具，同时在"管道"的其他部分仍然享受 Admiral 平台的便利。这一点适用于该平台的所有组件。这使得团队能够自主地选择他们的工具，同时也能够使默认设置变得简单和有吸引力，从而有助于鼓励团队使用 Admiral 平台。到目前为止，我们部署使用了 Admiral 平台完整管道功能的占 55%。其余的虽然没有部署 Admiral 平台的全部管道功能，但基本部署使用了部分功能，同时这个比例一直在不断增长。

错误的对立：要么快，要么好

就像我前面指出的那样，软件创新的节奏已经变得比以往任何时候都快。在当今这个数字时代，客户的洞察力正以闪电般的速度转化为产品。然而，团队到底是应该迅速地抓住机遇并响应客户需求，还是应该更谨慎地行动，确保一切都能正常工作、顺利推进并且没有错误呢？这往往是一个难以抉择的问题。不过，真正优秀的软件公司并不存在这样的对立。像 Admiral 一样的平台使开发人员能够快速地开发出高质量的代码，并将其转移到生产中，同时满怀信心，确信他们不会在每次代码部署中破坏客户体验。

杰森的首要任务是帮助特维利奥每一位工程师都能够更快地完成工作，同时确保他们的工作成果可以满足对质量、安全性和可扩展性的要求。我们能否不用等待漫长的6个月，而是在6周、6天，甚至 6 小时内推出新的功能？杰森估计，他的平台完成了80% 开发人员以前不得不亲自动手的工作。一些以前需要数周甚至几个月的过程现在可以在"几分钟内，只需点击几下鼠标"即可完成。今天，特维利奥每年向生产端发布超过 160000 次新代码，相当于每一个工作日发布大约 550 次。

快速行动，重复工作

在构建软件的过程中还会出现另一种张力，即不同团队间是要重复工作，还是要同步工作。通过让团队在某种程度上自主运作，并在选择如何构建时给他们很大的自由度，你解放了他们，让他们可以像初创公司一样冲刺。但是你同时会冒一个风险，那就是可能会有多个团队花时间构建类似的东西。他们在重复工作，用略有差异的方法解决同一个问题。这会让人感到很浪费。然而，我并没有因为这种重复工作而辗转反侧，夜不能寐。

亚马逊的沃纳·威格尔指出，这种方法（即明确允许重复工作）在传统公司往往是不可能的，因为传统公司一般会将其视作某种失控或混乱。他解释说："这对他们来说太违反直觉了，因为他们只关心效率。"他们习惯了自上而下的控制，从本质上说，森严的等级比快速行动更重要。"

可能部分由于这个原因，我经常被问到，在我们充分赋权的小团队文化中，我们如何防止重复工作，而我的回答则是：我们不会防止重复工作。

让我来说说理由吧：请想象有两家公司，分别处于效率与自主标尺的两端。在其中一家公司，所有团队的工作都完全同步，因而不会有重复工作。每个团队都知道自己的角色，以及他们的工作需要依赖的其他团队，在有可能出现重复工作的地方，工作责任会得到明确划分。这听起来相当不错，但事实上很少能够实现。在实际工作中，团队经常需要等待他们依赖的团队交付成果。如果某个团队的进展出现问题，其他人都会受到影响，人们会纷纷相互指责，认为对方才是负有责任的人。这确实避免了重复工作，但同样也不再有人对结果负责，因为当事情不顺利时，人们有大把可以责备的对象。

现在让我们看看处在另一个极端的公司。其团队能够迅速地为客户提供服务，而不必担心其他团队是否正在重复做同样的工作。所有这些团队都受到激励，去打造成功的产品，促成客户采用并对产品拥有较高的满意度，从而带来收入增长。在那家公司，开发人员不必获得许可或与其他团队进行协调。你甚至可以想象，这些团队全都在不同的办公地点工作，拥有不同的电子邮件域，等等。他们也可能是不同的公司。他们的工作节奏具有你能想象出的最大限度地差异化。因此你可以预见到，团队间有很多重复性的工作，因为它们并没有什么真正意义上的合作。

这两个虚构的公司是极端的例子，但它们非常有说明性。那么，我更愿意创办哪家公司呢？无论何时你让我选择，我都会毫不迟疑地选择第二家公司。建立一个让人们感到被赋权并对结果负责的公司，这就是目标。完美的同步必然会消除自主性和责任感。

第二家公司基本上代表了一群初创公司，每个公司都致力于为客户服务和增加收入。它有一个好处，那就是每一个团队的目标都会让他们尽可能地利用其他团队的工作成果。如果另一个团队已经有了一个可以满足你需求的构建系统或安全基础设施，那么你为什么还要再建一个新的呢？实现你的目标（即增加客户和收入）的最短路径是利用其他团队的成果，而不是一直孤军奋战。不过，如果没有现成的东西能够满足他们的需要，他们就会自己去发明创造。沃纳·威格尔表示，亚马逊也更看重速度，而不是执着于减少重复工作。威格尔说："我们允许团队自主决定很多事情，即使这会导致在一些功能上重复工作。我们愿意以此来换取快速行动。"

在其他一些公司，其中最著名的是微软，他们曾一度执着于消除重复工作，结果却发现所谓"反重复工作"努力所消耗的资源甚至远远多于节省的资源。这是因为，时刻关注重复工作以及花时间消除重复的产品意味着要建立一个新的监督层，而这会减慢一切。消除重复工作的努力通常包括检查所有重复的工作，并选择其中一个作为首选方案，然后强制其他所有人都使用该方法。

通过允许团队在需要时重复进行已有的工作，你还可以让团队用他们宝贵的时间和技能为你展示需要投资的领域。有一个古老的故事道出了其背后的道理，那个故事讲的是：一位建筑师应要求设计了一个大学校园。在展示最终设计稿时，大学董事会的董事指出，他没有设计人行道。那位建筑师是如何回答的？他的回答是："我们将让学生自己踩出路来。一年之内，哪里是人行道就会一目了然。"

我们允许我们的队伍带着我们向前冲，而我们作为技术组织的领导者和架构师则要关注慢慢浮现出来的模式。当我们看到多个团队都在发明类似的东西时，可以介入、观察趋势，并组建一个团队去解决这个大家共同的问题，这种做法将确保达成高效率。这就是平台的本质。与其试图从顶层进行完美地规划，还不如让团队有机地为你指明道路。

归根结底，这其中的关键在于取舍，即用你愿意付出的东西来交换你想要得到的东西。这就是文化的意义所在。你会要求员工必须遵守什么规则？你又会希望员工在什么方面不拘一格地大显身手？无论哪种极端的文化都不可取，你应该不断权衡取舍，并在二者之间的某个位置找到平衡点，从而为打造创新型组织奠定基础。

在特维利奥，我们当然有每个团队都必须遵守的规则，因为这些规则关乎公司的生死存亡。例如，团队不能自行决定他们的软件是否具备充分的安全性。他们必须确保软件具有高度安全性。因为我们的客户要求软件必须是安全的，我们的投资者和市场对此也有同样的要求，发布不安全的代码是不负责任的行为。所以这是一个人人必须遵守的规则。现在，团队可以借助现成的"铺好的道路"，像杰森所说的那样，相对容易地实现软件安全。但只要他们能够达到我们的要求，团队也可以使用其他机制来保护他们的代码。

同样，可靠性也是一个必须遵守的规则。我们和客户要求我们所有服务的正常运行时间至少保持在99.95%。这意味着每天的停机时间不超过43秒。实现这一严格目标的最简单方法是让团队使用我们内部开发的基础设施、软件平台并实践，确保它们已全部完备，可供团队即时使用和实施。但是，如果某个团队有一个独特的要求或某种他们认为更优越的方式，并且他们可以证明这一点，他们就可以自由选择自己的方法，只不过他们仍然必须对其服务的正常运行负责。所以不难想象，团队如果选择不走寻常路，那么他们自己的解决方案一定激发了他们极大的积极性。这有时候会带来巨大的创新！设想一下，假如一个团队发明了一个软件，可以帮助他们实现 99.999% 的正常运行时间，即每月只有 26 秒的停机时间！我敢打赌其他很多团队都会有兴趣使用它！事实上，我们现在已经接近实现这一目标，团队之间微妙的竞争精神往往会带来巨大的成果。

咬紧牙关，长期坚持

有些人可能会对投资于基础设施团队的想法嗤之以鼻。我们几乎每年在编制预算的时候都会发生这样的争论。人们很容易落入希望雇用更多开发人员来开发面向客户的产品的陷阱，因为这样做的回报感觉更直接，而且这些开发人员的工作能更清楚地转化为收入。但是，基础架构工程师可以提高整个开发团队的效率。正如杰森所说："平台可以使团队的力量倍增。它就像一个支点。我每投入 1 美元，就可以带来 5 美元的回报。"

我想举一个例子：2018 年，我们的开发人员开发一个新的 Java 服务需要花 40 天时间。我们想加快速度。从理论上讲，我们雇用两倍的工程师，他们每年可以提供两倍的服务，不是吗？（事实上，将开发人员数量增加一倍并不会使我们的生产力也增加一倍，但出于论证目的，姑且让我们假设它会增加一倍。）不过，由于它意味着要雇用数百名新的开发人员，所以我们没有这样做，而是由杰森找到两个平台工程师，自动化了我们开发过程中的一系列步骤。他们的工作将开发时间缩短了一半——从 40 天缩短到 20 天。由于我们每年开发大约 200 个新的 Java 服务，其影响极其巨大。当然，我们在那两个平台工程师身上花了钱，但是他们的工作为我们节省了每年 4000 个人日的工作量。这就是把钱花在基础设施上，而不是用来雇用更多产品开发人员的理由。你不应该只看到构建一个平台团队的成本，还应看到那些平台工程师能够带来的回报。同时你还要意识到，这些投资产生回报需要时间。你不仅要建立团队，还要让他们建立基础设施；并且其他团队还要采用这些基础设施。这个周期需要时间，但投资在多年中的回报将极其丰厚。同时，它还将真正成为你竞争优势的源泉。

多亏了 Admiral 平台，我们雇用新的开发人员时，他们的上手速度大大加快。"几年前，我们需要花 4 个月的时间来培养新的工程师，使他们成为团队中有贡献的一员，"杰森表示，"今天，我们在一周内即可完成对他们的培养。"这再次表明了投资平台所带来的丰厚回报。平台工程师带给我们的回报，远远超出了对他们的投资。

尽管我们已经取得了巨大的收益，但我们认为这个平台还可以在速度上实现更大的提升。杰森希望将 Java 服务的部署过程从 40 天缩短到 20 天，再缩短到一天甚至几个小时。他的 13 个团队中有一个团队专门致力于以各种方式优化平台本身。他们研究开发人员如何使用产品，寻找那些令开发人员卡住或慢下来的地方，然后消除这些瓶颈。为了衡量开发人员在学习使用工具上所花费的时间，杰森创建了一个被称为"代码外花费时间"（Time

Spent Outside Code，TSOC）的指标。我们在代码外花费的平均时间可能永远不会达到零，但我们的目标是尽可能接近零。

杰森称："平台未来的发展目标是使软件开发人员只需关注他们所开发的特性和他们的客户，而不是所有那些底层系统，即那些帮助软件开发人员将他们头脑中的构想带到云设备，并在运行过程中给客户带来满意体验所必需的系统。"

归根结底，现代开发公司需要使用最好的工具和方法，其中很大一部分涉及雇用基础设施工程师来构建一个开发人员平台，从而尽可能自动化软件构建的过程。核心的重点是速度和质量。无论我们现在走得已经多快，我们都能够（而且必须）走得再快一点，同时做到所有这一切还不能牺牲我们必须拥有的可靠性、质量和安全性。像 Admiral 平台这样的开发环境能够帮助我们自信地进行构建。

当你在开始构建软件开发平台时，记得问问开发人员，哪些流程应该实现自动化而尚未实现。开发过程中的哪一部分最有可能导致你的网站或应用程序崩溃，这是否是你需要优先解决的问题？你需要了解开发人员将代码部署到生产环境中有多大的工作量。他们是否对此感到沮丧？瓶颈在哪里，如何消除？请克制住在平台投资上偷工减料的冲动——记住，花在平台上的钱会让所有开发人员的工作效率更高。记得问你的技术团队领导，在平台和产品开发上花费的预算百分比是多少，以及平衡点应该在哪里。问问你的团队领导，他们使用什么投资回报率（ROI）框架来评估平台投资的准确度。

后记

在本书中，我试图解释为什么开发人员比以往任何时候都更重要，我们应该如何理解和激励开发人员，以及如何创造一个环境，让开发人员可以在工作中充分发挥他们的潜能。

展望未来，随着我们步入数字时代，那些利用软件的力量来提供最佳数字化客户体验的公司将得以生存并蓬勃发展。"构建或是死亡"意味着招募优秀的开发人员，但更重要的是，这意味着给予这些开发人员充分的信任，不仅在代码方面依靠他们，同时还能借助他们的聪明才智，创造性地解决问题。

换言之，面对问题时切记：快问开发人员。

本书即将完成时发生的一切使得这种转变尤为迫切。2020 年初，肆虐全球的新型冠状病毒肺炎疫情迫使全世界被迫实时重置：城市封锁，儿童居家学习，员工居家办公，医院挤满病人，等等。突然间，原本计划在几年内进行的数字化转型项目在几天或几周内就得到实施，数字化进程大大加速。这不是出于人们的选择，而是这场百年来最大规模的全球疾病大流行所驱动的生存需要。随着经济活动放缓到几乎停滞的状态，许多行业的公司经历了现实版的"构建或是死亡"。

好消息是，开发人员挺身而出，并不负众望。仅在 2020 年 3 月和 4 月的几周时间里，许多行业的数字化转型速度就超过了之前整整十年的水平。Zoom 成为各个公司新的会议室，还成为我们下班后聚会的酒吧。谷歌教室取代了实际的教室。Slack 和其他通信软件变得更加重要。路边自提（Curbside pickup）、餐点外送（Meal Delivery）和远程医疗已经分别成为零售业、餐饮业和医疗保健业的生命线。

像其他公司一样，特维利奥也让全体员工返回家中，所有人一起开始远程办公。这一点特别具有挑战性，因为我们的业务在全球大停产期间并没有停止。我们的客户要求他们的开发人员为新冠疫情所带来的问题及其引发的冲击寻找新的解决方案。因此，特维利奥的3000余名员工不是回家休息，而是比以往任何时候都更努力地处理着来自我们现有客户和成千上万新客户的需求，及时为他们提供所需要的帮助。在战斗的第一线，我们见证了许多创新，而这些创新展示了我在本书中提出的许多原则。

匹兹堡市曾向我们求助，询问我们是否能找到一种方法来维持当地的311服务正常运转（这项服务让人们可以报告一些非紧急情况）。该系统被大量涌入的呼叫所淹没，它的十几名接线员和7位IT支持人员根本无法应付。同时，由于接线人员和IT人员必须远程工作，这使整个事情变得更加困难。我们的工程师与他们的开发人员通力合作，在短短的4天内即建立、测试和部署了一个基于云的全新联系中心。

这不仅仅是匹兹堡遇到的问题。据"211计划"（211 program）的运营商联合之路全球公司（United Way Worldwide）称，在新冠疫情期间，全美国范围内的211网络（提供社会服务和紧急支持信息）的通话量均迅猛增长，从平时的每天3万次增至每天7.5万次。此外，平均通话时间也更长，一些通话时间长达30分钟（一般情况下，通话时间平均只有4~6分钟），这是因为许多人第一次失去了食物或住房保障，完全不知道该如何是好。

通常情况下，如果一个地区发生灾难，并导致当地的呼叫中心不堪重负，其他地区的呼叫中心可以提供备份。但这一次，所有的211网络都被来电淹没了。为了应对超载，联合之路公司的开发人员使用特维利奥的Flex解决方案创建了一个系统，该系统使全美国任何地方的人均可以通过拨打一个 800 号码，然后被转接到当地的 211 服务，或是转到可以解答常见问题的人工智能辅助交互式语音应答（IVR）系统。新的系统还使联合之路公司能够引进志愿服务人员来处理通话需求激增的问题。最棒的是，他们在 3 天内就完成了这一切。

随着学校关闭，孩子们不仅要找到新的方式去学习，而且许多人还面临着挨饿的危险。因此，Kinvolved 这家原本专注于帮助学校系统降低学生长期缺勤率的公司将其工作重点转移到向依赖免费或减价午餐的学生发放免费餐食上，并且他们在第一天就发放了 1 万份免费午餐。Kinvolved 使用短信来确保家里没有互联网的孩子可以和老师保持联系，了解家庭作业的情况，并向学校发送相应文件。在新冠疫情期间，短信使用量增加了两倍。仅在 2020 年 3 月，美国 11 个州的 30 万名教师、学生和家长就使用短信服务发送了 600 万条信息，其中仅纽约市就有 150 所学校的师生使用了这一服务。

随着就地避难（shelter-in-place）法令的生效，远程医疗的需求激增，远程医疗成为全世界医疗服务提供者和数百万患者的新现实。在纽约，我们帮助西奈山卫生系统（Mount Sinai Health System）推出了一个信息系统，让病人与临床医生可以实时交谈，从而使病人无须亲自来医院看病。这种交谈在开始时通过短信进行，但在必要时可以升级为视频交流。临床医生可以引导潜在的新冠病毒感染患者进入医院，或者为居家康复的患者设置远程监测。在一个例子中，临床医生通过实时交谈确认一位老年患者需要立即帮助，并在几分钟内派出了一辆救护车。在另一个例子中，临床医生通过实时交谈确认一个家庭中存在一名病毒感染者，并得以通知其家人迅速隔离患者，从而阻止了病毒的传播。

Epic 是美国最大的电子健康记录公司之一，拥有超过 2.5 亿名患者的记录，它依托特维利奥的可编程视频 API（Programmable Video API），只用了短短几周的时间就建立了自己的远程健康平台。医疗服务提供商可以与患者启动视频访问，查看相关病历，并直接在 Epic 中更新就诊档案。

并非所有新用例都是生死攸关的情况。在意大利的布鲁盖里奥，我们帮助电视购物频道 QVC Italia 部署了基于特维利奥产品的呼叫中心，从而使其客户服务代表可以在家工作，使频道得以继续运营。新的系统不仅支持电话，还支持短信和 WhatsApp 的应用程序，而且从整个部署到启动和运行，只用了不到一周的时间。再以美国的情况为例，我们帮助 Comcast 将特维利奥视频产品整合到其内部客户数据库，这样，在某个用户关键的电视或互联网设备出现连接故障时，技术人员可以远程帮助他们修复故障，而无须亲自上门进行服务。

以我们自己的方式，特维利奥为保障个人安全和经济运行做出了小小的贡献。特维利奥的员工明白，这些不仅仅是生意，而是我们为他人服务的使命，因此每位开发人员都全力以赴，这让我深为赞叹。我们的团队在长达数周的时间内夜以继日地努力工作，在周末也没有休息，与此同时，他们还需要应对自己的生活压力、焦虑情绪和远程工作的挑战。这段经历让我充满敬仰，也为能拥有如此优秀的同事而心怀感恩。对每一位特维利奥人，我都想再道一声感谢，我知道，我说得再多也不为过。

这些快速的部署还教会了我们一些东西。首先是，当人们第一次不再担心犯错，或是不纠结于把每件事都做到尽善尽美的时候，会创造多么伟大的奇迹。在新冠疫情期间，变革不再有代价。你没有其他选择，没有办公室政治，也不用害怕犯错，因为其他的选择要糟糕得多。一旦管理层没有时间召开一系列会议，人们没有时间在指挥链上发送请求和审批，也没有时间坚持庞大的总体规划（这些规划永远不会让你构建出期望中的东西），这种奇迹就会发生。在极度高压的情况下，管理层和开发人员可以很快达成一致，然后让开发人员自主地解决问题并创造出解决方案。

这场危机还让我们看到，构建和部署软件的速度能够快到什么程度。软件构建块、微服务和 API 从根本上加速了这个过程。为此，我们应该感谢成千上万的开发人员，因为正是他们创造了这些工具。如果没有这些现代化的基础设施，那么许多组织面对新冠疫情的反应会慢得多，效率也会低得多。

最后，这些一夜之间完成的部署展示出公司内部的开发人员拥有难以置信的创造力和适应性。他们中的许多人都是第一次使用这些新工具，同时还面临着巨大的压力，但他们成功了，从而让每个人都能够重返工作。他们的英勇努力深深鼓舞了我们，我们非常荣幸能与他们并肩工作。

现在，我们应该在此基础上继续构建，并保持同样的紧迫性。这些新的工作方式不仅是应对目前紧急状态的权宜之计。我相信，在新冠疫情期间，工作和客户沟通方式都发生了根本性变化，并永远不会再回到原来的轨道上。数以百万计的人接受了新技术；他们不想走回头路。这在很大程度上是向数字方向的单向加速。客户将习惯这些数字体验，同时他们的期望也将继续快速上升。做得好的公司将拥有一批高度参与、富有成效的忠实客户，而那些未能及时转型的公司将会发现，他们的处境比新冠疫情暴发之前更难。

但好消息是，你现在已经知道这一点了。我希望本书能有助于向你展示与软件开发人员的合作之道。在相互尊重和理解的基础上，你们也可以携手共建美好的未来。

继续出发！

致谢

多年来，我从许多人那里收获了睿智的思想、无私的指导和真诚的友谊，是他们使我能够编写代码、创办公司，并最终写成了这本书。你在阅读本书的过程中已经遇到了他们中的大多数人（即使不是全部），但我仍然想借此机会再次向他们表示感谢。

感谢我的高中电台老师鲍尔斯先生，他放手让一群高中生管理"底特律市最棒的高中广播电台，88.1FM WBFH: The Biff"，谢谢你让我们犯错误，让我们真正领悟了学习的真谛。

感谢凯文·奥康纳，你作为一位创业者导师和我在汉普顿住房的房东让我受益匪浅。你真正打造了"初创公司的硬汉拓展营"（startup school of the hard knocks）[①]，帮助我成为今天这样的公司创始人。很抱歉，我没能给你挣到钱。

感谢马特·利文森，我在 Versity、StubHub 和九星的合作伙伴。谢谢你激发了"快问开发人员"的思维方式。你还教会我如何使用软件来解决重大商业问题。我非常喜欢和你一起创业的经历！

你们应该已经看出，我在亚马逊的那段工作经历对我影响巨大。所以谢谢你，安迪·贾西，在你负责亚马逊云时投资于我。感谢查理·贝尔，谢谢你多年来给我如此多的悉心指导和建议，帮助我建立一个优秀的研发文化。还要感谢里克·达泽尔，谢谢你在将特维利奥打造

[①] 硬汉拓展营（Hard Knocks）是一部由美国橄榄球联盟电影公司（NFL Films）和 HBO 联合制作的体育纪实电视系列片。每个赛季，它都会跟踪拍摄一支美国橄榄球联盟球队在训练营中的训练，报道球队为即将到来的赛季所做的各种准备。

成一个研发型组织的过程中给予我的指导，以及谢谢你一直以来出色地履行了董事义务。

感谢马克·贝尼奥夫，谢谢你给让我懂得了公司应该具有的更大使命感，并向我展示了我们可以建立伟大的公司，同时为我们所在的社区和社会贡献力量。

感谢米奇·卡波尔和弗雷达·卡波尔·克莱恩，谢谢你们在特维利奥创办之初即慷慨投资，更重要的是，谢谢你们帮助我将多样性和包容性纳入特维利奥的文化。

感谢阿尔伯特·温格，谢谢你教会我如何践行长线思维，并让我懂得了最大限度保持未来的可选择性所蕴含的价值。如果没有你在特维利奥早期对我们年轻团队的教练指导，我们就不会有今天的局面。

感谢拜伦·迪特，你作为投资者、董事会成员、朋友和骑行伙伴，在过去十多年来一直支持着特维利奥，谢谢你！我从未见过像你这样忠实的支持者。

感谢杰瑞·科洛娜，你总是令我热泪盈眶，当然这是让我受益良多的泪水。谢谢你这么多年来所贡献的智慧。我希望你喜欢这本书，就像我喜欢你的书一样。

谢谢你，杰夫·伊梅尔特。感谢你如此开放地分享你从通用电气学到的经验和智慧。我们在各自的著书之旅中不断交流想法，我真的非常享受这些时光，同时还要感谢你所做出的极富洞见的评论。希望我能回报你同样的建议！

感谢霍利斯·海姆鲍奇，谢谢你押注于我，特别是在本书的话题上。业务人员和开发人员之间的关系可能不是最热门的话题，但是你愿意相信，如果这两类人能够讲相通的语言，那么我们的组织会变得更好。非常感谢！

感谢克里斯蒂·弗莱彻，谢谢你在整个出版过程中提出的建议。我对于如何写作和出版一本书，完全是一个门外汉，如果没有你的智慧加以依赖，我肯定早就半途而废了。

感谢丹，你对于本书的贡献至关重要，谢谢你为《开发者思维》所倾注的全部心血。同时也要感谢梅勒妮，谢谢你在我们最需要的时候给我们提供了助力。

感谢埃里克·莱斯，谢谢你写出了《精益创业》一书，它改变了我们在特维利奥构建产品的方式。你在撰写本书过程中所提供的反馈和建议也给了我巨大的帮助。同时还要感谢你为本书撰写推荐序，并雄辩地对书中内容做出了精彩总结！

同时感谢下面所有人，谢谢你们慷慨地付出时间，提出精妙的想法，帮助我使《开发者思维》的理念变得有血有肉：西奥·弗里斯维克、凯文·瓦斯科尼、阿里·尼克南、乔什·霍伊姆、阿什顿·库彻、杰森·弗里德、沃纳·威格尔、"Patio11"帕特里克-麦肯齐、"爵士小查"查德·埃策尔、利亚·卡尔弗、瑞安·莱斯利、卡娅·托马斯和丹尼·梅尔。

感谢莎拉、杰西卡、周义、库、史蒂维、艾玛、杰森、安德烈斯、Patio11、唐娜、杰夫 E、埃里卡、埃琳娜、丹尼，还有道格，谢谢你们拨冗审阅本书的早期草稿。你们针对本书的 0.1、0.2 和 0.3 版本给我提供了如此多的真知灼见。没有你们，也就不会有这本书的 1.0 版！

感谢乔治·胡，谢谢你作为优秀的思想伙伴，帮助我重新架构和组织了本书，从而使其能够发挥最大影响。我无比珍惜和你的伙伴关系！

感谢安德烈斯·克罗、内森·夏普以及肖恩·麦克布赖德，谢谢你们忍受我毫无意义的反馈，并多次迭代，最终设计出本书的封面！（你们总是如此出色。）

感谢帮助编辑了《开发者思维》文字的凯特琳·爱普斯坦、蒂姆·施雷德和比利·哈肯森。

感谢我的幕僚长凯特·麦考密克-斯威尼，谢谢你让我总是待在正确的轨道上。没有你，我不会完成本书。你是一个首席执行官所能拥有的最好的老板。

感谢埃文·库克和约翰·沃尔修斯——特维利奥的共同创始人，再没什么比从比萨饼盒盖上划掉待办事项更令人开心的事情了。我们所有那些争论、思想交锋，以及我们在早期播下的种子（它们现在仍然在茁壮生长），所有这一切都让我心存感激。

感谢特维利奥的全体员工，无论你们是否已经离开公司，你们对发明和服务客户的热情富有感染力。你们总是提醒我认识到：没错，每一天都是我们旅程开始的第一天。

感谢那些帮助打造下一代开发人员的组织。本书的收益将捐赠给致力于帮助弱势群体学习编码的组织，以对这项重要的工作略尽绵薄之力。如需了解更多信息，请访问：askyourdeveloper.com/proceeds。

感谢妈妈，谢谢您教我学习，并激发我的领导力。

感谢爸爸，谢谢您和我一起构建"项目"，并且在它们"没有产生实际效用"的时候没有灰心。您使我成为一个构建者。

感谢 M 和 A，我的两个儿子，谢谢你们总是提醒我在与你们相处的时光中全身心投入。是的，成年人就可以比孩子有更多时间看电子设备确实是不公平的。

感谢我的妻子埃丽卡，谢谢你这么多年来忍受我的恶作剧。"我对你的爱，超越了任何言语。"①

---

① 引自美国著名歌手兼音乐人本·福尔兹（Ben Folds）的歌曲"The Luck-iest"。